DIREITO AO PATRIMÓNIO GENÉTICO

STELA MARCOS DE ALMEIDA NEVES BARBAS

DIREITO AO PATRIMÓNIO GENÉTICO

Dissertação de Mestrado em Ciências
Jurídico-Civilísticas pela Faculdade de
Direito da Universidade de Coimbra.

Reimpressão da edição de 1998

DIREITO AO PATRIMÓNIO GENÉTICO

AUTOR
STELA MARCOS DE ALMEIDA NEVES BARBAS

EDITOR
EDIÇÕES ALMEDINA, SA
Rua da Estrela, n.º 6
3000-161 Coimbra
Tel.: 239 851 904
Fax: 239 851 901
www.almedina.net
editora@almedina.net

PRÉ-IMPRESSÃO • IMPRESSÃO • ACABAMENTO
G. C. – GRÁFICA DE COIMBRA, LDA.
Palheira – Assafarge
3001-453 Coimbra
producao@graficadecoimbra.pt

Setembro, 2006

DEPÓSITO LEGAL
124316/98

Os dados e as opiniões inseridos na presente publicação
são da exclusiva responsabilidade do(s) seu(s) autor(es).

Toda a reprodução desta obra, por fotocópia ou outro qualquer processo,
sem prévia autorização escrita do Editor,
é ilícita e passível de procedimento judicial contra o infractor.

PREFÁCIO

A Mestre Stela Barbas publica uma dissertação de mestrado que, a diversos títulos, deve servir de exemplo.

Não construiu sobre normas, desconhecendo os "factos" subjacentes. Estudou biologia, medicina, ética, sociologia para elaborar, propondo-as, as suas próprias normas.

Isto significa que não se refugiou em vias multiplamente trilhadas, com a ilusão de lhes acrescentar mais alguns centímetros — ou pretendendo justificar-se pela companhia de autores consagrados. Deliberadamente, escolheu uma matéria pouco tratada no Direito, em que o risco era grande, mas o serviço que podia prestar à Ciência Jurídica e aos seus semelhantes também era maior. Teve sucesso.

Pôs a técnica jurídica, que é um instrumento e não um fim, ao serviço da Justiça, medida esta pelo ser humano. Também aqui alcançou o seu objectivo.

Elaborou uma dissertação inovadora em curto espaço de tempo.

Peço-lhe que continue na sua investigação e faço votos para que esta se transforme num serviço universitário tão brilhante como até hoje.

Doutor Diogo Leite de Campos
Professor Catedrático da Faculdade de
Direito da Universidade de Coimbra

25 de Maio de 1998

A meus Pais

AGRADECIMENTOS

— À Faculdade de Direito da Universidade de Coimbra, pela honra que me concedeu com a atribuição do grau de mestre.
— À Universidade Autónoma de Lisboa, por todas as facilidades e incentivos recebidos, nomeadamente a bolsa de estudo.
— Ao PROPED II, pela bolsa de estudo.
— Aos Professores que julgaram esta dissertação.
— Em particular, ao Prof. Doutor Diogo Leite de Campos, de quem tenho o privilégio de ser assistente há vários anos, pela orientação da tese, pelos decisivos conselhos, superiores ensinamentos e permanente estímulo.

INTRODUÇÃO

1 — No novo contexto científico e cultural, o Homem subiu à ponte da barca da sua existência e tomou o leme do próprio destino.
Capítulos da História podem ser escritos antes de terem acontecido.
A descoberta do genoma, ao permitir o acesso à totalidade do nosso material genético, equaciona a grande aposta do final do século, por passar a ser possível "conhecer o homem na própria raíz do seu enigma, prever o seu futuro e mudar a sua rota" (Luis Archer).
O cientista é já capaz de modificar o património genético e criar um "novo ser" não previsto nos planos da Natureza.
Não estaremos envolvidos numa mecânica própria, com efeitos preversos, na medida em que somos deuses, senhores e actores da nossa existência e simultaneamente escravos e espectadores do futuro por nós traçado?
Escrevemos, interpretamos e vivemos uma peça teatral cujos limites e perigos da intriga desconhecemos por completo?
Aos novos poderes da Ciência correspondem novos deveres do Homem. Há que prevenir os excessos de uma tecnologia sem consciência; os cientistas não podem ser os profetas e teólogos da nossa era.

2 — A Humanidade tem sido "marcada" ao longo dos tempos por revoluções de sinais diferentes, mas que consubstanciam sempre um processo de ruptura.
A nova Revolução Biotecnológica, menos política e económica, e mais social e cultural, ao possibilitar agir sobre as "células da vida" ameaça desnaturar a identidade humana e fabricar outros seres autónomos planeados pela ciência e pela técnica.
É o rompimento, a quebra total com o passado. Está aberto definitivamente o conflito entre "a força da razão", a tentação da ciência em criar um "homem novo", e a lealdade, a necessidade de manter "as raízes" da nossa própria identidade. É a controvérsia sem termo, dados os avanços rapidíssimos da técnica e o evoluir, embora a velocidade menor, dos valores que caracterizam a vida social. Uma nova civilização com outras temáticas? É o desafio superior, "a grande aposta" do século XXI.
Está criado um poder, a meu ver absolutamente desproporcionado, entre o Homem e o seu mais íntimo baluarte, a sua própria identidade.

Como afirma Agostinho de Almeida Santos "O Homem e a sua liberdade estarão já hoje em risco, ao sofrerem sucessivas ameaças. Não será futurologia científica afirmar que a modificação da identidade humana é já possível, através de certas manipulações genéticas descritas e até mesmo ensaiadas" ([1]).

As novas técnicas permitem decidir como se deve nascer, quando se deve morrer, isto é, ter a derradeira palavra, a última decisão sobre a vida. Com efeito, e numa perspectiva extrema, mas que já acontece, assistimos a maternidades a transformarem-se em laboratórios de procriação, e a salas de reanimação e a alas dos hospitais de doentes terminais a evoluirem para uma espécie de "limbo mecânico" ou antecâmaras do fim da existência física, onde os médicos aparecem como árbitros supremos da dialéctica vida / morte. O Homem tende, deste jeito, a nascer "in vitro" e a morrer "in maquina".

O desenvolvimento da técnica dos transplantes, já alargado à fusão entre o reino animal e o humano, pode levar a considerar o corpo como um conjunto de peças destacáveis ou, se preferível, desmontáveis e comercializáveis, com o aparecimento de outros Faustos dispostos a venderem a alma em troca de "absurdos biológicos".

Aberta a porta a todas as possibilidades e tentações da ciência, pode deixar de existir a fronteira entre a ideia do "homem novo" e o eugenismo, ou, entre a eutanásia e o genocidio.

3 — Por tudo isto se fala cada vez mais numa "ética da responsabilidade", que partindo do princípio de que o absoluto não é a ciência mas sim o homem, fixe princípios normativos, uma nova geração de direitos e na sua primeira linha o direito a um património genético não manipulado.

A expressão património genético não está rigorosamente consagrada na linguagem jurídica, aparecendo com significados, conteúdos e extensões diferentes. Daqui a minha preocupação em tentar ser exacta e clara ao enunciar o tema a desenvolver.

O reconhecimento da necessidade da existência de um núcleo central, um núcleo duro de características bio-psíquicas e culturais que não pode ser influenciado pela ciência para garantia da identidade da pessoa, é a principal intenção deste trabalho.

([1]) AGOSTINHO DE ALMEIDA SANTOS, *Razões de Ser, Genética e Reprodução Humanas, Conflitos e Contradições*, Gráfica de Coimbra, Coimbra, 1994, pág. 6.

CAPÍTULO I

CONCEITO DE PATRIMÓNIO GENÉTICO

SUMÁRIO

1 — Tentativa de uma definição conceitual.
2 — Noção, em termos técnicos, da palavra genética.
3 — As bases científicas da hereditariedade definidas pela primeira vez por João Mendel no século XIX. O impressionante acordo entre as previsões daquele monge agostinho e as realidades fornecidas pela observação.
4 — "Cada ser humano é diferente de todos os outros e é esta diversidade que enriquece a humanidade". "A pessoa humana como espaço de exclusão... por ser pressuposto essencial da sua existência a não interferência prejudicial dos outros no que ela é: na sua vida, na sua estrutura física, na sua mente, na sua capacidade criativa", nos ensinamentos de Leite de Campos.
5 — Significado da expressão biotipologia. Distinção entre o ser humano como abstração e a realidade concreta que é o indivíduo.
6 — A irredutível singularidade e a insubstituibilidade de cada ser humano e a sua superlativa valorização pelo Cristianismo.
7 — A tendência para a "privatização da ciência", quando as multinacionais "guardam" os resultados das suas investigações na procura de vencerem os seus concorrentes. Em causa o princípio fundamental: "O conhecimento pertence à Humanidade".
8 — A Declaração Universal sobre o Genoma Humano e os Direitos do Homem, da UNESCO, de Novembro de 1997.

CONCEITO DE PATRIMÓNIO GENÉTICO

1 — Não é fácil uma definição abrangente de património (^{2}) genético considerada a sua complexidade intrínseca. Talvez se possa adiantar, património genético no sentido de universo de componentes físicos, psíquicos e culturais (^{3}) que começam no antepassado remoto, permanecem constantes embora com naturais mutações ao longo das gerações, e que, em conjugação com factores ambienciais e num permanente processo de inter-acção, passam a constituir a nossa própria identidade e que, por isso, temos o direito de guardar e defender e depois de transmitir (^{4}).

2 — Em termos técnicos a palavra genética é a ciência que estuda a hereditariedade e os mecanismos e leis da transmissão dos caracteres dos progenitores aos descendentes, bem como a formação e evolução das espécies animais e vegetais (^{5}).

3 — Foi João Gregório Mendel, nascido em 1882, quem pela primeira vez estabeleceu as bases científicas da hereditariedade. Há que

---

(^{2}) É, por demais, evidente que o vocábulo património não é utilizado no sentido económico, como algo que se pode comprar, vender ou trocar. Se me é permitida a expressão, estamos perante um "património não patrimonial".

(^{3}) Entre os componentes culturais deve contar-se, necessariamente, o chamado inconsciente colectivo no sentido definido por Jung, como o repositório da experiência ancestral, o eco de acontecimentos universais pré-históricos (os "incontáveis milhões de anos" na expressão daquele psicólogo) moldados a cada século e que como um conjunto de características e de padrões mentais é transmitido pela hereditariedade. Nele estão ocultas as imagens, as figuras primordiais dos arquétipos. Esses padrões e representações constituem a força, que embora oculta nas mais profundas camadas da mentalidade dos membros de uma raça, de um povo, age em cada um de nós. FRIEDRICH DOUCET, *A Psicanálise*, pág. 21 e seguintes.

(^{4}) Sublinha-se, deste jeito, o conceito de o sujeito do Direito ao Património Genético ser a pessoa humana (ou, mesmo, a Humanidade, presente e futura).

(^{5}) Assim como, em rigor técnico, eugénica é a ciência da aplicação da genética ao melhoramento da espécie humana. ISAAC ASIMOV, *O Código Genético,* Tradução de Luís Edmundo de Magalhães, Editora Cultrix, S. Paulo, 1962, págs. 17 e 18.

reconhecer um impressionante acordo entre as previsões estabelecidas em harmonia com as leis daquele monge agostinho e as realidades fornecidas pela observação.

Subsistem, é certo, algumas obscuridades e incertezas sobre a intimidade e energias determinantes de todos os processos biológicos, mas as teses de Mendel representam passo importantíssimo, nomeadamente para o reconhecimento de uma unidade estreita, orgânica que ligando as gerações através de continuidades físicas e herança das características, formou o fundo para o aparecimento de fenómenos tais como o culto dos ancestrais, feudos, aristocracia, sistemas de castas e, mesmo, de racismo ([6]).

Na definição adiantada de património genético, o homem — singular é uma realidade que resulta do jogo genético dos progenitores e das circunstâncias, da fusão e inter-ligação de factores endógenos e exógenos.

4 — Como ensina Diogo Leite de Campos: "Cada ser humano é diferente de todos os outros, e é esta diversidade que enriquece a Humanidade" ([7]).

Cada ser humano tem o direito de ser diferente de todos os outros e é nesta diferença que se constrói o equilíbrio social ([8]).

([6]) As chamadas Leis de Mendel, defendidas entre outros por Bateson, Morgan, Davenport e Cuenot, etc, são três. Uma garante a independência dos caracteres na sua transmissão hereditária, isto é, cada carácter é transmitido à descendência como se fosse um elemento distinto, uma unidade. Outra proclama o princípio da dominância, ou seja, quando os dois progenitores, de raça pura, diferem um do outro quanto a um carácter, cada filho dessa união só apresenta um dos caracteres, que é o dominante, embora o carácter, dito latente ou recessivo, do outro progenitor, continue no estado latente, no germe, e possa reafirmar-se em ulterior descendência. Esta reaparição acontece nos termos de uma terceira lei por um processo de disjunção. O mendelismo, recebido de início com muitas reservas e, por vezes, até com aberta hostilidade, acabou por ser aceite e está na base e na textura de valiosíssimos progressos científicos.

([7]) Diogo Leite de Campos, Lições de Direitos da Personalidade, Coimbra, 1992, pág. 22.

([8]) A questão do direito à diferença já preocupa as autoridades prisionais, quando pretendem definir os limites do chamado "tratamento penitenciário". Assim, a tese que defende que o regime prisional deve procurar modificar o comportamento social dos reclusos — "Vocação educativa da pena" — (R. Schmeck e G. Picca) é cada vez mais contestada por aqueles que entendem que todos os indivíduos têm o direito de "não serem sujeitos a métodos de tratamento tendentes a modificar a sua personalidade contra a sua vontade", Boletim da Administração Penitenciária e dos Institutos de Criminologia, Ministério da Justiça, nº 31, 1978, pág. 13.

Ou nas palavras de Fernando Carvalho Rodrigues (o principal artífice do satélite Posat): "A consciência do ser individual de cada um de nós é que permite depois a construção da sociedade dos indivíduos".

Não se pode perturbar o direito que cada um deve ter de preservar e ver respeitada a sua unidade e integralidade no campo bio-psíquico, social, espiritual e cultural. O direito de cada homem herdar as suas características, os seus componentes genéticos sem qualquer tipo de manipulação. A garantia de poder herdar, manter e transmitir o seu património genético.

Cada indivíduo tem de poder determinar de modo autónomo a sua conduta e dar expressão à sua vocação e capacidade criadora de acordo com os ditames da sua própria razão, dos seus sentimentos ([9]).

No superior conceito de Diogo Leite de Campos, a "pessoa como espaço de exclusão e como polo de colaboração social".

"A pessoa como espaço de exclusão por ser pressuposto essencial da sua existência a não interferência prejudicial dos outros no que ela é: na sua vida, na sua estrutura física, na sua mente, na sua capacidade criativa, etc"... Direitos de exclusão: direitos da personalidade... por visarem a protecção da pessoa em si mesma, como ser não social ; direitos do "direito civil" por se ocuparem da pessoa livre de constrangimentos sociais autónomos.

Da pessoa como autónoma criadora de si própria" ([10]) ([11]).

5 — A expressão biotipologia é utilizada pela primeira vez pelo italiano Nicola Pende com o significado da ciência que tem por fim o estudo das "manifestações vitais de ordem anatómica, hormonal, funcional, psicológica, da síntese das quais resulta o conhecimento do tipo estrutural — dinâmico especial de cada indivíduo, isto é, do conjunto de caracteres particulares que diferenciam os indivíduos e os afastam do tipo humano abstracto, genérico e convencional do homem-espécie, descrito pelos anatomistas, fisiologistas, psicólogos e estatísticos" ([12]).

([9]) Para Hegel o imperativo do direito pode traduzir-se no princípio: "Sê uma pessoa e respeita os homens como pessoas".

([10]) DIOGO LEITE DE CAMPOS, *Lições de Direitos da Personalidade,* cit., pág. 43.

([11]) Nos direitos da pessoa há, ainda, que considerar os que "compreendem a actividade do inter-relacionamento da pessoa, a sua dimensão social, a pessoa — ser — social", como esclarece Leite de Campos a pág. 11 da obra anteriormente citada.

([12]) NICOLA PENDE, *Trattato di Biotipologia Umana,* Milão, 1939, pág. 20.

Deste jeito, a biotipologia ousa compreender não só a abstracção que é o ser humano, mas antes a realidade concreta que é o indivíduo. E o argumento de que só é científico, cognoscível, o que se repete — "non datur sciencia de individuo" — não colhe, dado que entre os indivíduos, apesar de toda a variedade e complexidade das diferenças e da natural mutabilidade, existem manifestas semelhanças de relações que entre si permanecem sempre iguais e constantes, com idênticos condicionalismos.

Essa variabilidade não é desordenada nem caótica, é o resultado de determinados processos gerais, existem laços entre as semelhanças e diferenças, "leis que regulam o acaso" — o paradoxo aqui é permitido porque é só de palavras — e, deste modo, a "lei dos erros", que disciplina os fenómenos biológicos, tende a colocar as variações individuais dentro de uma curva de frequência pré-determinada, e as semelhanças entre as diferenças possibilitam classificar os singulares e orientarmo-nos [13].

E se deste modo não fosse, princípios essenciais, que se baseiam na igualdade, quer sejam políticos como a democracia (um homem um voto), quer jurídicos (a lei é igual para todos), etc, passariam a constituir aberrações, utopias sem qualquer sentido de força.

A máxima latina "Unita vero personae constituitur ex eis inquantum est unus aliquis subsistens in carne et anima" afirma expressivamente a singularidade do indivíduo único, que, subsistindo na carne e na alma, é mais do que a natureza humana individuada. Tudo o que faz com que Sócrates seja homem também se encontra nos outros homens, mas aquilo que faz com que esse homem seja Sócrates é pertença apenas de um só. Isto é, a pessoa humana não é, assim, a natureza humana em Sócrates ou Platão, é Sócrates ou Platão. Ela compreende, além dos princípios específicos, características e qualidades individuais ao ponto de não ser suficiente dizer que ela é composta de tal alma, de tal carne ou de tais ossos.

A alma, a carne e os ossos determinam a natureza humana, mas é esta alma, esta carne e estes ossos que determinam tal ser humano [14].

---

[13] Luís A. Duarte Santos, *Biotipologia Humana*, Coimbra, 1941, pág. 11.

[14] Josseph Rassan, *Tomás de Aquino*, Biblioteca Básica de Filosofia, Edições 70, Lisboa, 1980, pág. 48.

O Homem é um bio-tipo único, indivisível e irrepetível. Cada ser humano é uma edição singular. Todos somos diferentes e a cada momento estamos a mudar.

6 — O Cristianismo valoriza superlativamente a irredutível singularidade e insubstituibilidade de cada ser humano. A dignidade do homem — "omniam naturam dignissima", "id quod perfectissimam est in tota natura" — estabelece as relações entre o Criador e o Homem com as ideias de criação à imagem de Deus e, por sua vez, da participação do Homem na própria personalidade divina.

7 — Mas outros medos e perigos se perfilam no horizonte, com a tendência para a "privatização da ciência".

É já uma realidade que perturba a comunidade científica, um exemplo gritante da nossa sociedade de paradoxos: as descobertas da tecnologia e da ciência já não circulam livremente entre as universidades e laboratórios, estão a ser privatizadas pela investigação das multinacionais, que, em princípio, guardam os segredos, os resultados das suas investigações numa procura de vencer as concorrentes e conseguir melhores resultados designadamente económicos. No Relatório Mundial sobre a Ciência de 1993 a UNESCO voltou a reafirmar: "O conhecimento pertence à humanidade"; mas como controlar os acontecimentos a partir do momento em que o envolvimento da indústria faz com que a informação não circule livremente? É dado adquirido que nos países desenvolvidos o sector privado gasta mais na investigação do que os governos (nomeadamente nos Estados Unidos da América).

8 — Já depois de concluído este trabalho ([15]) a Declaração Universal sobre o Genoma Humano e os Direitos do Homem, de Novembro de 1997, proclamou o genoma humano e a informação nele contida património comum da humanidade. Surgiu uma noção e um conceito inteiramente novos, no âmbito do direito internacional, na medida em que a humanidade, presente e futura, passa a ser sujeito de direitos. Com esta Declaração, à figura jurídica da pessoa humana como sujeito de direitos, acrescenta-se uma nova figura: o genoma humano como objecto e sujeito de

---

([15]) Esta tese foi entregue na Faculdade de Direito da Universidade de Coimbra em 1995. Uma ou outra alteração pontual é referente à necessidade de actualizar legislação.

direitos. Cada país, segundo valores culturais, éticos, sociais, religiosos, económicos, etc, tutelará o conjunto de genes de cada pessoa, não só no aspecto tangível (DNA e RNA) como, também, no aspecto intangível (a informação), desde o momento em que estas estruturas e esta informação estão operacionais, isto é, desde a formação do zigoto. Pretende-se, nestes moldes, proteger a "integridade genómica da humanidade" [16] [17].

---

[16] Conselho Nacional de Ética Para as Ciências da Vida, *Nota sobre o Anteprojecto da Declaração da UNESCO sobre o Genoma* Humano, 1997.

[17] "Na realidade o genoma é assumido como um recurso humano cuja utilização ficará submetida a um Comité Internacional das Nações Unidas. Pode dizer-se que este recurso tem um lugar físico que é a estrutura físico-química do gene e é constituído pela informação que nele está depositada. Esta informação, que é um componente constitutivo da pessoa humana, passará a ser património comum da humanidade e será entregue à guarda da humanidade pelo seu orgão representativo, as Nações Unidas.", Daniel Serrão, *A Unesco e o Genoma Humano*, «Brotéria», vol. 143, 6, Lisboa, 1996, pág. 606.

CAPÍTULO II

EVOLUÇÃO DA GENÉTICA

SUMÁRIO

1 — A inseminação artificial nos primórdios da lenda, da religião e da história. As primeiras experiências no reino animal e vegetal. Trabalhos de Ludwig Jacobi, em 1767, com peixes, e de Spallanzanni, anos depois, com cães. Grandes avanços no início do século XIX. A primeira experiência conhecida com um ser humano, realizada pelo anatomista Hunter, em Inglaterra, etc.

2 — Posição clara do Vaticano: "A fecundação artificial dentro do casamento só será lícita quando constitua simples auxílio à natureza após a realização do acto conjugal normal. A fecundação artificial extra-matrimonial é sempre ilícita" (Pio XII).

3 — Algumas regras das Igrejas Anglicana, Luterana de Paris e Protestante da Suécia.

4 — Repercussões de natureza jurídica (filiação) e psicológica durante a Segunda Guerra Mundial.

5 — Descobertas do cientista inglês R. G. Edwards, em 1963: desenvolvimento de embriões humanos "in vitro" e o controle de determinadas enfermidades genéticas.

6 — O "código genético" revelado por H. G. Khorona, Prémio Nóbel da Medicina, em 1968, e a criação da primeira molécula de A. D. N., por Paul Berg, em 1972.

7 — O nascimento do primeiro bébé proveta, Louisa Brown, em 25 de Julho de 1978, em Inglaterra. Outros casos subsequentes.

8 — A primeira clonagem de embriões humanos foi conseguida por cientistas da Universidade George Washington, em 1993.

9 — Exemplos de novas tecnologias de ponta que põem em causa valores essenciais da nossa civilização e

que dividem juristas, biólogos, religiosos, políticos, filósofos.
10 — Síntese das técnicas possíveis na reprodução humana assistida.
11 — Procedimentos de condenação praticamente consensual.
12 — Afirmações de Agostinho de Almeida Santos.
13 — Consideração final.

EVOLUÇÃO DA GENÉTICA

1 — As primeiras experiências de inseminação artificial são realizadas no reino animal e vegetal ([18]) ([19]) ([20]) ([21]).
Os gregos deram importantes contribuições para a ciência da embriologia. Os primeiros registos desses estudos encontram-se nos livros de Hipócrates, médico grego famoso do século V A.C., considerado por muitos como o Pai da Medicina.
Aristóteles, no século IV A.C., elaborou um tratado de embriologia onde defendeu que só a semente masculina contém o princípio da vida.

([18]) Genética humana no significado da expressão anglo-americana "human genetics" compreendendo, portanto, os problemas equacionados pelo "gerare" enquanto procriação e todos os outros que se colocam a propósito do "genus" enquanto espécie e património, sua investigação e alteração, ALBIN ESER, *Genética Humana. Aspectos Jurídicos e Políticos*, «Revista Portuguesa de Ciência Criminal», Ano 2, Janeiro — Março,1992, pág. 45.

([19]) A mitologia reporta-nos a épocas remotas em que se teriam realizado práticas de inseminação, desde a espécie vegetal à animal e humana.
Perseu, refere a lenda, foi o primeiro ser humano nascido por intermédio de inseminação artificial, pois Zeus (Rei dos Deuses) fecundara Dânae (filha de Aerísio), que fora presa para não ter o filho, que haveria de assassinar o avô e usurpar o trono.
Na China são várias as lendas existentes sobre estes temas, uma das quais relata que dois dragões — um simbolizando o bem e o outro o mal — travaram luta, resultando daí uma espuma fecundante, da qual teriam sido gerados os heróis da Dinastia Hsi. Outra lenda conta que a Deusa Kwanyin propiciava a fecundidade a todas as mulheres que lhe prestassem culto.

([20]) As primeiras referências às origens da inseminação artificial dizem respeito às civilizações babilónicas e árabes que se dedicaram à polinização em palmeiras com o objectivo de produzir mais e melhores frutos.

([21]) Em 1416 A.C., foi elaborado um breve tratado, em sânscrito, sobre embriologia hindu antiga. Intitulado de Garbha Upanishad explicava a vida embrionária nestes termos: "A partir da conjugação do sêmen e do sangue, o embrião passa a existir. Durante o periodo favorável à concepção após o contacto sexual, (ele) torna-se um Kalada (embrião de um dia). Após sete noites, torna-se uma vesícula. Passada uma quinzena, vira uma massa esférica. Depois de um mês uma massa firme. Depois de dois meses, a cabeça está formada. Três meses após, surgem as regiões dos membros". A mulher seria, apenas, colaboradora a nível do crescimento do embrião pelo sangue menstrual.

O Talmud relatou a inseminação através dos banhos.

Galeno, no século II D.C., num livro sobre a formação do feto, descreveu o desenvolvimento dos embriões.

O cientista alemão Ludwig Jacobi, no século XVIII, mais concretamente em 1767, trabalhou com peixes. O professor e abade italiano Lazzaro Spallanzani, alguns anos mais tarde, sujeitou cães a este género de experiências dando origem ao nascimento de três crias de uma cadela de raça barbeto.

No início do século XIX, o processo foi aplicado a éguas, vacas e ovelhas, e no final daquele século, Elie Ivanoff, patologista de origem russa, estendeu com sucesso o seu uso a outros animais, utilizando técnicas que ainda hoje são observadas.

O primeiro ensaio num ser humano [22] verificou-se em 1785 quando Thouret, decano da Faculdade de Medicina de Paris, fecundou a sua mulher estéril com uma injecção intravaginal do seu esperma.

Em 1790, John Hunter, anatomista e director do Hospital S. Jorge (Londres), conseguiu, em Inglaterra, a gravidez de uma mulher aplicando directamente na sua vagina o esperma do marido hipospático.

Em 1833, Girauld realizou, em França, pela primeira vez inseminação artificial homóloga. Passados cinco anos, publicou doze observações de vinte e sete casos experimentais, dos quais obteve oito resultados positivos.

Marion Sims introduziu no canal cervical o líquido seminal com sucesso, em 1860. Dez anos mais tarde, J. Gerard, médico francês, referiu que em 71 mulheres sujeitas à inseminação artificial 41 tinham engravidado.

Pancoast realizou a primeira inseminação artificial extra conjugal, nos Estados Unidos da América, em 1884.

No mesmo ano, em Paris, Gérard apresentou uma tese intitulada Contribution à l'histoire de la fécondation artificielle. Suscitando grande revolta, a obra foi queimada no recinto da Academia de Ciências Francesa.

---

[22] Segundo alguns autores Espanha terá sido pioneira a submeter seres humanos a estes métodos. Presume-se que Henrique IV de Castela, "O Impotente", entre 1424 e 1472, ofereceu o seu esperma para que os médicos da Corte inseminassem D. Joana de Portugal, tendo como objectivo o nascimento de um herdeiro para a Coroa. Porém, esta tentativa (se é que ocorreu) não resultou, VASCO DAMASCENO WEINE, *A Inseminação Artificial*, Previsão no Código Penal de 1969.

Ainda em 1884, o Tribunal de Primeira Instância de Burdeaux negou ao médico Lejatre a reclamação de seus honorários por intervenção de inseminação artificial heteróloga, por considerar tais actos "um perigo social" ([23]).

A Congregação do Santo Ofício de Roma, em 1987, considerou como "não lícita" a inseminação artificial.

2 — Pio XII, no discurso que proferiu no Congresso Internacional dos Médicos Católicos, em 29 de Setembro de 1949, expôs os princípios da Igreja sobre esta matéria (Princípios esses que permanecem actuais, não obstante, o atraso de então da respectiva tecnologia) ([24]).

([23]) Os argumentos carreados pelo Tribunal de Primeira Instância de Burdeaux foram os seguintes: "Sem ter que saber qual é, do ponto de vista científico, o valor do procedimento empregue, o tribunal não pode ver na utilização desse procedimento uma causa lícita de obrigação que não consiste, com efeito em suprimir no homem as causas da esterilidade de modo que o faça apto para gerar. E por sua intromissão no mais íntimo entre marido e mulher, usando meios artificiais que reprova a lei natural e que poderiam, inclusivé, em caso de abuso, originar um verdadeiro perigo social. Interessa à dignidade do casamento que procedimentos parecidos não sejam transferidos do domínio da ciência ao da prática e que a justiça não sancione obrigações fundadas na sua utilização".

([24]) Os princípios enunciados por Pio XII resumem-se nos seguintes:
  a) A prática da fecundação artificial humana não pode considerar-se apenas nem principalmente sob o aspecto biológico e médico, sem se atender à moral e ao direito.
  b) A fecundação artificial extra-matrimonial é sempre ilícita, na medida em que as novas vidas só podem licitamente ser fruto do casamento pois só este salva a dignidade dos esposos, o seu bem pessoal e a devida educação dos filhos.
  c) A fecundação artificial de uma mulher casada mas com sémem de outro homem, é imoral, uma vez que os esposos têm direito recíproco sobre os corpos para gerar novas vidas, direito esse que é exclusivo não se podendo ceder nem alienar. O filho assim gerado, mesmo com o consentimento do marido será considerado ilegítimo por não ter qualquer relação de origem com o pai legal, nem qualquer laço moral ou jurídico de procriação conjugal.Tratar-se-á de verdadeiro adultério.
  d) A fecundação artificial dentro do casamento só será lícita quando constitua simples auxílio à natureza após a realização do acto conjugal normal.
A inseminação artificial em seres humanos é, pois, considerada ilícita pela Igreja, por contrária ao Terceiro Mandamento da Lei de Deus que impõe que se guarde castidade, admitindo-a somente nos casos em que possa não constituir violação desse preceito Divino. Allocutio ad participantibus conventus internationalis quarti medicorum catholicorum, Romae Coadunatis, in «Acta Apostalicae Ledis», 1949, págs. 557-561.

Pio XII, em 1951 e 1956, voltou a debruçar-se sobre o assunto ([25]).

A posição do Vaticano é clara ao defender:

"Uma vez que deve ser tratado como pessoa desde a concepção, o embrião terá de ser defendido na sua integridade, tratado e curado, na medida do possível como qualquer outro ser humano.

O diagnóstico pré-natal é moralmente lícito, desde que respeite a vida e a integridade do embrião ou do feto humano, e seja orientado para a sua defesa ou cura individual...Mas está gravemente em oposição com a lei moral, se prevê em função dos resultados, a eventualidade de provocar um aborto. O diagnóstico não pode ser equivalente a uma sentença de morte. (CDF, inst. Donum Vitae 1,2)

Devem considerar-se lícitas as intervenções no embrião humano, sempre que respeitem a vida e a integridade do mesmo e não envolvam para ele riscos desproporcionados, antes tenham em vista a sua cura, a melhoria das suas condições de saúde ou a sua sobrevivência individual. (CDF, inst. Donum Vitae 1,5)

Certas tentativas de intervenção no património cromossomático ou genético não são terapêuticas, mas têm em vista a produção de seres humanos seleccionados segundo o sexo ou outras qualidades pré-estabelecidas. Tais manipulações são contrárias à dignidade pessoal do ser humano, à sua integridade e à sua identidade única e irrepetível. (CDF, inst. Donum Vitae 1,6) ([26]).

"Toda a vida humana, desde o momento da concepção até à morte, é sagrada porque a pessoa humana foi querida por si mesma e criada à imagem e semelhança de Deus Vivo e Santo" ([27]).

"Desde que foi concebida a criança tem direito à vida" ([28]).

"Uma vez que deve ser tratado como pessoa desde a concepção, o embrião deve ser objecto de atenções e cuidados médicos como qualquer outro ser humano".

([25]) Iis quae interfuerunt Conventui Unionis Catholicae Italicae inter Ostetrices, Roma Habito, in «Acta Apostolicae Ledis», 1951, pág. 850; Iis qui interfuerunt Conventui Universali de fecundidate et sterilitate humana, Napoli Indicto, in «Acta Apostolicae Ledis», 1956, págs. 467-474.

([26]) *Catecismo da Igreja Católica*, Gráfica de Coimbra, Coimbra, 1993, n° 2274, 2275, pág. 486.

([27]) Idem, n° 2319, pág. 494.

([28]) Idem, n° 2322, pág. 494.

3 — A Igreja Anglicana, numa Convenção de Teólogos datada de 1945 (apenas com um voto divergente), chegou às seguintes conclusões: é lícita a inseminação artificial homóloga desde que o sémen seja recolhido após relação sexual normal ou por masturbação do marido ; a inseminação artificial tem como objectivo a procriação que constitui um dos fins do casamento; a inseminação artificial heteróloga é ilícita na medida em que consubstancia uma violação da união entre o homem e a mulher, separando filhos dela nascidos e, ainda, por se tratar de uma situação enganadora da própria sociedade.

A Igreja Luterana de Paris aceita a inseminação homóloga desde que se prove clinicamente que é imprescindível à fecundação. Um sector da Igreja Luterana condena o coito interrompido e o uso de preservativo mas admite a punção testicular como meio de recolha de sémen.

A Igreja Protestante da Suécia proibe a inseminação artificial heteróloga.

4 — Na época da Segunda Guerra Mundial propagaram-se, nos EUA, os bancos de sêmen e foram inúmeras as inseminações realizadas pelo exército americano, transportando por avião esperma dos soldados que lutavam no Pacífico. Registraram-se 20 000 nascimentos fruto da aplicação daquela técnica. Todos os filhos foram considerados legítimos, por decisão, sem precedentes, tomada pelo juiz Henry Greenberg, do Supremo Tribunal de Nova Iorque ([29]).

Igual procedimento se realizou com tropas inglesas na Guerra da Coreia, o que levou os ingleses a incrementar essas práticas. A Câmara dos Comuns, em 19 de Abril de 1945, proibiu a inscrição de filho concebido com esperma de dador anónimo como legítimo.

Inconvenientes de natureza psicológica decorrentes da inseminação artificial já se revelaram, em Inglaterra, quando na Segunda Guerra Mundial apareceu a denominada Doutrina Exeter. Raquel Allen abriu uma clínica contraceptiva com a finalidade de ajudar, naqueles tempos difíceis, os casais sem recursos económicos. Concomitantemente divulgou a ideia da inseminação artificial com o intuito de proporcionar aos casais estéreis (com capacidades financeiras) o nascimento de filhos. Criou bancos de esperma originando o nascimento de vários "test tube babies" (designação por que inicialmente foram conhecidos). O aparecimento destes

---

([29]) BORRELI MACIA, La Persona Humana, Bosch, Barcelona, 1954, pág. 82.

bancos e a constatação de problemas resultantes da nova técnica dividiram a opinião pública, juristas e cientistas.

A americana Eleonor Hawkes Jones apelou às melhores jovens dos Estados Unidos que se deixassem inseminar artificialmente recorrendo a dadores selecionados entre atletas e campeões (mesmo que delas desconhecidos). Eleonor preconizava a criação de uma elite para melhorar o destino da Nação ([30]).

Na mesma linha de orientação, Robert Graham e Herman Muller fundaram, em 1964, o Repertory for Germinal Choise — Banco de sêmen dos Prémios Nobel. Contudo, apenas o Prémio Nobel William Shocley, inventor do transistor, depositou o seu esperma.

5 — O cientista inglês R.G. Edwards iniciou os seus trabalhos com óvulos humanos, em 1963. Dois anos depois, publicou os resultados das suas experiências: "O grande mérito deste estudo reside na possibilidade de obter óvulos humanos fertilizados... O elevado número de óvulos que é viável conseguir de um ovário permite o desenvolvimento de embriões humanos in vitro e o controle de determinadas doenças genéticas da humanidade" ([31]).

6 — Har Gobind Khorona, bioquímico norte americano de origem indiana, em 1968, foi galardoado, com o Prémio Nobel da Medicina, pela sua obra que permitiu revelar o código genético. Os seus trabalhos contribuiram, de modo significativo, para a descoberta dos processos através dos quais as enzimas de uma sequência de aminoácidos determinam a função das células no desenvolvimento genético. No ano de 1970, chefiou a equipa de cientistas americanos que produziram o primeiro gene artificial, e sintetizou um gene composto por 77 nucleótidos. Porém, este gene não se revelou funcional. Khorona, em 1973, conseguiu sintetizar um gene de 126 nucleótidos. Este gene introduzido numa bactéria, através de um "phago", duplicou-se com êxito.

O cientista Paul Berg criou, em 1972, a primeira molécula de ADN artificialmente recombinada, com o isolamento, in vitro, dos ADNs de dois diferentes organismos.

([30]) FERNANDO SANTOSUOSSO, La fecundazione artificiale nella donna, Ed. Giuffré, Milão, 1961, pág. 28, nota 19.

([31]) R. G. EDWARDS, *Maturation in vitro of human ovarian oocytes*, «The Lancet», 2, 1965, pág. 926 e seguintes.

Um ano depois, foram inseridas em bactérias moléculas artificialmente recombinadas a partir de plasmídios de diversas origens. Verificou-se que esses ADNs produzidos artificialmente eram capazes de se replicar indefinidamente na nova hospedeira e de aí expressar os genes transferidos. Passou a ser possivel tirar genes de uma espécie para outra, mantendo-os activos, ou de manipular, in vitro, o ADN de um ser humano, que, posteriormente, se pode introduzir em células do seu organismo com o intuito de alterar de modo permanente uma porção de genoma.

7 — O nascimento do primeiro bébé proveta, Louisa Brown, ocorreu em 25 de Julho de 1978, em Inglaterra, seguido de Alastair Montgomery (um mês antes do termo mas perfeitamente normal) e do indiano Durga. Em 3 de Outubro de 1981, nasceu Victória na Austrália. O nascimento de Elizabeth Carr teve lugar em 14 de Novembro de 1982, nos Estados Unidos da América. No mesmo ano, em França, nasceram Amandine em 24 de Fevereiro (Clamart — Hauts de Seine), Alexia em 22 de Julho e Antoine em 22 de Agosto. Anna Paula Caldeira nasceu em 7 de Outubro de 1984, em São José dos Pinhais (Paraná) no Brasil. O primeiro bébé proveta português, Carlos Miguel, data de 1986.

Randolph W. Seed e Richard W. Seed desenvolveram, em 1978, a técnica de transplante de embrião do útero de uma mulher para outra, passando esta a ser designada como mãe de aluguer ou substituta.

Uma equipa australiana dirigida pelo Dr. Wood (Centro Médico de Queen Victoria de Melbourn) conseguiu, em 1983, a primeira gravidez resultante da implantação in utero de um embrião congelado (a -196º) e, posteriormente, descongelado. Dos seis óvulos que se extrairam da mãe, três foram inseridos sem êxito, após a fertilização in vitro. Os outros três, crioconservados, implantados alguns meses depois, tiveram destinos diferentes: dois morreram mas, o restante deu origem a uma criança do sexo feminino, Zoé.

Sucederam-se milhares de crianças em todo o mundo [32] [33] [34] [35]. Destaque para alguns casos:

Um dos mais famosos bébés nascidos com a ajuda de uma mãe portadora foi Melissa, mais conhecida por "Baby M". Em 1987, Elisabeth

---

[32] No "Iº Simpósio Internacional sobre a Inseminação Artificial e a Conservação do Esperma" realizado em Paris, nos dias 9, 10 e 11 de Abril de 1979, foram publicados os seguintes dados:
Nos Estados Unidos da América existiam 11 centros de conservação de esperma tendo nascido em 1978 cerca de 10000 crianças por I.A.D. A Grã — Bretanha tinha nesta

e William Stern dirigiram-se a um centro de tratamento da infertilidade para tentar encontrar uma solução viável para o seu problema. Resolveram recorrer a uma mãe hospedeira.

Foi celebrado um contrato de "aluguer de útero" entre aquele casal e Mary Beth Whitehead, onde se estipulava que esta seria inseminada com o esperma de William Stern, com o intuito de levar a gravidez até ao seu termo, entregando a criança logo após o nascimento. Além disso, comprometia-se a não fumar, não beber, nem consumir drogas durante a gravidez e a abortar caso fosse detectada qualquer anomalia no feto. Também não poderia amamentar o bébé, nem criar com ele laços afectivos.

Por seu turno, o casal Stern responsabilizava-se por todas as despesas médicas e legais e comprometia-se a pagar à mãe portadora a quantia estipulada (dez mil dólares).

Todavia, depois do parto, Mary Beth pediu a Elisabeth e William Stern para ficar mais alguns dias com a bébé. A parturiente dizia-se vítima de uma crise depressiva.

---

data 19 centros, calculando-se que desde 1945 o número de crianças nascidas por I.A.D. fosse de 10000. Em França, o balanço do Centro de Estudos e de Conservação do Esperma (C.E.C.O.S.) no período que mediou entre 1973 e 1978 foi de 7165 pedidos de inseminação, 4253 mulheres inseminadas, 1852 gravidezes, 290 partos falsos, e 1562 nascimentos. Na Suiça, funcionavam 5 centros tendo nascido 1301 crianças. Na Itália, em 2 Centros foram inseminadas 488 mulheres registando-se 130 nascimentos. Na Bélgica, o único banco existente naquela data recebia cerca de 600 pedidos por ano e em 2000 inseminações realizadas 922 foram bem sucedidas.

([33]) Em 1986, PAULA MARTINHO DA SILVA, *Procriação Assistida — Aspectos Jurídicos*, Moraes Editores, Colecção Livros de Direito, Lisboa, 1986, pág. 16, escreveu: "Robert Schoysman, de 57 anos, de nacionalidade belga, é o pioneiro da inseminação artificial na Europa e dirige o Instituto de Andrologia de Bruxelas, cujo banco de sémen foi fundado em 1960. Nestes 25 anos foram levados a bom termo, através deste método, 1800 nascimentos e diariamente 15 mulheres são inseminadas com esperma de dador, numa percentagem de 20% de êxitos".

([34]) O C.E.C.O.S. de Kremlin-Bicêtre (Centre d' Études et de Conservation de l' Oeuf et du Sperme Humain), numa brochura editada por ocasião do Congresso Mundial de Fecundação In Vitro que decorreu em Paris em Junho de 1991, informou que 19.200 crianças nasceram em França por inseminação artificial com dador desde 1973.

([35]) O Conselho Nacional de Ética para as Ciências da Vida no Relatório-Parecer sobre Reprodução Medicamente Assistida (3 / CNE / 93), págs. 10 e 11, alertou para o facto de que nos Estados Unidos da América já ocorreram mais de 500.000 nascimentos por inseminação artificial (nos últimos 10 anos) e 4.000 pela F.I.V.E.T.E.. Em 1988, de acordo com os registos nacionais, o número de punções foi de 7.930 na Austrália, 8.514 no Reino-Unido, 12.972 em França e 13.647 nos Estados Unidos da América.

Contudo, os dias alargaram-se a semanas e, depois a meses e só quando Mary Beth se recusou, definitivamente, a entregar a menina (a quem já tinha dado o nome de Sarah) é que o casal Stern recorreu aos tribunais. Depois de várias sessões, nas quais se chegou mesmo a pôr em causa a legalidade do contrato e o direito da mãe hospedeira mudar de opinião, foi decidido que a custódia da bébé Melissa (nome dado pelo casal Stern) fosse entregue a Elizabeth e a William Stern ficando Mary Beth com o direito de continuar a ver regularmente Melissa [36].

Em virtude de um novo método de fertilização in vitro as mulheres podem ter filhos depois da menopausa [37] [38] [39].

São cada vez mais numerosos os casos de "empréstimo" do ventre materno entre os membros de uma família; ou seja, uma mãe predispõe-se a gerar os filhos da sua filha, uma irmã a gerar os filhos da sua irmã, uma prima a gerar os filhos da sua prima, etc.

---

[36] Este caso será mais desenvolvido no capítulo sobre Mães Portadoras.

[37] Num inquérito realizado em 1993, em França, 81% dos entrevistados manifestaram-se contra a possibilidade, concedida pela ciência, de uma mulher ter filhos depois da menopausa. (Dados extraídos da Revista Newsweek, January 17, 1994).

[38] O Projecto Português sobre a Utilização de Técnicas de Procriação Assistida elaborado pela Comissão para o Enquadramento Legislativo das Novas Tecnologias, em 1987, determina: "No caso de inseminação artificial heteróloga, o casamento ou a união de facto referidos no artigo 6.º devem durar há mais de três anos, e os beneficiários não devem ter idade inferior a vinte e cinco anos nem superior a quarenta ou cinquenta conforme se trate da mulher ou do homem, respectivamente" (artigo 17.º). E acrescenta: "O dador deve ter idade superior a vinte e um anos e inferior a cinquenta, gozar de boa saúde psíquica, e não deve ser portador de doença hereditária ou infecciosa conhecida ou de outro factor que possa representar risco para a saúde da mulher ou do nascituro" (artigo 18.º).

[39] Depois desta Tese ter sido entregue (1995) foi publicada, no Diário da República, em 1 de Agosto de 1997, a Proposta de Lei nº 135 / VII sobre Técnicas de Procriação Medicamente Assistida.

Relativamente a esta problemática a Proposta estipula:

Artigo 4.º
(Beneficiários)

1 — Só as pessoas casadas que não se encontram separadas judicialmente de pessoas e bens ou separadas de facto ou as que, sendo de sexo diferente, vivam em condições análogas às do cônjuges há pelo menos dois anos podem recorrer a técnicas de procriação medicamente assistida.

2 — As técnicas só podem ser utilizadas em benefício de quem tenha, pelo menos, 18 anos de idade e não se encontre interdito ou inabilitado por anomalia psíquica.

3 — Sem prejuízo do disposto no artigo 28.º, só pode ser beneficiário de técnicas

Em 1987, Pat Anthony, uma sul africana de cinquenta e dois anos, gerou no seu útero as três gémeas da sua filha Karen, que tinha estado em perigo de vida quando do nascimento do primeiro filho. Nessa altura teve de se submeter a uma histerectomia ficando impossibilitada de engravidar novamente. Os médicos, em Joanesburgo, aceitaram criar os embriões a partir dos óvulos de Karen e do esperma de Alcino, um luso sul africano. Esses embriões foram posteriormente implantados em Pat Anthony. Contra todas as probabilidades nasceram três gémeos.

Na Itália, em 1988, teve lugar um caso análogo, mas inverso: uma mulher de vinte anos foi mãe portadora da sua própria mãe de quarenta e oito anos.

Em Agosto de 1991, foi notícia em todo o mundo o caso de Arlette Schweizer, uma norte americana de quarenta e dois anos que aceitou ser inseminada com o óvulo já fecundado da sua filha Christa Schweizer que tinha nascido sem útero. O processo resultou e Arlette Schweizer deu à luz dois gémeos.

Mark Sauer da University of Southern California já assistiu a mais de 200 mulheres com idade superior a 40 anos (incluindo mais de duas dúzias com mais de 50 anos) conseguindo que mais de um terço desse número engravidasse [40].

Um cientista australiano, em 24 de Junho de 1988, defendeu a utilização de mulheres cerebralmente tidas como mortas como incubadoras, de modo "a se poder fazer um melhor uso dos cadáveres vivos". O bioeticista da Universidade de Queensland, Paul Gerber, apoiou tal iniciativa alegando que, assim, "os mortos estariam fazendo um bem".

Os primeiros cromossomas artificiais de "levure" (Yac, Yeast Artificial Chromosome) contendo ADN humano foram fabricados pelo gru-

---

de procriação medicamente assistida o casal que contribua com gâmetas de, pelo menos, um dos seus membros.

Artigo 28.º
(Beneficiários dos embriões)
1 — Sendo os embriões destinados a outro casal, nos termos do n.º 4 do artigo 21.º, devem ser privilegiados os casais que não tenham filhos, naturais ou adoptivos.

2 — Os beneficiários dos embriões não devem ter idade superior a 45 anos, a mulher, e 55 anos, o homem.

3 — Para efeitos da determinação da maternidade e da paternidade, é aplicável, com as necessárias adaptações, o disposto nos artigos 16.º, 17.º e 27.º.

[40] Newsweek, January 17, 1994, pág. 40.

po de Maynard Olson, em Saint-Louis, nos Estados Unidos da América. A publicação destes resultados na revista americana Science suscitou grande interesse no pequeno mundo do génio genético e em particular da genética humana ([41]).

Nos E.U.A., cientistas do Instituto Whitehead de Massachsusetts descobriram a fórmula química do cromossoma Y só encontrado nos homens. Em França, o Centro de Estudos do Poliformismo Humano de Paris obteve o Código Genético do cromossoma número 21, o menor presente nos seres humanos, mas de extrema importância. São, precisamente, as alterações nos genes do cromossoma 21 que parecem ser responsáveis pela doença de Alzheimer e pelo desenvolvimento da síndrome de Down.

O conhecimento gerado pelos dois trabalhos consagra o chamado Projecto Genoma Humano, um programa internacional que pretende desvendar, até ao ano 2005, os 100 000 genes que caracterizam a espécie humana.

A decisão do National Institutes of Health tem causado grande polémica. O orgão do Governo americano requereu os direitos de patente sobre mais de 2700 fragmentos de ADN mapeados por Craig Venter. Patentear o Código Químico da Vida está longe de ser defendido por todos os entusiastas da genética.

8 — Cientistas da Universidade George Washington, coordenados por Robert Stillman, director do programa de fertilização in vitro desta Universidade, realizaram, pela primeira vez, a clonagem de embriões humanos ([42]).

O novo método foi apresentado por Jerry Hall e Robert Stillman, no dia 13 de Outubro de 1993, durante uma reunião da Sociedade Americana de Fertilidade.

Intencionalmente os embriões utilizados não reuniam as condições necessárias à "criação" de um ser vivo, e, deste modo, a experiência não era eticamente condenável. No entanto, a possibilidade científica desta técnica ficou demonstrada.

([41]) BERTRAND JORDAN. *Les Cartes du Genome Humain*, «La Recherche», n° 216, Dezembre, 1989, pág. 1493.

([42]) A clonagem será mais desenvolvida em capítulo próprio.

9 — Na Escócia, em finais de 1993, investigadores debateram uma das últimas conquistas da ciência: a procriação de ratos usando os ovários de fetos abortados. Tecnicamente é possível dentro em breve alargar este processo aos seres humanos. Assim sendo, se esta tecnologia for aplicada em pessoas — ainda que os investigadores que nela estão a trabalhar tenham afirmado peremptoriamente que não têm intenções de o fazer — podemos chegar ao ponto de uma mulher abortar a sua filha e dar à luz a sua própria neta ou o filho de um qualquer feto anónimo que nunca chegou a nascer?

Em Dezembro de 1994, nasceu, em França, Charlotte com 2780 gramas. Charlotte mereceu honras de noticiário por ter sido a primeira criança, naquele país, a nascer graças à combinação de duas novas técnicas de reprodução assistida: a colheita de espermatozóides epidimários e a micro — injecção. A fertilização realizou-se no Centro de Fecundação "In Vitro" da Clínica Pierre Cherest, em Neuilly, perto de Paris. Os espermatozóides foram colhidos no epidímo (canal que transporta os espermatozóides dos testículos para os canais "deferentes") de um homem que não podia ter filhos devido a padecer de obstrução. Os espermatozóides foram posteriormente introduzidos por micro-injecção em óvulos colhidos na sua mulher. Depois de fecundados, foram reimplantados no útero com êxito.

A era dos "designers babies" está a desenvolver-se com procura crescente. Existem mais de 30.000 bancos de esperma a que se pode recorrer para escolher um potencial dador por meio de um catálogo onde se especifica a altura, cor dos olhos e do cabelo, religião, nível cultural e quociente de inteligência do dador.

O caso de Elisabetta, a menina nascida do ventre de sua tia depois da morte de sua mãe, dividiu a opinião pública italiana. Pasquale Bilotta, o ginecologista que efectuou a operação Elisabetta, alega ter-se limitado a aplicar as técnicas da fecundação in vitro. A pequena Elisabetta, felizmente, não sabe que é sujeito de um profundo debate entre juristas, biólogos, religiosos, políticos e filósofos. As opiniões divergem: desde a posição do Cardeal Ersilio Tonini que defende estarmos na presença de "uma manipulação monstruosa", até à afirmação feita pelo Prémio Nobel Rita Levi Montalcini de que se trata de "um acto de grande generosidade".

10 — Por definição a Ciência não tem limites nem alma — a descoberta da energia nuclear não é em si mesma moral ou imoral, mas a sua utilização já o pode ser — cabendo ao Direito impor comportamentos obrigatórios, fixar fronteiras.

Como sublinha Jean Rostand, a Ciência explicará tudo e nós não ficaremos mais esclarecidos: ela fará de nós "deuses atordoados".

E hoje são já possíveis as seguintes técnicas que têm de ser rigorosamente regulamentadas pela norma jurídica:

I — REPRODUÇÃO SEXUADA.

   1 — *Por Inseminação Artificial.*

      1.1. *Com sémen fresco.*

         a) Do marido no útero da esposa estável.
         b) Do marido em útero de mãe portadora
         c) De um terceiro que não o marido no útero da esposa.

      1.2. *Com sémen congelado e conservado em bancos de sémen.*

         a) Do marido em útero da esposa estável.
         b) Do marido em útero da esposa mas com esta já viúva.
         c) Inseminado em útero de mulher que não a esposa ou de companheira não estável.

   2 — *Por Fecundação Artificial.*

      2.1. *Com gestação semelhante a 9 meses fisiológicos.*

         A — *Com implantação em útero de mãe legal.*

            a) Com óvulo de mãe legal e sémen de pai legal.
            b) Com óvulo de mãe legal e sémen de pai dador.
            c) Com óvulo de mãe dadora e sémen de pai legal.
            d) Com óvulo de mãe legal e sémen de pai dador.

         B — *Com implantação em útero de mãe portadora.*

            a) Com óvulo de mãe legal e sémen de pai legal.
            b) Com óvulo de mãe legal e sémen de pai dador.
            c) Com óvulo de mãe dadora e sémen de pai legal.

2.2. *Com gestação prolongada por congelação do embrião.*

A — Com implantação em útero de mãe legal.
   a) Com o pai legal já morto.

B — Com implantação em útero de mãe portadora.
   a) Com o pai e a mãe legal já mortos.
   b) Com a mãe legal já morta.
   c) Com o pai legal já morto.
   d) Por compra do embrião dadas as suas características de pedigree.

II — REPRODUÇÃO ASSEXUADA.

Cloning

1.1. *Com componente genético de um dos cônjuges.*
   a) Genes do pai, clonado em óvulo de mãe legal e gerado por ela — cloning homólogo.
   b) Genes do pai, clonado em óvulo doado e gerado por mãe legal.
   c) Genes da mãe, clonado em óvulo de mãe legal e gerado por ela — cloning antólogo.
   d) Clonado em óvulo de mãe dadora e gerado por ela.

1.2. *Com componente genético de dador.*
Clonado em óvulo de mãe portadora e gestado por ela — cloning heterólogo.

11 — Destas técnicas merecem condenação praticamente consensual nas legislações, doutrina, relatórios, resoluções e recomendações de Organizações Internacionais e da União Europeia, as que se seguem:
   a) Criação de indivíduos geneticamente idênticos por clonagem ou outros processos;
   b) Transferência de embriões humanos para o útero de outra espécie ou vice-versa;
   c) Cruzamento entre o reino humano e o reino animal ou vegetal;
   d) Experimentação em embriões humanos que não seja em seu benefício;

e) Criação de embriões humanos exclusivamente para investigação;
f) Transferência para o útero de uma mulher de um embrião que tenha sido objecto de experimentação;
g) Recurso a mães portadoras;

12 — É, portanto, cada vez mais necessário legislar sobre estas matérias, já não se podendo, como sublinha Agostinho de Almeida Santos ([43]) "invocar mais o desconhecimento de uma realidade que não é nem utópica, nem sequer longínqua. E tudo isto porque:
— É possível realizar um diagnóstico ante-natal ou pré-implantatório do sexo de embriões humanos propiciando a eliminação dos indesejáveis ou inconvenientes;
— É possível manter indefinidamente congelados e sob a custódia embriões humanos, produzidos laboratorialmente, só porque não têm forma de expressão de vontade própria nem estatuto que lhes conceda direito a protecção legal e jurídica como seres humanos hibernados ainda não nascidos mas já com promessa de vida, reconhecendo-os sujeitos de pleno direito;
— É possível a manipulação experimental de embriões humanos excedentários ou originados especificadamente para tal fim sem que por isso e daí lhes advenha qualquer benefício;
— É possível predizer geneticamente num embrião cultivado in vitro ou mesmo já nidado num recém-nascido ou até num adulto como, quando e se virá a ser afectado, num futuro mais ou menos longíquo, por doença grave ou fatal;
— É possível obter informações genéticas que interessam a governos, seguradoras ou empregadores sobre o futuro sanitário dos cidadãos, havendo mesmo arquivos, até entre nós, onde se encontra armazenado

---

([43]) Foi o primeiro médico a realizar em Portugal a técnica designada por G.I.F.T. (Transferência de gâmetas para a trompa), sistema que já levou ao nascimento de várias dezenas de crianças dentro do programa da "Reprodução Assistida dos Hospitais da Universidade de Coimbra".
Na biografia que consta da contra capa da sua mencionada obra refere-se: "Nos últimos anos tem feito insidir a sua actividade na divulgação dos procedimentos técnicos e atitudes éticas que julga mais consentâneos com o estado actual do conhecimento científico nos domínios da Genética e da Reprodução Humana, e sobretudo com a defesa da dignidade da Pessoa Humana e da própria Liberdade do Homem".

ADN de milhares e milhares de indivíduos como resultado da colheita sistemática de sangue logo após o nascimento" ([44]).

13 — Tudo passou a ser viável, até a "criação" de duas raças: uma de super-homens, belos, fortes e inteligentes, de amos e outra de infra--humanos para servirem aqueles. Duas qualidades do ser humano, quando há quem defenda que no embrião só há vida humana individualizada a partir do 14º dia após a concepção e, desta maneira, durante aquele período todas as tentações e experimentações são possíveis?

A Ciência criou o seu próprio destino. É uma aventura em aberto que terá de ser disciplinada para evitar que o futuro da Humanidade se reduza a um absurdo, a um impossível.

([44]) AGOSTINHO DE ALMEIDA SANTOS, cit., págs. 9 e 10.

CAPÍTULO III

ALGUNS DADOS
DE
DIREITO COMPARADO

SUMÁRIO

1 — A bioética e a constatação da necessidade de uma reflexão inter-disciplinar.
2 — Duas teses principais:
   a) O recurso às novas técnicas deve ser livre por se tratar de matéria íntima, da vida privada familiar de cada um de nós.
   b) O Estado tem de legislar dado que é matéria de ordem pública, colectiva, que transcende o foro da responsabilidade individual.
3 — Posição generalizada dos médicos e biólogos pedindo directrizes precisas e, mesmo, um consenso da sociedade.
4 — Referência a Convenções, Organizações e Declarações, a Resoluções e Recomendações Internacionais.
5 — A Lei Espanhola 35/88 de 22 de Novembro e o seu espírito "eminentemente progressivo e liberal". Consagra o princípio de que a regulamentação jurídica não deve eliminar o direito da mulher procriar e fundar o tipo de família que ela própria escolheu em liberdade e responsabilidade. Referência a algumas disposições principais com destaque para a regra que determina a inexistência de vida humana individualizada até ao 14º dia após a fecundação e, deste jeito, autoriza a intervenção, investigação, manipulação, etc em pré — embriões e a sua ulterior destruição.
A Lei Espanhola 42/1988 de 28 de Dezembro coloca determinadas restrições à escolha do sexo e à experimentação e investigação em embriões.
6 — A consagração de disposições controversas pela Lei Britânica de 1990, designadamente a permissão (sob determinadas condições) de eliminar

embriões excedentários, a sua dação a outros casais inférteis ou o seu uso para investigações de comprovada relevância científica. E, ainda, a autorização de experiências em embriões produzidos única e exclusivamente para este fim.

7 — Outras disposições legislativas: Alemanha — Lei de 1990 (proibe o anonimato do dador, a dação de ovócitos e a produção de embriões excedentários); Suécia — Lei 1140/1984 de 20 de Dezembro (não permite o anonimato), Lei 711/1988 de 14 de Junho (interdita a dação de gâmetas); Noruega — Lei 68/1987 de 12 de Junho (proibe o anonimato e a investigação); Suiça — Resolução de Abril de 1988 (veda a inseminação heteróloga), disposição considerada inconstitucional pelo Tribunal Federal Suíço (Março de 1989), Referendo de Maio de 1992 (não autoriza a congelação de embriões); França — Lei 94 — 653 de 29 de Julho de 1994 e Lei 94 — 654 de 29 de Julho do mesmo ano.

8 — Vazio legislativo em Portugal.

ALGUNS DADOS
DE
DIREITO COMPARADO

1 — "Ciência sem consciência é a ruína da Alma"; este pensamento de quatro séculos é cada vez mais actual.

A nova Revolução Biotecnológica permite ao homem interferir, determinar o início, desenvolvimento e fim da vida humana, convertendo-se em Deus e Senhor do seu próprio destino.

Nesta linha de orientação parece-me útil relembrar a ideia de Jean Rostand: Querem fazer de nós deuses antes que possamos merecer ser homens.

A bioética caracteriza-se, nomeadamente, por exigir a participação da sociedade e de diversas especialidades profissionais num aprofundamento e reflexão inter-disciplinar.

2 — Relativamente à problemática de saber se os Estados devem ou não legislar sobre esta matéria existem duas posições fundamentais:

A — O Estado não deve interferir nesta área.

O recurso às técnicas de procriação artificial assistida é livre é a reserva da intimidade da vida familiar deve ser concebida como o direito de utilizar estes meios sem a intervenção estatal. Ou, como em Itália defende, entre outros, Bianca a ideia de que os princípios existentes são suficientes, quer aplicados por si mesmos, quer por analogia, para regulamentar as diversas "fatispecies". Corrente minoritária perfilhada na Dinamarca, Noruega e inicialmente na Suécia (antes da Lei de 20 de Dezembro de 1984) ([45]).

([45]) Julgo oportuno citar Alberto Barros, Responsável pelo "Banco de Esperma" do Serviço de Genética Médica da Faculdade de Medicina do Porto: "... Não pretendo ter qualquer outro protagonismo do que o de um médico que concretiza tecnicamente o desejo

B — O Estado tem o dever de legislar sobre Procriação Artificial Assistida.

As regras que disciplinam o Direito da Família são de ordem pública e, assim, o Estado deve interferir fixando e disciplinando a utilização das diversas técnicas. Não se pode deixar à consciência de cada um o poder de determinar o que é lícito. Corrente maioritária na Europa e constante das Resoluções do Parlamento Europeu de 16 de Março de 1989. Há, ainda, quem em França, por exemplo, defenda que se deve respeitar nesta área uma "moratória legislativa activa" que se traduz na necessidade de um aprofundamento do problema e de um debate cultural antes da intervenção legislativa.

Penso que é um problema que transcende o foro da responsabilidade individual; é de ordem colectiva, recai sobre todos os que têm o poder de decidir nas diversas áreas do conhecimento e da actividade. E a gestão dos conflitos que eventualmente podem aparecer exige contributos não só dos médicos mas, também, dos juristas, teólogos, filósofos, sociólogos e políticos.

Nos casos de intervenções genéticas com fins não simplesmente terapêuticos está em causa o juízo de toda a sociedade sobre as decisões

---

de um casal desde que este esteja muito bem esclarecido e seguro da decisão. O que me parece ser um dos elementos fundamentais deste processo é que a opção pela inseminação artificial com esperma de dador deve constituir um direito do casal: não me parece legítimo que seja o legislador ou quaisquer outras entidades que definam o sim ou o não. Esta definição, indiscutivelmente tão difícil, é um direito e uma obrigação do casal. Ao médico compete, se concordar, dar uma resposta competente.

O rigor da actuação médica deve ser garantido por uma legislação não excessivamente específica porque não deve ser esquecida a função que a Ordem dos Médicos deve assumir na preservação da competência do acto médico. Num hipotético quadro legal em que os Centros públicos ou privados que pretendam realizar as técnicas de reprodução artificial devam ser autorizados pelo Ministério da Saúde, a Direcção da Sociedade Portuguesa de Medicina da Reprodução deve ser uma estrutura de consulta permanente e cujo parecer deve ser decisivo.

Finalmente, tenho uma perspectiva contrária à existência de um "registo central de dadores" pois penso que toda a informação não deve ultrapassar o âmbito do segredo médico. Isto não colocará em causa o rigor e a segurança destes processos desde que se assegure a dádiva (e não a venda) do esperma, assim como a possibilidade de troca de informações entre os diversos Centros, mas sempre a um nível exclusivamente médico", *Relatório e Programa do Grupo de Trabalho para o Estudo da Medicina Familiar, Fertilidade e Reprodução Humana*, Ministério da Saúde, 1993.

de manipulação deliberada da vida dos indivíduos que a compõem e não apenas a justeza da conduta das partes interessadas ([46]).

3 — Cada vez mais os médicos e biólogos questionam os juristas pedindo, reclamando a elaboração de regras jurídicas: "Pedimos que sejam fixadas normas... pretendemos directivas precisas e um consenso da sociedade... estamos a ingressar no domínio de uma medicina muito específica... mais do que nunca carecemos... que sejam fixadas normas" ([47]).

A Ciência desenvolve-se a um ritmo superior ao do Direito criando um vazio, um vácuo normativo que é preciso colmatar ([48]).

([46]) Estas duas alíneas foram incluídas só para melhor enquadramento deste capítulo, dado que a necessidade da criação de uma nova geração de direitos para defesa do património genético é o principal tema deste trabalho.

([47]) RENÉ FRYDMAN, La Croix de 10 de Julho de1985, citado por Mário Raposo, *Consentimento informado na relação médico-doente*, «O Direito», Ano 124º, III, Julho--Setembro, 1992, pág. 412.

([48]) É certo que a evolução da Ciência condiciona, em determinados aspectos, o Direito. Porém, a Ciência não pode "ditar" as regras controlando, manipulando, "escravizando" o Direito.

GUILHERME DE OLIVEIRA, *Legislar sobre Procriação Assistida*, Publicações do Centro de Direito Biomédico da Faculdade de Direito da Universidade de Coimbra, N.º 2, Coimbra, 1993, pág. 88, defende que: "Parece fora de uma causa que o Direito aceite imediatamente e globalmente tudo o que a Ciência pode fazer mesmo considerando apenas o âmbito da reprodução humana assistida (cfr. supra). Esta atitude significaria admitir sem rebuço a inseminação post mortem, a experimentação livre em embriões produzidos para este fim, a selecção de quaisquer características dos embriões e, mais tarde, a clonagem.

Também exclui do texto a hipótese contrária, assente no princípio de que nada se deve alterar na "mãe natureza" que é quem sabe como proceder. Este princípio, quando tomado à letra pode assumir o aspecto de uma versão serôdia do "Universo à Pangloss" em que, depois do terramoto de 1755, o Doutor Pangloss confortava os infelizes dizendo-lhes que as coisas não estavam mal"... se há um vulcão em Lisboa ele não poderia estar em outro lado. Porque é impossível que as coisas não estejam onde estão. Porque tudo está certo". (Cfr. F. JACOB — O jogo... p. 46 citando S. GOULD e, finalmente VOLTAIRE).

Como diz COHEN (Aspects... p. 478) "sou a favor dos antibióticos e da cirurgia" e cito de novo KAUFMANN (Rechtsphilosophische... p. 846) para quem "é próprio da «natureza humana» intervir nos processos naturais, sem prejuízo de ficar por resolver a questão dos limites desta intervenção"... (O próprio VOLTAIRE dá nota dos esforços dos sábios portugueses no sentido de influir sobre os elementos e de impedir que o terramoto de Lisboa se repetisse — a Universidade de Coimbra recomendou que se queimassem algumas pessoas em público. Infelizmente a terra tremeu de novo — cfr. VOLTAIRE —

Excelente a síntese de Jacques Robert ao sublinhar que uma boa legislação é aquela que responde a uma utilidade social melhorando o bem estar do maior número possível de pessoas. Em segundo lugar, deve ter sempre subjacente preocupações de Justiça. E, por fim, é necessário que não negligencie considerações de natureza moral. O primeiro dever do legislador é, precisamente, o de assegurar que a lei preencha estes três requisitos ([49]).

A lei deve circunscrever-se ao indispensável. O que hoje é actual amanhã já não o será. A evolução das tecnologias processa-se a um ritmo alucinante. Uma legislação que pretenda abarcar todas essas técnicas tornar-se-ia "perigosamente" transitória e, talvez mesmo, utópica.

4 — Legislar em matéria biomédica prende-se, necessariamente, com a concepção fundamental do Homem, e, por isso, assiste-se a um esforço em diversas áreas do conhecimento, medicina, biologia, sociologia, filosofia, direito, etc, a nível internacional e nacional, no sentido de encontrar as melhores soluções.

Vou referenciar os casos e situações que considero mais paradigmáticas ([50]).

A Convenção Europeia dos Direitos do Homem reconhece a todo o indivíduo um determinado número de direitos essenciais. Os princípios enunciados nesta Convenção encontram-se, aliás, noutros instrumentos de carácter universal como o Pacto das Nações Unidas.

A Declaração Internacional dos Direitos da Criança aprovada pela ONU em 20 de Setembro de 1959 refere-se concretamente à protecção da criança antes do nascimento.

O Conselho da Europa criou em 1983 a "Ad Hoc Committee of Experts on Ethical and Legal Problems relating to Human Genetics" (CAHGE) com o objectivo de promover a harmonização das várias legislações nos diferentes países no quadro da unificação europeia.

Candide ou l' optimisme, in VOLTAIRE — «Romans, contes et mélanges», Paris, Lib. Gen. Française, 1972, p. 276-278).

Enfim, admitir tudo ou proibir tudo seria uma forma excepcional de intervenção do Direito — e, quando desproposidada, a mais grosseira".

([49]) JACQUES ROBERT, *Éthique et Droit. Légiferer?* in «Procréation Artificielle. Où en sont l' éthique et le droit?», Edit. Alessandre Lacassagne, Lyon, 1989, pág. 311.

([50]) Tem sido fundamental a contribuição do Vaticano, nomeadamente de João Paulo II, como tenho assinalado neste trabalho.

Em Junho de 1985 o Comité de Ministros do Conselho da Europa decidiu que em virtude das inúmeras repercussões desta matéria noutras áreas a CAHGE deveria continuar os seus trabalhos sob a forma de uma outra comissão com objectivos mais amplos e com a denominação "Ad Hoc Comittee of Experts on Progress in the Biomedical Sciences" (CAHBI).

O Comité de Ministros do Conselho da Europa reconheceu a necessidade de "tomar as medidas adequadas para intensificar a actividade do Conselho no que concerne, do ponto de vista dos Direitos do Homem, aos progressos realizados na área da biologia, da bioquímica e da medicina".

A Assembleia Parlamentar do Conselho da Europa pela Recomendação 874 (1979) relativa a uma Carta Europeia dos Direitos da Criança declara no seu ponto VI que:

"O direito de cada criança à vida desde a concepção deve ser reconhecido e os governos nacionais devem tomar todas as diligências no sentido de permitir a aplicação integral deste direito".

Algum tempo depois, mais concretamente em 26 de Janeiro de 1982, aquela Assembleia pela Recomendação 934 (1982) sobre Engenharia Genética determinou que o direito ao próprio genoma e sua inviolabilidade deve ser respeitado como tal e protegido com universalidade e eficácia [51].

A Assembleia Parlamentar do Conselho da Europa, em 24 de Setembro de 1986, pela Recomendação 1046 (1986) (que completou a Recomendação 934 (1982)) relativa à utilização de embriões e de fetos humanos para fins de diagnóstico, terapêuticos, científicos, industriais e comerciais considera que:

a) Desde a fecundação do óvulo a vida humana desenvolve-se de maneira contínua ainda que não se possa fazer a distinção duran-

---

[51] O n.º 4. i. desta Recomendação consagra que: "Les droits à la vie et à la garantie humaine garantis par les articles 2 e 3 de la Convention Européenne des Droits de l' Homme impliquent le droit d' hériter des caractéristiques génétiques n' ayant subi aucune manipulation; e por sua vez o n.º 7: "Recommande au Comité des Ministres:

a. d' élaborer un accord européen sur ce qui constitue une application légitime des techniques d' ingénierie génétique aux êtres humains (y compris aux générations futures), d' aligner les législations nationales en conséquence, et de promouvoir la conclusion d' accords analogues au niveau mondial;

b. de prévoir la reconnaissance expresse, dans la Convention Européenne des Droits de l' Homme, du droit à un patrimoine génétique n' ayant subi aucune manipulation, sauf en application de certains principes reconnus comme pleinement compatibles avec le respect des droits de l' homme (par exemple dans le domaine des applications thérapeutiques)".

te as primeiras fases do seu desenvolvimento sendo necessária uma definição do estatuto biológico do embrião;
b) Não existem disposições adequadas para disciplinar a utilização de embriões e de fetos vivos ou mortos;
c) É urgente determinar o seu grau de protecção jurídica;
d) O embrião e o feto humano devem beneficiar em todas as circunstâncias do respeito devido à dignidade humana e a utilização dos seus produtos e tecidos deve ser limitada, de maneira restrita e regulamentada, a finalidades puramente terapêuticas não podendo ser atingidas por outros fins;
e) É necessária uma regulamentação europeia.

Esta Recomendação foi completada pela Recomendação 1100 (1989) que reconhecendo, também, o direito à vida desde a concepção proibiu a investigação embrionária com objectivos não terapêuticos ou com finalidades eugénicas.

Uma Resolução do Parlamento Europeu, aprovada em 16 de Março de 1989, sobre os problemas éticos e jurídicos da manipulação genética consagrou que o óvulo fecundado (zigoto) tem de gozar de protecção não podendo por esse motivo ser objecto de experimentações indiscriminadas. Determinou, ainda, que a utilização de embriões ou de fetos mortos para fins de diagnóstico só é possível quando existirem motivos justificativos. Estipulou a necessidade de punição (com penas agravadas) da manutenção artificial da vida de embriões humanos para a recolha de orgãos e tecidos. No que concerne aos embriões mortos disciplinou que somente podem ser usados para fins terapêuticos ou científicos com as limitações aplicáveis aos cadáveres humanos. Reclamou a proibição e punição de toda a utilização industrial de embriões ou fetos, incluindo a produção, com esse objectivo, de embriões fecundados in vitro e a importação de embriões ou fetos de outros países. A crioconservação foi admitida "apenas por tempo limitado e com vista à sua implantação para provocar a gravidez da mulher a quem foram extraídos óvulos para esse fim".

Esta Resolução foi fundamentada pelo Relatório Rothley onde se declara concretamente que, do ponto de vista científico, o zigoto é dotado de dignidade de ser humano na medida em que nele se corporiza vida humana. E, nestes termos, mesmo antes da nidação é já sujeito de direito com a inerente tutela legal. Se a crioconservação não puder ser evitada exige-se segundo este Relatório que:
a) Tenha como objectivo unicamente a sua implantação para gravidez de mulher a quem foram extraídos óvulos;

b) A conservação seja temporalmente limitada sobrestando a saltos de gerações e a relações de parentesco que já não serão naturais;

c) Seja proibido, sob pena de aplicação de sanções penais, o comércio para finalidades industriais ou lucrativas de embriões crioconservados.

No mesmo dia 16 de Março de 1989 foi aprovada uma outra Resolução pelo Parlamento Europeu sobre a fecundação in vivo e in vitro. Nessa Resolução reconheceu-se a necessidade de proteger a vida humana desde o momento da fecundação. Considera que a fecundação artificial deve visar uma finalidade terapêutica (superar a questão da esterilidade) e só deverá ser autorizada mediante indicação médica. Rejeita a fecundação heteróloga intra corpórea ou in vitro assim como a doação de sémen e de óvulos. Proibe o anonimato do dador e os contratos de gestação substitutiva. Deu primordial ênfase ao problema dos embriões excedentários determinando que apenas sejam fecundados os óvulos que possam ser efectivamente implantados e que sejam utilizadas técnicas e metodologias que eliminem esse problema.

Estipulou, também, que a criogenização só pode ser admitida quando a vida do embrião estiver em causa e a implantação imediata no útero for impossível e desde que a mulher declare estar disposta a fazê-la posteriormente; e, se não se puder proceder à implantação a crioconservação dos embriões deve ser interrompida provocando a sua morte; é punível a comercialização ou as experiências em embriões.

Esta Resolução foi fundamentada pelo Relatório Casini que considera existir vida humana a partir da fecundação.

A Organização Mundial de Saúde em documento proveniente do "Bureau Régional de l'Europe" produzido em Copenhague, em Junho de 1990, alerta os países para a necessidade de um profundo controlo das técnicas de fecundação in vitro, tendo como objectivo a diminuição da incidência de doenças genéticas. A Organização Mundial de Saúde receando que esses métodos possam ser empregues abusivamente originando problemas de natureza social, ética e eugénica, sugeriu a tomada, o mais breve possível, de iniciativas legislativas governamentais.

Em 1992 a Organização Mundial de Saúde, num relatório técnico sobre Procriação Medicamente Assistida, publicado em Génève, proclamou que "os efeitos a longo prazo da biópsia embrionária ainda se encontram por determinar, sendo provável que alguns progressos técnicos sejam conquistados neste domínio em paralelo com o desenvolvimento dos conhecimentos acerca do genoma humano". Porém, esta Organização admite que os imperativos universais de ética dificultam a investigação sobre os embriões, pelo que é necessário usar métodos indirectos para a avaliação das suas características primordiais.

Já depois de concluída a tese ([52]) o Comité de Ministros do Conselho da Europa adoptou, em 19 de Novembro de 1996, a Convenção sobre os Direitos do Homem e da Biomedicina. Esta Convenção considera imperiosa a tomada de medidas que protejam o ser humano na sua dignidade e identidade, e, que garantam a todas as pessoas, sem discriminação, o respeito da sua integridade e dos seus direitos e liberdades fundamentais face às aplicações da biologia e da medicina ([53]).

Em Novembro de 1997 a Declaração Universal sobre o Genoma Humano e os Direitos do Homem da UNESCO proclamou o genoma humano e a informação nele contida património comum da humanidade. A UNESCO só tinha atribuído a figura de património comum da humanidade a realidades físicas como a lua, o fundo do mar e monumentos com valor cultural para todos os povos. A Declaração tem como principal objectivo assegurar que o desenvolvimento da genética humana respeite a dignidade e os direitos da pessoa, e, seja benéfico para a humanidade no seu todo. Sublinha a necessidade de respeitar a liberdade do ser humano para que o abuso do princípio da dignidade não negue aos indivíduos o seu direito de se determinarem livremente face às questões do seu foro pessoal e familiar.

5 — O legislador espanhol regulou, de modo claro e preciso, a matéria delicada da procriação artificial na Lei 35/1988 de 22 de Novembro ([54]).

([52]) Como já referi, a tese foi entregue na Faculdade de Direito da Universidade de Coimbra em 1995.

([53]) Convention Pour La Protection Des Droits De l' Homme Et De la Dignité De L' Être Humain A L' Égard Des Applications De La Biologie Et De La Médecine: Convention Sur Les Droits De L' Homme Et La Biomedecine, Conseil de l' Europe, Novembre 1996.

([54]) A Lei Espanhola 35/1988 de 22 de Novembro sobre as Técnicas de Procriação Artificial compreende:
— Um preâmbulo.
— Sete capítulos.
    Cap. I   — Campo de aplicação das técnicas de R.H.A (artigo 1.º)
    Cap. II — Princípios Gerais (artigos 2.º-4.º).

É uma lei "eminentemente progressiva e liberal". Consagra o princípio de que a regulamentação jurídica não deve postergar o direito da mulher procriar e fundar o tipo de família que ela própria escolheu em liberdade e responsabilidade.

Vou referir as suas principais disposições:

a) As técnicas de reprodução assistida têm como principal objectivo a acção médica contra a esterilidade humana para facilitar a procriação sempre que as outras terapias se revelem inadequadas ou ineficazes.

b) Estes métodos podem, também, ser usados para prevenção e tratamento de doenças de origem genética ou hereditária.

c) Antes de se proceder à reprodução assistida é necessário averiguar se há hipóteses de sucesso e se não existem riscos para a saúde da mulher e da possível descendência.

d) Depois de devidamente informados, os casais que recorram a estes meios têm que dar o seu consentimento formal e solene. A autorização do dador é irrevogável ao passo que a mãe portadora pode pedir a interrupção do processo antes da sua conclusão.

e) No caso da mãe de aluguer ser casada o consentimento do seu marido é determinante para a fixação da paternidade legal. A mãe (à face da lei) será a geradora. Na união de facto o homem pode dar o seu consentimento tendo em vista a determinação da paternidade.

f) É considerado nulo todo o contrato segundo o qual se convencione a gestação, com ou sem preço, a cargo de uma mulher que renuncia à maternidade em favor da outra parte ou de um terceiro.

g) Por seu turno, a filiação das crianças nascidas com recurso a mãe portadora é determinada pelo parto.

Cap. III — Dos dadores (artigo 5.º). Os utilizadores das técnicas, os pais e as crianças (artigos 7.º-10.º).

Cap. IV — Conservação e outras técnicas (artigo 11.º); diagnóstico e tratamento (artigos 12.º-13.º); investigação e experimentação (artigos 14.º--17.º).

Cap. V — Centros sanitários e equipes biomédicas (artigos 18.º-19.º).

Cap. VI — Das infrações e sanções (artigo 20.º).

Cap. VII — Comité Nacional de R. A. (artigo 21.º).

— Uma disposição transitória.
— Quatro disposições finais.

h) No que concerne a uma possível acção de reclamação de paternidade relativa ao pai biológico aplicam-se as regras gerais.

i) A mulher que viva sozinha pode recorrer a técnicas de reprodução assistida caso padeça de esterilidade irreversível que justifique esse recurso, a expensas da segurança social, nos centros sanitários públicos, com ela concertados ou vinculados. A mulher só, que não seja estéril, pode beneficiar da inseminação artificial com sémen do dador, mas a expensas suas.

j) É permitida a inseminação post-mortem. Todavia, se a mulher não tiver sido inseminada antes da morte do dador a criança que nascer não goza de nenhuma relação jurídica com o de cujos, excepto se existir algum testamento ou acto notarial a admitir essa relação e se a mulher for inseminada num prazo inferior a seis meses a contar da morte do dador.

l) É perfilhado o anonimato do dador. Não existe qualquer ligação legal entre o dador e a criança. Contudo, esta ou a mãe portadora têm o direito de conhecer o estado de saúde, o genótipo, e o grupo sanguíneo e étnico do dador. Existe um Registo Nacional a assegurar que o número de doações não seja superior a seis.

m) Os pré-embriões excedentários de uma fecundação in vitro podem ser conservados durante cinco anos e a decisão de os manter neste estado deve ser revista todos os seis meses. O casal donde provêm pode dispor deles para uma nova gravidez apenas durante dois anos.

n) É pressuposta a inexistência de vida humana individualizada até ao 14º dia após a fecundação pelo que há necessidade de conferir um estatuto jurídico distinto ao pré-embrião e ao embrião. É autorizada a investigação, manipulação e experimentação em pré-embriões assim como a sua posterior destruição.

o) É proibida a fecundação com finalidades distintas da procriação humana.

Por sua vez, a Lei Espanhola 42/1988 de 28 de Dezembro sobre a doação e utilização de embriões e fetos humanos ou das suas células, tecidos ou orgãos coloca algumas restrições à escolha do sexo e à investigação e experimentação em embriões.

6 — No Reino Unido uma Comissão Oficial criada pelo Ministério da Saúde e Segurança Social e sob a presidência de Mary Warnock publicou em Julho de 1984 o Warnock Report ([55]) para o qual contribuiram inúmeras instituições e organizações britânicas.

Na sequência do Warnock Report foi aprovado em 16 de Julho de 1985 o Surrogacy Arrangements Act que proibe a prática, em termos comerciais, dos acordos de substituição. O Surrogacy Arrangements Act é, essencialmente, uma lei incriminadora das actividades de angariação.

A Lei Britânica de 1990 — Human Fertilisation and Embriology Act — considera eticamente aceitável sob determinadas condições a eliminação de embriões excedentários, a dação a outros casais inférteis ou o seu uso para investigação de comprovada importância científica ([56]).

Deste modo, autoriza todas essas utilizações assim como experiências em embriões produzidos única e exclusivamente para investigação científica desde que tenham como finalidade: melhorar os meios de detecção da existência de anormalidades génicas ou cromossómicas nos embriões; aumentar os conhecimentos sobre as causas de doenças congénitas ou de abortos espontâneos; promover progressos técnicos no tratamento da infertilidade; e, ainda, desenvolver as técnicas de contracepção mais eficientes.

Segundo o preceituado neste Diploma, o Tribunal tem autoridade para decidir que uma criança seja considerada em face da lei como filha nascida de um casamento desde que: a criança seja gerada por outra mulher (que não a casada) como consequência da implantação de um embrião ou esperma e óvulos ou da inseminação artificial; a produção do embrião seja realizada com gâmetas do marido ou da mulher casada ou de ambos; e sejam respeitadas as condições estipuladas nessa lei ([57]).

([55]) Report of the Comittee of Inquiry into Human Fertilization and Embriology. London, Her Majesty's Stationary Office, Cmnd. 9314 (1984).

([56]) Human Fertilisation and Embriology Act 1990.

([57]) As referidas condições exigidas nesta Lei são as seguintes:

"(2) O marido e a mulher casada terão de formular o pedido no prazo de seis meses após o nascimento da criança ou, no caso da criança ter nascido antes da entrada em vigor desta lei, no prazo de seis meses subsequentes à entrada em vigor dela.

(3) No momento do pedido e da decisão:

a) O domicílio da criança deverá ser o do marido e da mulher casada, e

b) O marido ou a mulher casada, ou ambos, devem estar domiciliados no Reino Unido, nas Ilhas do Canal ou na Ilha de Man.

(4) No momento da decisão tanto o marido como a mulher deverão ter atingido dezoito anos.

(5) O Tribunal tem de certificar-se de que tanto o pai da criança (...) não sendo ele

A Human Fertilisation and Embriology Authority criada por Lei de 1990 tem como função regulamentar investigações sobre o embrião. Contudo, os médicos não precisam da sua autorização para levarem a cabo processos que já foram aprovados, tais como a fecundação in vitro ou a doação de óvulos, mesmo que estejam em causa situações imprevisíveis como seja inseminar uma mulher preta com óvulos de uma branca. A Human Fertilisation and Embriology Authority limita-se a alertar que se deverá sempre procurar o melhor dador possível e que o bem estar da criança está em primeiro lugar.

7 — Em 1985 na Alemanha (Federal) os Ministérios da Justiça e da Investigação Científica constituiram uma Comissão Oficial (liderada pelo Presidente do Tribunal Constitucional) que publicou o Benda Report [58].

A Lei Alemã de 1990 [59] proibe a dação de ovócitos. Não se refere à dação de espermatozóides, à qual o referido Relatório Benda coloca, porém, as maiores objecções. Como, por outro lado, em 1989 tinha sido declarado inconstitucional qualquer disposição que negue o direito de cada pessoa conhecer a identidade do seu progenitor, não existe anonimato de dadores, tendendo a reprodução heteróloga a diminuir.

---

o marido, como a mulher que gerou a criança, concordaram incondicionalmente, de livre vontade e com pleno conhecimento do que está em causa, com a decisão.

(6) A subsecção (5) acima mencionada não requere o acordo de uma pessoa que não possa ser encontrada ou que seja incapaz de concordar e o consentimento da mulher que gerou a criança é considerado (...) sem efeito se for prestado menos de seis semanas após o nascimento da criança.

(7) O Tribunal terá de ficar convencido que não foi dada ou recebida qualquer soma em dinheiro ou outro benefício (para além do pagamento das despesas razoáveis) pelo marido ou pela mulher relativo
    a) À obtenção da decisão,
    b) A qualquer acordo requerido pela subsecção (5) acima mencionada,
    c) À entrega da criança ao marido e à mulher ou
    d) À elaboração de quaisquer acordos tendo em vista a obtenção da decisão, a não ser com autorização do tribunal".

GUILHERME DE OLIVEIRA, *Mãe há só (uma) duas! O contrato de gestação*, Coimbra Editora, Coimbra, 1992, págs. 112 e 113.

[58] In Vitro Fertilization. Genomanalyse und Gentherapie. Bericht der Gemeinsamen Arbeitsgruppe des Bundesministers fur Forshung und Technologie und des Bundesministers der Justiz. J. Schweitzer Verlag, Munchen, 1985.

[59] Gesetz Zum Schutz Von Embryonen, Bundesgesetzblatt Teil I: 2746-2748 (1990).

O Acto Legislativo de Outubro de 1990 não admite a produção de embriões supranumerários, punindo-se as violações da lei com multa ou mesmo prisão que pode ir até três anos ([60]).

Deste jeito, não é possível fecundar ovócitos em número superior ao dos embriões que se podem transferir para a mulher num só ciclo (orientação já constante do ponto G.5 de uma Recomendação do Parlamento Europeu de 16 de Março de 1989 — Recomendação sobre Fertilização Artificial In Vivo e In Vitro).

Um casal que pretenda recorrer à inseminação artificial tem previamente que sujeitar-se a um parecer de uma comissão cuja função é verificar se aquele reune os requisitos exigidos, designadamente, saber se pode proporcionar um lar estável à criança.

A Lei Alemã designa de embrião o óvulo humano fecundado e susceptível de desenvolvimento a partir do momento da fusão do núcleo e, ainda, qualquer célula totipotente retirada de um embrião que (se estiverem reunidas as condições necessárias) se possa dividir e originar uma pessoa. Nas vinte e quatro horas após a fusão do núcleo considera-se a célula humana fecundada como passível de desenvolvimento, excepto se se verificar, mesmo antes de decorrido esse tempo, que a célula humana fecundada já não se pode desenvolver para além do estádio unicelular (parágrafo 8, número 1 e 2).

Com a entrada em vigor em 1 de Janeiro de 1991 da ESchG proibiu-se, nestes moldes, a fecundação de óvulos para outros fins que não o de possibilitar uma gravidez (parágrafo 1 (1) número 2). Impediu-se, desta forma, não só a produção de embriões para investigação como, também, a pesquisa com embriões supranumerários através da proibição da fecundação de óvulos excedentários e de toda a submissão do embrião a procedimentos que não tenham apenas como objectivo a sua conservação (parágrafo 2).

A Suécia publicou dois Relatórios de Comissões Oficiais: um em 1983 ([61]) e outro em 1984 ([62]).

---

[60] Gesetz Zum Schutz Von Embryonen (Embryonenschutzgesetz — Eschg) — Projecto de Lei aprovado pelo Parlamento Federal Alemão na Sessão 23 realizada em 20 de Outubro de 1990.

[61] Children Conceived by Artificial Insemination. Summary of a Report of the Insemination Committee. Sou, 1983: 42.

[62] Genetisk Integritet Betankande av Gen-etik-Kommittén, Omslag Forlagsateljen/ /Johan Ogden, Liber Tryck Stockholm, 184. Sou, 1984: 88.

O primeiro desses relatórios está na base da Lei 1140/1984 de 20 de Dezembro de 1984 sobre inseminação artificial ([63]).

Esta Lei só permite a inseminação artificial a mulher casada ou que conviva com um homem em condições maritais (artigo 1.º e 2.º) e desde que se considere que a criança possa nascer num ambiente favorável. Não autoriza o anonimato e admite a investigação da paternidade.

Mais tarde a Lei Sueca 711/1988 de 14 de Junho sobre fertilização in vitro ([64]) não consente a doação de gâmetas. A inseminação de uma mulher com um óvulo fecundado in vitro só é possível se o óvulo fornecido por ela tiver sido fecundado com esperma do marido ou do companheiro de união de facto.

A Lei Norueguesa 68/1987 de 12 de Junho sobre fecundação artificial ([65]) proibe a dação de gâmetas, o anonimato do dador e a investigação em óvulos fecundados. Prevê o prazo máximo de 12 meses para a crioconservação do esperma e de embriões embora interdite a criogenização de óvulos não fecundados.

Na Suiça a Academia das Ciências Médicas constituiu uma Comissão que publicou "Guidelines" aprovadas pelo Senado da Academia em 23 de Maio de 1985 ([66]) disciplinando vários aspectos da procriação artificial asssistida.

Em 1988 o Parlamento do Cantão Suiço de Saint-Gall aprovou uma Resolução ([67]) que não autoriza a inseminação artificial heteróloga. Porém, no ano seguinte, o Tribunal Federal Suiço declarou a inconstitucionalidade dessa disposição legislativa ([68]). Apesar disso, foi aprovada lei semelhante pelo Parlamento do Cantão Suiço de Bâle-Ville em 1991.

Em Maio de 1992 foi referendado um artigo constitucional que proibe a congelação de embriões e impõe a transferência para o útero de

---

([63]) Act. 1984: 1140 On Insemination.

([64]) Gesetz Nr. 711 Uber die Befruchtung Ausserhalb des Korpers Vom 8. 6. 1988.

([65]) Gesetz Nr. 68 Vom 12. 6. 1987. Uber die Kunstliche Befruchtung. International Digest of Health Legislation 38, págs. 782-784.

([66]) Académie Suisse des Sciences Médicales, Petersplatz 13, 4051 Basle. Directives médico-éthiques pour le traitement de la sterilité par fécondation in vitro et transfert d' embryons. Version 1985.

([67]) Kanton St. Gallen. "Grossratbeschluss uber Eingriffe in die Fortpflanzung beim Menschen" Vom 7 April 1988. Gesetzsammlung Nr. 311. 15.

([68]) Arrêt du Tribunal Fédéral Suisse du 15 Mars 1989. Europaische Grundrechte Zeitschrift 1989, pág. 370 e seguintes.

todos os embriões obtidos num determinado ciclo de tratamento, não existindo, assim, embriões excedentários ([69]).

Em França ([70]) ([71]) foram, recentemente, publicadas duas leis: a Lei 94-653 de 29 de Julho de 1994 relativa ao respeito pelo corpo humano e a Lei 94-654 de 29 de Julho de 1994 sobre a doação e utilização de elementos e produtos do corpo humano, a assistência médica à procriação e o diagnóstico pré-natal proibem, nomeadamente, a investigação em embriões (em determinadas condições), os contratos de aluguer do útero e a divulgação incondicional de informações relativas à identificação de uma pessoa pelas suas características genéticas. Por outro lado, permitem a procriação artificial heteróloga e o anonimato do dador.

8 — Em Portugal continua a não existir legislação ([72]) suficiente sobre estas matérias, dado que as disposições que regulamentam a procriação assistida reduzem-se ao artigo 1839.º, número 3 do Código Civil, ao artigo 168.º do Código Penal, ao artigo 9.º da Lei 3/84 de 24 de Março e ao Decreto-Lei 319/86 de 25 de Setembro, com a agravante de estarem "desgarradas" do nosso quadro legislativo e suscitarem múltiplas dúvidas e contradições.

([69]) MARC GERMOND, Promulgation of laws and regulations affecting medically assisted procreation in Switzerland is on the way — Focus in Reproduction, 1993, págs. 16-17.

([70]) Para a elaboração dessas Leis muito contribuiram os vários pareceres do Comité National d' Éthique pour les Sciences de la Vie et de la Santé: Avis sur les problèmes éthiques nés des téchniques de reproduction artificielle (23 Octobre 1984); Avis sur les recherches et l' utilisation des embryons humains in vitro à des fins médicales et scientifiques (15 Décembre 1986); Avis sur l' État des études conduites par le Comité concernant les dons de gamètes et d' embryons (15 Décembre 1989); Avis sur les recherches sur l' embryon soumises à moratoire depuis 1986 et qui visent à à permettre la réalisation d' un diagnostic génétique avant transplantation (18 Juillet 1990); Avis sur l' organisation actuelle du don de gamètes et ses conséquences (18 Juillet 1990); Avis sur les réductions embryonnaires et foetales (24 Juin 1991); Avis sur l' évolution des pratiques d' assistance médicale à la procréation (30 Mars 1994).

([71]) O Código de Segurança Social Francês refere-se, pela primeira vez, à inseminação artificial em 1978 com a Lei 78-730 de 12 de Julho desse ano. Mais tarde surgiu o Decreto de 22 de Agosto de 1980, modificado em 18 de Fevereiro de 1986. Em todos esses Diplomas é conferido um tratamento de favor à inseminação artificial ao prever-se, designadamente, a comparticipação da Segurança Social nos custos dessas práticas.

([72]) Em 1 de Agosto de 1997 foi publicada a Proposta de Lei n.º 135/VII que regula as Técnicas de Procriação Medicamente Assistida.

Como escrevem Castro Mendes e Miguel Teixeira de Sousa: "É manifesta a insuficiência deste quadro legal para solucionar os inúmeros problemas levantados pela procriação assisitida e, portanto, é igualmente patente a necessidade de uma intervenção legislativa nesta matéria, dado que a lacuna actualmente existente não permite a regulamentação geral da procriação artificial, nem assegura uma aplicação uniforme das várias técnicas de procriação assistida aos casos individuais. Aguarda-se, assim, uma regulamentação específica da procriação assistida, nomeadamente no que concerne aos aspectos gerais do sigilo médico e do conhecimento pelo filho da identidade do dador, do consentimento da mulher, do marido e do dador, da crioconservação dos embriões e do destino dos embriões excedentários e dos pontos concretos relativos à inseminação homóloga e heteróloga, à fertilização in vitro e à maternidade de substituição" ([73]).

Cada vez mais actual a questão colocada por Guilherme de Oliveira: "Como explicar que não exista uma lei, com maior ou menor âmbito, em Portugal, na sequência dos trabalhos da Comissão Para o Enquadramento Legislativo das Novas Tecnologias?" ([74]) ([75]).

([73]) CASTRO MENDES e MIGUEL TEIXEIRA DE SOUSA, *Direito da Família*, Ed. Revista, A. A. F. D. L., Lisboa, 1991, págs. 237-238.
([74]) GUILHERME DE OLIVEIRA, *Legislar sobre Procriação Assistida*, cit., pág. 89.
([75]) A análise dos trabalhos desta Comissão será feita em espaço próprio.

CAPÍTULO IV

CONDIÇÃO JURÍDICA DOS NASCITUROS

SUMÁRIO

1 — As novas biotecnologias podem alterar de forma definitiva a linha de continuidade implícita no conceito de património genético.
2 — Há vida e personalidade a partir da concepção.
Do nada biológico (concepturo) passamos à pessoa (nascituro).
Referência a princípios do Direito Romano, Germânico e Visigótico.
3 — Teorias de Oppo, Ennecerus, Enle, Sébag, Messineo, entre outros.
A personalidade jurídica só tem início com a nidação?
4 — Tese de que há vida e personalidade jurídica a partir da concepção.
5 — Posição adoptada. Há personalidade jurídica desde a concepção e não apenas com o nascimento. Neste sentido os avanços da ciência e a "essência do homem que é a vida" e, também, a desvalorização definitiva do nascimento natural como um marco do início da personalidade jurídica desde que é viável a criação e desenvolvimento da vida humana literalmente em laboratório, sem vida uterina.
6 — A necessidade de alterar o ordenamento jurídico embora se reconheça que não é fácil modificar conceitos e valores que fazendo parte, muitos deles, do inconsciente colectivo que define uma certa sociedade concretizam resistências difíceis de ultrapassar.

CONDIÇÃO JURÍDICA DOS NASCITUROS

1 — O património genético de cada um de nós é uma linha contínua que começou no antepassado remoto há milénios. Sem equacionar o problema de saber se a Natureza é em si mesma um projecto ([76]) ou se a evolução das espécies se processa ao acaso segundo a lei do mais forte (aceitando que ganhe o melhor e que seja eliminado o mais fraco) parece fora de dúvida que as novas técnicas da biologia podem alterar aquela linha de continuidade.

A condição jurídica dos nascituros é problema difícil, sem consenso na doutrina. Porque o fim essencial deste estudo é outro, limito-me a singelas considerações que, no entanto, me parecem necessárias pelas especiais implicações que decorrem da procriação artificial.

2 — Há vida e personalidade a partir da concepção. Do nada biológico — concepturo ([77]) — passamos à pessoa — nascituro —.

([76]) Esta questão nada tem a ver, como é óbvio, com a aceitação de um Plano Divino que faz parte da Fé.

([77]) Os nascituros não concebidos ou, também, designados de concepturos existem apenas "in mente Dei", não têm personalidade jurídica, no entanto, o direito tutela determinados interesses a eles ligados. Concretizam esta ideia disposições como o artigo 952.º do Código Civil que permite aos concepturos adquirir por doação, sendo filhos de pessoa determinada, viva ao tempo da declaração da vontade do doador; e o artigo 2033.º do mesmo Diploma que lhes reconhece capacidade sucessória. Como se constrói a situação dos direitos dos concepturos?

Julgo que se pode aplicar a figura dos direitos sem sujeito aos concepturos.

Com efeito, numa relação jurídica falta, por vezes, o sujeito activo ou o passivo sem a relação se extinguir.

A relação jurídica em que falta um sujeito (falta essa provisória) mantem-se durante esse periodo numa forma imperfeita até assumir um novo titular. É a célebre figura dos direitos sem sujeito, ou para alguns autores direitos acéfalos.

No entanto, esta questão não é pacífica; PAULO CUNHA, *Teoria Geral da Relação Jurídica*, Vol. I, Lições Policopiadas, Lisboa, 1960, págs. 29 e 30, usa a expressão de situação de obnubilação do sujeito, não admite a figura dos direitos sem sujeito considerando-a uma impossibilidade lógica: é uma momentânea indeterminação do sujeito. MANUEL DE ANDRADE, *Teoria Geral da Relação Jurídica*, Vol. I, Almedina, Coimbra, 1960, pág. 34

Os juristas depressa reconheceram que aquele que hoje é um simples embrião é amanhã uma pessoa. É a grande máxima de Tertuliano: "Homo est qui futurus est". Começa a determinar-se o status do "conceptus ex justis nuptiis" segundo o "ius civilis" pelo momento da concepção não se discutindo se era ou não um "vulgo conceptus".

Vão sendo, progressivamente, atribuídos efeitos ao momento da concepção até se chegar ao princípio: "Infans conceptus pro jam nato habetur", que na realidade se concretizava numa equiparação do nascituro ao já nascido. Esta tese era válida para o proveniente "ex jus justice nuptiis" e para o "vulgo conceptus".

Este adágio sofre depois compreensivelmente uma restrição: "quotiens commodis de eius agitur".

Como acontece com tantos outros grandes princípios do direito romano, aquele adágio percorre sem sobressaltos de maior os séculos que separam a antiga Roma dos direitos contemporâneos.

Paulo in D. 1. 5. 7. defende: "Qui in utero est, perinde ac si in rebus humanis esset, custoditur, quoties de commodis ipsius partus quaeritur, quamquam alii, antequam nascatur, nequaquam prosit".

---

e seguintes, e Mota Pinto, *Teoria Geral do Direito Civil*, Coimbra Editora, Coimbra, 1983, referem-se a estados de vinculação de certos bens. Castro Mendes, *Teoria Geral do Direito Civil*, Vol I, A.A.F.D.L., Lisboa, 1978, págs. 79 e 80, fala em direitos sem sujeitos ou direitos acéfalos. Oliveira Ascensão, *Direito Civil — Sucessões*, Coimbra Editora, Coimbra, 1981, págs. 370 e 371, defende tratar-se de situações jurídicas sem sujeito.

A meu ver, embora reconhecendo que se trata de questão extraordinariamente complexa, penso ser de admitir no plano lógico-jurídico a existência de relações jurídicas em que falta um dos sujeitos desde que essa situação tenha carácter provisório e se mostrem assegurados os meios técnicos de lhe pôr termo e de vir a ser designada uma pessoa investida naquela realidade.

Na incerteza da concepção os direitos atribuídos ao conceputro não têm sujeito na medida em que, por um lado, já não pertencem ao "de cujos" (artigo 2033.º do Código Civil) e, por outro lado, ainda não cabem ao conceputro (situação idêntica no que concerne a doação a conceputro — artigo 952.º do referido Código).

Essa situação só se resolverá com o termo dessa incerteza: ou o conceputro passa a nascituro adquirindo, deste modo, personalidade jurídica; ou não chega a ser concebido e os direitos terão o destino que o instituto imponha.

Nem sempre a protecção que o direito confere às pessoas se concretiza em termos de atribuição de personalidade.

Assim, as medidas consagrados pela ordem jurídica para a defesa da família, por exemplo, não se encontram personificadas.

O direito tem meios de tutelar interesses juridicamente relevantes sem ter de recorrer necessariamente à técnica da personificação.

Celso in D. 38. 17. 7. afirma: "Conceptus quodammodo in rerum natura esse existimatur".

O direito germânico não atribui ao nascituro personalidade jurídica plena. Gianfranco Garancini sublinha que o "infans utero matris" não era pelo direito germânico considerado sujeito de direito ([78]).

Com o direito visigótico verificam-se já alguns avanços significativos: "Nihil est eorum provitate deterius, qui pietatis inmenores, filiorum suorum necatores existunt".

Reconhecem-se, assim, alguns direitos ao nascituro ao negar-se aos pais qualquer poder sobre ele ([79]).

Santo Agostinho acrescenta: "Nom si ad matris corpus id quod in eo concipitur pertineret, ita ut ejus pars deputaretur, non baptizaretur infans, cujus mater baptizata est aliquo mortis urgente periculo, cum enim gestaret in utero" ([80]).

3 — Mas, a equiparação do nascituro ao já nascido não implica como corolário lógico uma ficção, a ideia de uma antecipação da personalidade, e ou, pelo menos, uma personalidade reduzida?

Segundo Oppo a existência do nascituro (nascimento do destinatário) a par da do objecto constitui um requisito de perfeição do negócio e não uma condição de eficácia do mesmo ([81]).

Alguns juristas, embora afirmando que não é viável atribuir em absoluto a categoria de pessoa jurídica ao nascituro, adiantam que este goza de uma capacidade limitada (Ennecerus), ou pendente (Enle) ou sob condição (Sébag).

([78]) GIANFRANCO GARANCINI, *Material i per la storia del procurato aborto nel diritto intermedio*, «Jus», 1975, págs. 411-426.

([79]) J. MALDONADO, *La condición jurídica del nasciturus en el Derecho Espanõl*, Madrid, 1946, pág. 77 e seguintes.

([80]) S.Tomás de Aquino seguiu de perto a tese da animação retardada ou mediata defendida por Aristóteles: A alma racional constitutiva da pessoa humana informa o embrião passados vários dias da fecundação. É necessário que o embrião goze de uma determinada organização e disposição e que seja informado por uma alma vegetativa e sensitiva. Além disso, o grau de maturidade exigido para que a alma racional informasse o embrião seria diferente consoante se tratasse de um ser do sexo masculino ou feminino; assim, o primeiro teria alma quarenta dias a contar da concepção enquanto que a mulher necessitaria de três meses. S. Tomás de Aquino, Sum. Th., I, 118, 2.

([81]) OPPO, *Note sull' istituzione di non concepiti, I, La disposizione testamentaria*, «Riv. Trim. di Diritto e Proc. Civile», II, 1948, pág. 66 e seguintes.

Escreve Sébag "L' enfant conçu existe au sens plein du terme, il a la personalité juridique sous la condition suspensive de naître vivant et viable" ([82]).

Na mesma linha Bonnecasse salienta que a pessoa humana existe e produz consequências jurídicas desde a concepção com a condição de que nasça viva e viável ([83]).

Messineo prefere falar em personalidade futura. O sujeito antes do nascimento é inexistente, não adquire nem personalidade nem direitos. Todavia, durante o periodo de tempo que medeia até ao seu nascimento existe uma preocupação com os seus direitos futuros na medida em que o concebido é considerado uma esperança de homem — "spes homini" ([84]).

Carnellutti sublinha que no caso dos nascituros se deverá configurar a existência como um "accidentale negotii", isto é, um evento estranho à sua constituição, podendo ser traduzido sob a forma de condição ([85]).

No entendimento de Santoro Passarelli há que proceder à equiparação entre concepção e existência. Contudo, essa equiparação e efeitos serão ameaçados por uma condição resolutiva quando o nascimento não se verificar ([86]).

Pamplona Corte-Real defende que "A favor dos nascituros não há qualquer vocação sucessória, sequer condicional, antes do nascimento, pois só com este ela se concretizaria, como vocação suspensa que é, e que somente num momento ulterior ao da abertura da sucessão passaria a existir" ([87]).

Há autores que sustentam que só há pessoa depois da nidação do ovo, ou seja, após a implantação no útero materno. Deste jeito, o embrião

---

([82]) SÉBAG, *La condition juridique des personnes physiques et des personnes morales avant leur naissance,* Thèse, Paris, 1938, pág. 92 e seguintes.

([83]) BONECASSE, *Elementos de Derecho Civil,* T. I, Ed. Cajica, Puebla, 1945, pág. 237 e seguintes.

([84]) F. MESSINEO, *Manuale di diritto civile e commerciale,* I, Dott, A. Giuffrè, Milano, 1957, pág. 208 e seguintes.

([85]) CARNELLUTTI, *Nuovo profilo dell'istituzione dei nascituro* «Foro Italiano», 1954, IV, C. 57.; *Logica e metafísica nello studio del diritto,* «Foro Italiano», 1955, IV, C. 59.

([86]) SANTORO PASSARELLI, *Su un nuovo profilo dell'istituzione dei nascituro,* «Foro Pad.», 1954, IV, C. 65.

([87]) CARLOS PAMPLONA CORTE-REAL, *Direito da Família e das Sucessões,* Vol II, Ed. Lex, Lisboa, 1993, pág. 197.

humano congelado não é pessoa, devendo, no entanto, ser defendido pelo direito e pela ética como "pessoa virtual" ([88]).

O Conselho Nacional de Ética Para as Ciências da Vida no Relatório-Parecer sobre Reprodução Medicamente Assistida (3/CNE/93) defende a necessidade de distinguir entre vida humana e vida pessoal. Considerando que ser pessoa implica ser indivíduo, um embrião antes da nidação, apesar de já ser vida humana não é ainda pessoa, uma vez que não pode ser considerado indivíduo (dividindo-o, formam-se gémeos univitelinos).

O mesmo será dizer que nesta linha a vida principia com a fecundação, mas só após a nidação se pode falar em pessoa, pois só nesse momento está garantida a viabilidade do ovo.

Porém, embora a nidação seja uma etapa fundamental na evolução do embrião apenas consubstancia mais uma modalidade de dependência do ser humano em relação à sua progenitora — como se verifica em diversas fases da vida pré-natal e pós-natal — permanecendo salvaguardada a autonomia intrínseca da nova pessoa.

4 — No direito positivo português o artigo 66º do Código Civil determina que a personalidade jurídica começa com o nascimento ([89]), mas hoje um vasto e significativo sector da doutrina inclina-se no sentido de que há vida e personalidade a partir da concepção.

Aquela norma aparece, desta forma, perdida no tempo.

Há uma pessoa humana, há vida desde a concepção (e, também, alma para os católicos) e não apenas com o nascimento.

Neste sentido, o Conselho Nacional de Ética Para as Ciências da Vida no Relatório-Parecer sobre a Experimentação no Embrião Humano (15/CNECV/95) entende que "a vida humana merece respeito, qualquer que seja o seu estádio ou fase, devido à sua dignidade essencial. O embrião é em qualquer fase e desde o início, os suportes físico e biológico

---

([88]) SILMARA CHINELATO E ALMEIDA; *O nascituro no Código Civil e no nosso direito constituendo*, in AA.VV.; O Direito da Família e a Constituição de 1988, coord. de Carlos Alberto Bittar, Saraiva, São Paulo, 1989, pág. 40.

([89]) O artigo 2.º do Dec. Lei n.º 44. 128 de 28/12/1961 estipulou que: "Considera-se nascimento de criança viva a expulsão ou extracção completa, relativamente ao corpo materno e independentemente da duração da gravidez, do produto da fecundação que, após esta separação, respire ou manifeste quaisquer sinais de vida, tais como pulsações do coração ou do cordão umbilical ou contracção efectiva de qualquer músculo sujeito à acção da vontade, quer o cordão umbilical tenha sido cortado, quer não, e quer a placenta esteja ou não retida".

indispensáveis ao desenvolvimento da pessoa humana e nele antecipamos aquilo que há-de vir a ser: não há, pois, razões que nos levem a estabelecer uma escala de respeito".

O nascimento não produz o "milagre" de converter em humano algo que não o era.

Em homenagem a uma velha tradição romana o nascimento consubstanciava a prova de que aquele ser proveniente do "escuro" do útero materno não era um "aliquid monstruosum aut prodigiosum", cujo o estudo pertencia à teratologia.

Esta ideia influenciou, de modo decisivo, os ordenamentos que fazem depender a personalidade jurídica do nascimento ([90]).

5 — Cheguei à conclusão que a partir do momento em que as modernas técnicas de procriação assistida tornam viável a criação e desenvolvimento da vida humana num "ventre artificial" (ectogénese) ([91]), portanto, sem o acto natural de nascer, a tese de que a personalidade jurídica surge apenas com o nascimento fica desvalorizada. Ou perfila-se um absurdo lógico-jurídico: criar-se-iam dois marcos distintos para delimitar o início da personalidade jurídica? O dos "seres que nascem", e o dos que não têm nascimento propriamente dito porque "provêm de ventre artificial"? !... Ou estes últimos não teriam personalidade jurídica uma vez

---

([90]) Nesta linha, o Digesto 25, 4, 1, § 1: "partus antequam edatur mulieris portio est vel viscerum" e 35, 2, 9, 1: "partus nondum editus homo non recte fuisse dicitur".

Segundo o Código Civil de Seabra a capacidade jurídica adquire-se pelo nascimento (artigo 6.º) e, "Só é tido por filho, para os efeitos legais, aquele de quem se prove, que nasceu com vida e figura humana" (artigo 110.º) e, ainda, "Reputa-se existente o embrião, que nasce com vida e figura humana dentro de trezentos dias, contados desde a morte do testador" (artigo 1776.º).

O nosso actual Código Civil determina no artigo 66º que a personalidade jurídica adquire-se no momento do nascimento completo e com vida (n.º 1) e que os direitos que a lei reconhece aos nascituros dependem do seu nascimento (n.º 2).

([91]) "A ideia de um ventre artificial onde se colocasse a criança desde a concepção e até à nascença apenas seria, ainda há uma dezena de anos, para alimentar a imaginação dos autores de livros de antecipação científica...

... E todavia várias equipas americanas trabalham na elaboração de um útero que reproduziria artificialmente o local acolhedor e complexo em que se desenvolve naturalmente o embrião humano. Procura-se colocar este útero num líquido, artificial também, que reproduza as qualidades do que envolve normalmente a criança em gestação", ROBERT CLARKE, *Os Filhos da Ciência*, Tradução de Maria Adozinda de Oliveira Soares, Editora Verbo, Lisboa, 1985, pág. 196.

que "não nascem" e o nascimento é condição essencial de atribuição de personalidade jurídica? ([92])

Em cada instante do seu desenvolvimento o nascituro é um ser vivo, um ser distinto do organismo materno que o acolhe e o alimenta.

Desde a concepção até à velhice é sempre o mesmo ser vivo que se desenvolve, amadurece e morre. As suas particularidades tornam-o único e insubstituível.

Se quisermos descrever de modo sumário a formação do corpo humano constatamos que a vida começa na fecundação e prossegue até à morte. O nascimento é somente o início de uma nova fase. Outras se seguirão a esta como a puberdade, a idade adulta, a velhice.

Não há uma diferença qualitativa entre a vida nascida e a não nascida. Nenhum biólogo afirma que uma criança antes do parto é qualitativamente um ser diferente ou "um ainda não homem".

No processo ontogenético humano o Homem constitui-se através de uma série de fases sucessivas em que a posterior não posterga mas sim vai assimilando a fase anterior.

O ser humano em todos os estados é homogéneo em si mesmo; quer a sua estrutura exista sob a forma implícita ou explícita, sob forma intensiva de informação genética ou sob a forma desenvolvida de individualidade, a humanidade é igual em todos esses estados; a essência humana é idêntica em profundidade e não difere a não ser nas aparências quer se apresente sob a forma implícita do embrião ([93]) ou sob a forma desenvolvida do adulto.

([92]) É evidente que o uso desta teoria afasta qualquer argumento de comparação com o tempo de gestação uterina normal — nove meses — dado que o espaço temporal passou a depender exclusivamente do processo utilizado que tanto pode ser de dois meses, nove meses, três anos ou qualquer outro.

([93]) Como tutelar a situação dos embriões in vitro?
A grande questão que se coloca é, precisamente, a de saber se podemos dispensar ao embrião in vitro a mesma tutela jurídica do embrião in utero.
Penso que na falta de um regime específico para o embrião in vitro há que proceder a uma equiparação.
Estamos perante mais um caso de vazio legislativo.
Segundo alguns autores a não consagração de uma tutela específica ao embrião in vitro deve-se ao facto de as práticas de inseminação artificial e de fecundação in vitro em Portugal serem, de uma maneira geral, posteriores à elaboração do Código Civil (1966). Assim sendo, para podermos aplicar o princípio às novas realidades temos de recorrer ao número 1 do artigo 9.º do Código Civil.
O intérprete terá de ter em atenção as condições específicas do tempo em que a lei

É sempre o mesmo ser que vai adquirindo formas e semblantes que o caracterizam e individualizam.

A embriologia moderna pode afirmar com segurança que o processo evolutivo embriológico é contínuo, vai desde o momento da concepção até ao momento do nascimento e prossegue após este. Consequentemente o feto deve ser considerado geneticamente único, irrepetível e autónomo [94].

O futuro Homem já se encontra, assim, inscrito e programado no genoma-projecto pelo qual a ontogénese é controlada de modo activo. O pequeno grupo de células embrionárias que resultam da segmentação do zigoto depois da fusão de dois gâmetas humanos é já pertença de um certo indivíduo. Esse restrito conjunto de células, volto a insistir, não pode ser considerado menos ser humano que o conjunto já maior de células diferenciadas e dispostas ordenadamente que compõem os tecidos

---

é aplicada. A solução será idêntica se defendermos que estamos perante um caso de integração e não de interpretação na medida em que nos termos do preceituado no número 1 do artigo 10.º do referido diploma os casos que a lei não preveja são regulados segundo a norma aplicável aos casos análogos.

Desde o momento da concepção há vida, existe um ser humano não podendo ser "prejudicado" por se encontrar no lugar x ou y; in utero ou in vitro.

O processo de desenvolvimento do embrião é idêntico quer tenha sido concebido in utero ou não.

Da fusão de um óvulo e de um espermatozóide resulta um ser novo e original em relação aos seus pais. Graças a um património genético completo tem início um processo de desenvolvimento cuja finalidade é o aparecimento de um ser humano. O crescimento não se faz por uma passagem pura e simplesmente cronológica através de estados diferentes e heterogéneos.

Há um desenvolvimento contínuo, um caminhar de etapa por etapa para uma vida autónoma.

[94] Há quem estabeleça a distinção entre embrião e feto. Neste sentido escrevem GARNIER et DELAMBRE, " Embryon: nom donné, dans l' espéce humaine, au produit de la conception pendant les trois premiers mois; à partir du 4.º mois, l'embryon devient foetus — Foetus: nom donné au produit de la conception après le 3.º mois de la vie uterine, c' est-a-dire vers l' époque où il commence à presenter les caractères distinctifs de l' espèce humaine", *Dictionnaire des termes techniques de médecine*, 12.ª éd., 1965, citado por RENÉ THÉRY, *La condition juridique de l ' embryon et du foetus,* «Recueil Dalloz Sirey», 33.º Cahier — Chronique, Paris, 1982, nota 1, pág. 231.

Não equaciono esta diferenciação porque se há personalidade jurídica desde a concepção é contraditório marcar distinções temporais. Seria criar pela via institucional duas categorias no Homem: os sujeitos de direito e os não sujeitos. Consubstanciaria a "aniquilação" da unidade da pessoa humana.

e orgãos de um feto com três meses; este por sua vez, não é menos ser humano que um que tenha sete meses; e este que o recém nascido. Desde o zigoto (ou seja o óvulo fecundado) até ao nascimento todos os estudos qualificadamente realizados no domínio genético, ecográfico, embriológico ou de comportamento traduzem um contínuo desenvolvimento celular, derivado da expressão das informações memorizadas no genoma específico da espécie humana. E, assim, como ninguém põe em causa que o recém — nascido, o bébé de três meses, a criança de cinco anos, a mulher de trinta ou o idoso de oitenta anos é uma pessoa, também, o zigoto, o embrião e o feto constituem etapas do desenvolvimento de um ser humano que deve ser desde logo respeitado.

O Alto Comité Consultativo da Família e da População, nomeado pelo Governo Francês, num relatório apresentado em 1967 consagrou que nenhum dado científico permite estabelecer uma diferença nítida entre a vida intra-uterina e o periodo posterior ao nascimento. A criança é desde a sua concepção dotada de características próprias e de uma vida que, embora dependente de um meio, não é menos autónoma, e, a sua progressão processa-se de forma contínua.

Como se sabe o Relatório Warnock recomenda que o embrião deve gozar de protecção legal, constituindo a sua utilização, sem a devida autorização para o efeito, uma prática criminosa ([95]).

A Federação Médica Mundial reunida em Oslo declarou que o primeiro princípio ético ao qual o médico é obrigado é o respeito pela vida humana, tal como se exprime numa frase da "promessa de Genebra": manterei um respeito absoluto pela vida desde o instante da concepção.

A vida tem início com a fecundação e prossegue sem descontinuidade até à morte. O nascimento é um momento fisiológico tão importante como a fecundação, a puberdade, a gravidez, o parto ([96]).

O embrião contem a informação genética necessária para estruturar (salvo anomalias genéticas ou perturbações durante a gestação) as suas características físicas e neuropsíquicas. O embrião fecundado in utero ou in vitro tem um património genético próprio e único.

([95]) Recomendação n.º 41, Dév.11 — 17 da Comissão Warnock.
([96]) GEORGE MATHÉ, «Le Figaro», 31/5/1973; CHRISTIAN ATIAS, Les personnes. Les incapacités., P. U. F., Paris, 1985, pág. 18; IGNAZIO CARRASCO DE PAULA, *Persona, Verità e Morale*, Atti del Congresso Internazionale di Teologia Morale, Roma, 1-12 Abril 1986, Roma, Città Nuova Editrice, 1988, pág. 277 e seguintes.

Leite de Campos defende: "Assente na biologia, na essência do homem que é a vida, o Direito reconhece o início da personalidade jurídica no começo da personalidade humana — na concepção" ([97]).

A personalidade jurídica não é "fabricada" pela ordem normativa; esta limita-se ao seu reconhecimento como um direito inato que caracteriza, desde logo, toda a pessoa. É um atributo inerente à própria natureza da pessoa em sentido ontológico e o seu reconhecimento consubstancia um direito do homem. É uma categoria básica da ciência jurídica.

No brilhante ensinamento de Orlando de Carvalho "a personalidade jurídica não é um dos produtos da regulamentação positiva, mas o reflexo, em essa regulamentação, da personalidade de cada homem tout court" ([98]).

E, ainda, Orlando de Carvalho: "A personalidade humana é o cur, o quando e o quantum da personalidade jurídica".

A personalidade jurídica (e os correspondentes direitos) é indissolúvel da personalidade humana: existe desde que esta personalidade exista. Essa indissolubilidade implica não só a irrecusabilidade dos direitos em questão como, também, a impossibilidade da sua actuação, e, ainda, a sua inexpropriabilidade e indisponibilidade ([99]).

A personalidade jurídica é tão ilimitada quanto a personalidade humana em que se funda. "O que exclui as gradações da personalidade, tais como se conhecem no sistema romano da «capitis deminutiones»" ([100]).

Parece-me de sublinhar a importância da obra de A. Rodriguez Luño/ /R. López Mondéjar onde, citando Lejeune, se afirma que "O novo ser, dentro da sua cápsula de sobrevivência (o saco amniótico), é tão vital como um escafandro: o aprovisionamento de fluidos vitais é assegurado pela nave (mãe). Embora esta nutrição seja imprescindível para a sua sobrevivência ela faz simplesmente o que a nave mais sofisticada faz ao astronauta. Com dois meses de idade o ser humano é menor que um polegar... Cabia numa casca de noz, mas já se encontra todo ali: as mãos, os pés, a cabeça, os orgãos, o cérebro, tudo no seu lugar" ([101]).

([97]) DIOGO LEITE DE CAMPOS, *Lições de Direitos da Personalidade*, cit., pág. 43.

([98]) ORLANDO DE CARVALHO, *Os Direitos do Homem no Direito Civil Português*, Vértice, Coimbra, 1973, pág. 21.

([99]) ORLANDO DE CARVALHO, *Os Direitos do Homem no Direito Civil Português*, cit., págs. 21 e 22.

([100]) ORLANDO DE CARVALHO, *Os Direitos do Homem no Direito Civil Português*, cit., pág. 23.

([101]) A. RODRIGUEZ LUÑO/R. LÓPEZ MONDÉJAR, *La Fecundacion in vitro*, Ediciones Palabra, Madrid, 1986, págs. 91 e 92.

Pelo que:

— Não me parece curial fazer depender o estatuto de pessoa de padrões morfológicos e de maturidade neurofisiológica na medida em que essa concepção figurativa poderia conduzir à consideração de que o embrião seria "menos pessoa" que o cadáver.

— Está, também, ferida de contradições a afirmação de que o embrião não é pessoa porque não actua como tal.

Não se deve proceder à equiparação da realidade ontológica da pessoa com a actividade por ela desenvolvida dado que isso implicaria a negação da personalidade jurídica a todos os já nascidos mas que se encontrassem, temporaria ou definitivamente, impossibilitados do uso da razão ou da sua actividade.

O débil mental, o drogado ou o senil não teriam personalidade jurídica?!...

Não seria pessoa todo aquele que não actuasse como tal? !...

Como se o ser fosse determinado pela actividade quando é precisamente o ser que determina a actividade.

O "modus operandi" é uma decorrência do "modus essendi" e não o contrário: "operari sequitur esse" ([102]) ([103]).

Nestes moldes a questão da tutela jurídica dos nascituros não suscita dúvidas: se há personalidade jurídica desde a concepção, o nascituro tem os mesmos direitos da pessoa já nascida o que impõe o fim do instituto jurídico do nascimento.

([102]) "Quando a sociedade civil nos coloca a todos nós, com especial dureza aos médicos, para que respeitemos como valor supremo a vida humana, que paradigma de vida humana está em causa?

É o do homo culturalis moderno e só esse? Não é vida humana a daquele que não sabe ou já não pode guiar o seu carro, pilotar o seu helicóptero, descodificar a mensagem do seu telex pessoal computorizado? Não é vida humana, digna de ser vivida, a que ainda hoje persiste nos sistemas culturais dos arborígenas da Amazónia ou dos pigmeus da África Central?", DANIEL SERRÃO, *Bioética. Perspectiva Médica*. Texto de uma Conferência realizada pelo autor no dia 14 de Dezembro de 1989 no âmbito de um Seminário sobre Direito e Bioética promovido pelo Conselho Geral da Ordem dos Advogados e publicado na «Revista da Ordem dos Advogados», ano 51, II, Julho, 1991, págs. 419-428.

([103]) Segundo Ivan Gobry: "Dizer que o embrião nascido da união de um homem e de uma mulher não é pessoa porque ainda não tem consciência — equivaleria a dizer que o homem a dormir, inconsciente, não é pessoa humana. Quem ousará afirmá-lo? Um e outro são pessoas humanas, em potência", IVAN GOBRY, *Un crime: l'avortement*, Nouvelles Éd. Latines, Paris, 1970, pág. 23.

6 — Já em 1987 Menezes Cordeiro alertava para a necessidade de, face às novas realidades decorrentes das técnicas de reprodução artificial, repensar conceitos jurídicos tidos por intocáveis como o de personalidade ([104]).

Reconheço que não é fácil alterar de imediato conceitos e valores, que fazendo parte muitos deles do próprio inconsciente colectivo que caracteriza uma determinada sociedade, concretizam resistências difíceis de ultrapassar.

Como acontece com frequência o pensamento e conclusões dos juristas definem linhas de força que contrariam normas em vigor impondo a sua substituição por outras que representem melhor as novas temáticas e evoluções sociais.

É o caso em apreço.

Há que alterar o ordenamento jurídico no sentido de total equiparação do nascituro à pessoa nascida, nomeadamente, na área do direito criminal. É uma imposição lógica e necessária como é sublinhado neste trabalho: não pode haver sujeitos e não sujeitos de direito; humanos e não humanos; a unidade da pessoa humana é um valor absoluto que com a dificuldade conhecida só foi alcançada pelo Direito no caminhar dos séculos.

([104]) "Às questões jurídico-positivas próprias da Parte Geral do Código Civil, há que somar temas da actualidade, com eles embricados e que têm promovido os mais recentes desenvolvimentos da doutrina jurídica mundial...

... no domínio das pessoas aparecem temas ainda pouco tratados que preocupam os juristas ; estão nessas condições todos os processos artificiais de reprodução, a tutela do nascituro perante a interrupção da gravidez, os danos que lhe sejam inflingidos e a engenharia genética...Tudo isto acentua, porém a pressão sobre alguns conceitos tidos por intocáveis — vg., o de personalidade — e que devem ser repensados à luz de novas realidades.", ANTÓNIO MENEZES CORDEIRO, *Teoria Geral do Direito Civil*, Relatório apresentado para o concurso destinado ao preenchimento de uma vaga de professor associado do 4.° grupo (Ciências Jurídicas), da Faculdade de Direito da Universidade de Lisboa, Lisboa, 1987.

CAPÍTULO V

EMBRIÕES EXCEDENTÁRIOS

SUMÁRIO

1 — O embrião é aquilo que todos nós já fomos.
Equação de problemas decorrentes da existência de embriões supranumerários.
A vida humana reduzida a "simples material biológico", na denúncia de João Paulo II.
A vida intra uterina é um "bem jurídico autónomo"; O nascituro não é "um nada humano" nos ensinamentos de Orlando de Carvalho.
Algumas soluções e propostas a nível internacional e nacional.

2 — Referência às situações mais frequentes que podem conduzir à criação de embriões excedentários.

3 — Quem tem legitimidade para decidir o que fazer dos embriões supranumerários? Médicos ou instituições hospitalares, progenitores, poder judicial?

4 — Destino dos embriões "orfãos"? Investigação, crioconservação, destruição, dação a outro casal, transferência para o útero da progenitora?
De novo a dialéctica vida/morte: uma produção voluntária de vida que vai provocar um processo determinante de morte? Uma nova figura: o embrionicídio? Em causa o preceito constitucional do direito à vida (número 1 do artigo 24.º da Constituição da República Portuguesa)?
Breves considerações.

5 — É já tecnicamente possível evitar o aparecimento de supranumerários.
A crioconservação como recurso em casos pontuais do fracasso das técnicas, solução, porém, que não é definitiva nem natural.

EMBRIÕES EXCEDENTÁRIOS

1 — O embrião é hoje aquilo que eu já fui.

Recentemente João Paulo II sublinhou que diversas técnicas de procriação assistida, que pareceriam estar ao serviço da vida e que, não raro, são praticadas com essa intenção, podem conduzir a atentados contra esta. Além de serem moralmente inaceitáveis, ao separar a reprodução do contexto integralmente humano do acto conjugal, semelhantes processos registam elevadas percentagens de insucesso: este concerne, não tanto à fecundação mas, principalmente, ao desenvolvimento sucessivo do embrião, sujeito ao risco de morte em periodos geralmente muito breves.

Acontece, ainda, serem produzidos, por vezes, embriões em número superior ao necessário para a implantação no útero da mulher, e esses denominados "embriões supranumerários" são posteriormente suprimidos ou utilizados para investigação que, a pretexto de progresso científico ou médico, na verdade reduzem a vida humana a simples "material biológico", de que se pode dispor livremente ([105]).

E, como ensina Orlando de Carvalho a vida intra uterina é um "bem jurídico autónomo"; o nascituro não é "um nada humano" ([106]).

Para melhor esclarecimento da problemática dos embriões supranumerários parece útil fazer uma breve referência a algumas soluções e propostas a nível internacional e nacional:

O Parlamento Europeu em 1989 determinou dever garantir-se que os embriões excedentários sejam, posteriormente, transferidos para a mulher que para eles contribuiu ou (caso se entenda que essa garantia não é realista) impedir a criação de embriões supranumerários ([107]).

([105]) JOÃO PAULO II, *Carta Encíclica «Evangelium Vitae» sobre o Valor e a Inviolabilidade da Vida Humana*, Secretariado Geral do Episcopado, Editora Rei dos Livros, Lisboa, 1995, págs. 26 e 27.

([106]) ORLANDO DE CARVALHO, *Para uma Teoria da Relação Jurídica Civil, I — A Teoria Geral da Relação Jurídica: seu sentido e limites*, Centelha, Coimbra, 1981, págs. 171 e 185.

([107]) Resolução do Parlamento Europeu sobre Fertilização Artificial In Vivo e In Vitro de 16/3/1989, Pontos G 5 e 13.

A Irlanda ([108]) e a Alemanha ([109]) publicaram legislações proibindo a formação de embriões excedentários. Mais concretamente na Alemanha, o Acto Legislativo de Dezembro de 1990 veda a sua produção e pune as violações à lei, as quais são consideradas ofensas criminais e passíveis de multa ou mesmo de prisão que pode ir até três anos.

Mayor Zaragoza, Secretário Geral da UNESCO, sublinhou, porém, que mais importante que determinar o que fazer com os genes é o que fazer nos genes.

O Projecto Português sobre a Utilização de Técnicas de Procriação Assistida ([110]) limita intencionalmente o número de embriões resultantes da fertilização in vitro ao estritamente necessário, segundo o estado actual da ciência, para o sucesso da procriação (artigo 35.º) ([111]).

Determinou que todos os embriões assim obtidos devem ser implantados no útero da beneficiária por ocasião da primeira transferência. Todavia, como não poderia deixar de ser, é acautelada a hipótese de a implantação de todos os embriões comprometer gravemente a vida ou a saúde da mulher ou dos nascituros, admitindo-se que, e somente nesse caso, haja embriões excedentários sobre cujo destino há que tomar as necessárias providências.

Nesta orientação o Projecto responsabiliza os beneficiários pela futura utilização dos embriões por eles criados, estipulando que os embriões que, por essa razão, não sejam implantados no útero da beneficiária sejam conservados, em princípio por um periodo de dois anos, para futura utilização pelos próprios beneficiários. Decorrido esse periodo estes poderão ainda manifestar o propósito de os utilizar.

Se os próprios beneficiários não puderem ou não quiserem utilizar os embriões o Projecto exige o acordo entre o centro e os beneficiários para que os embriões sejam objecto de dação ou destinados a investigação

---

([108]) Medical Registration Council of Ireland, Approval of the Guidelines of the Irish Institute of Obstetricians and Gynecologists on In Vitro Fertilization, 1985.

([109]) Lei Alemã 745/1990 de Defesa do Embrião. § 1.

([110]) Projecto sobre a Utilização de Técnicas de Procriação Assistida elaborado em 1987 pela Comissão Para o Enquadramento Legislativo das Novas Tecnologias.

([111]) Artigo 35.º
(Limitação do número de embriões)

O número de embriões resultantes da fertilização in vitro deve ser estritamente limitado ao que se entenda mais conveniente, segundo o estado actual da ciência, para o êxito da procriação.

nos termos do artigo 39.º que, nomeadamente, exige que o projecto de investigação em vista do qual os embriões serão utilizados tenha merecido parecer favorável do Conselho Nacional de Bióetica. Quando o acordo para a utilização dos embriões em ordem a qualquer das mencionadas finalidades não seja possível, o centro solicitará parecer sobre o destino dos embriões a este Conselho. Embora o parecer não seja vinculativo o centro só pode decidir de modo diferente se concorrerem razões ponderosas em contrário ([112]).

Estamos longe, portanto, de preocupações e consensos generalizados.

Também nos hospitais e centros portugueses as práticas seguidas não são uniformes ([113]).

([112]) Artigo 37.º (**Destino dos embriões**) disciplina:

1 — Os embriões obtidos nos termos do artigo 35.º devem ser implantados no útero da beneficiária da fertilização in vitro por ocasião da primeira transferência, salvo se houver risco significativo de que a implantação de todos os embriões comprometa gravemente a vida ou a saúde da mulher ou dos nascituros.

2 — Os embriões que não venham a ser implantados no útero devem ser conservados para futura utilização pelos próprios beneficiários, durante um periodo de dois anos ou, antes de decorrido esse periodo, até à data em que se revele impossível aquela utilização.

3 — Decorrido o periodo a que se refere o número anterior, e se os beneficiários não manifestarem o propósito de os utilizar o centro destinará os embriões, de acordo com os beneficiários, a dação ou a fins de investigação, nos termos dos artigos 39.º e 40.º, respectivamente; não havendo acordo entre o centro e os beneficiários quanto à utilização dos embriões para qualquer daqueles fins, deve o centro dirigir ao Conselho Nacional de Bioética proposta fundamentada sobre o destino a dar aos embriões e decidir em conformidade com o parecer do Conselho, salvo razões ponderosas em contrário.

([113]) Com efeito, "Os dois mais antigos centros de RMA do país nasceram em Lisboa (Hospital de Santa Maria) e em Coimbra (Hospitais da Universidade) e praticam regularmente fertilização in vitro intra-conjugal com transferência de embriões, nas suas diferentes modalidades. Enquanto o centro de Lisboa admite a existência de 3 embriões excedentários, o de Coimbra recusa a sua criação, e dedica-se preferencialmente à transferência intra-tubária de gâmetas. Posteriormente surgiu mais um centro em Lisboa (Maternidade Dr. Alfredo da Costa) que admitindo a existência de embriões excedentários procede ao seu congelamento desde há cerca de dois anos. Ainda em Lisboa funciona um centro de natureza privada sob responsabilidade do médico que dirige a equipa do Hospital de Santa Maria, pelo que os critérios adoptados do ponto de vista ético são idênticos aos verificados nesse Hospital.

No norte do País existem dois centros, um no Porto (Faculdade de Medicina/ /Hospital de S. João) e outro em Gaia (Centro Hospitalar) com critérios médicos e éticos

Como se sabe para aumentar as possibilidades de sucesso são, quase sempre, fertilizados bastantes óvulos. Acontece, no entanto, que por vezes (e precisamente pela razão anteriormente referida — para aumentar a hipótese de sucesso) se produz um número de embriões considerado excessivo para ser implantado no útero da mulher (e excessivo porque a implantação de todos eles no útero pode provocar a morte desta).

Surgem, deste jeito, os chamados embriões excedentários ou supranumerários.

2 — São inúmeras as situações que podem conduzir à existência de embriões supranumerários; vou referir as mais frequentes:
— Morte de um ou de ambos os progenitores;
— Divórcio ou separação legal dos pais potenciais;
— Incapacidade de um ou de ambos os progenitores;
— Criogenização do embrião para além do limite em que a mulher tem capacidade reprodutiva;
— Desinteresse do casal na gravidez;
— Solicitação de transferência uterina ou de dádiva embrionária apenas expressa por um dos membros do casal;
— Perda de contacto do Centro com os pais potenciais;
— Intenção de um ou de ambos os progenitores de se proceder à transferência dos embriões para outra equipa de procriação artificial assistida;
— Suspensão ou anulação voluntária ou imposta do programa de congelação embrionária do Centro em que se estava a realizar;

---

semelhantes, respectivamente, aos dos Hospitais da Universidade de Coimbra e do Hospital de Santa Maria. Em Portugal os únicos resultados globais conhecidos foram apresentados no "World Collaborative Report" no âmbito do 7 th World Congress on in Vitro Fertilization and Assisted Procreation (1991), e referem-se ao ano de 1989. Traduzem a actividade de dois dos três centros então em funcionamento e que responderam ao inquérito realizado. Nesse ano tinham sido efectuados 271 ciclos de tratamento, que deram origem a 51 gravidezes clínicas e ao nascimento de 62 crianças; desde o início da FIVETE e até esse momento tinham nascido 117 crianças.", Conselho Nacional de Ética para as Ciências da Vida, *Relatório — Parecer sobre Reprodução Medicamente Assistida*, (3/CNE//93), págs. 11-12.

3 — Esta problemática envolve questões extraordinariamente complexas, tais como: qual o destino dos embriões excedentários? quem tem legitimidade para decidir o que fazer com os embriões ([114])?

No que concerne a esta última equação há quem defenda que o direito de decidir deve pertencer aos médicos ou instituições hospitalares, porém, entendo que esta decisão compete (dentro dos limites da lei) aos progenitores do embrião ([115]) por natural e logicamente se tratar de seus "descendentes". E, em casos de dúvida ou conflito (por exemplo, entre os pais) ao poder judicial.

([114]) A Proposta Portuguesa de Lei n.º 135/VII sobre Técnicas de Procriação Medicamente Assistida de 1 de Agosto de 1997 determina no artigo 20.º **(Princípio geral)**:
"1 — Na fecundação in vitro não deve haver lugar à criação de embriões excedentários.
2 — Para efeitos do disposto no número anterior, deve proceder-se apenas à inseminação do número máximo de ovócitos a cuja transferência os beneficiários hajam dado o seu consentimento, nos termos do artigo 11.º.
3 — O número de ovócitos a inseminar em cada processo deve ter em conta a situação clínica do casal, que será objecto de registo justificativo".

Por seu turno, no artigo 21.º **(Destino dos embriões)** dispõe:
"1 — Sem prejuízo do disposto nos números seguintes, todos os embriões resultantes da fecundação in vitro devem ser transferidos para o útero não sendo permitida a sua destruição.
2 — A transferência de todos os embriões só não será efectuada se a tal se oposerem razões ponderosas, relacionadas com o risco de sobrevivência dos mesmos ou com a impraticabilidade da sua transferência para o organismo materno no ciclo ovárico em que tiveram origem.
3 — Os embriões que, nos termos do número anterior, não tiverem sido transferidos devem ser congelados, comprometendo-se os beneficiários a utilizá-los em novo processo de transferência embrionária no prazo máximo de três anos.
4 — Decorrido o prazo de três anos, podem os embriões ser destinados a outro casal cujas indicações médicas de esterilidade o aconselhem, sendo os factos determinantes objecto de registo justificativo.
5 — O destino dos embriões previsto no número anterior só pode verificar-se mediante o consentimento dos projectados beneficiários, ou do que seja sobrevivo, aplicando-se, com as necessárias adaptações, o disposto no número 1 do artigo 11.º.
6 — Na falta do consentimento ou de acordo entre os projectados beneficiários, a decisão cabe ao tribunal competente em matéria de família da área da sede do estabelecimento onde tiver sido realizada a fecundação".

([115]) Na linha do Relatório Warnock: "ao casal que produziu um embrião para sua utilização deverão ser reconhecidos direitos de utilização e disposição embora tais direitos devam ter limites".

4 — Em relação à questão de saber qual o destino dos embriões "orfãos" configuram-se várias hipóteses:
   a) Utilização para investigação?
   b) Crioconservação?
   c) Destruição?
   d) Dação a outro casal?
   e) Transferência para o útero da progenitora no decurso de ciclo ou ciclos genitais posteriores ao da fecundação in vitro do embrião ou embriões que lhe pertencem?

Vou tentar uma análise, ainda que sucinta, de cada um destes pontos.

   a) Investigação ([116]).

Mesmo que seja admitida implica, necessariamente, a sua ulterior destruição pois não é de admitir a implantação no útero da mulher dum embrião que tenha sido submetido a experiências.

   b) Crioconservação ([117]).

Por outro lado também no caso da crioconservação, em última instância, decorridos doze meses, dois anos, ou dez anos (consoante os prazos definidos pelas várias legislações) os embriões que não foram utilizados são eliminados.

   c) Destruição.

A destruição de embriões cria uma nova figura: o embrionicídio.

Como escreve Oliveira Ascensão "O embrionicídio no exterior do corpo da mulher é figura não prevista na lei penal e que suscita perplexidade. Não é abrangido pelo tipo legal do aborto. Todavia, mesmo hipóteses de aniquilamento fora do útero são configuráveis como aborto. Pode imaginar-se que o embrião seja retirado vivo do corpo da mulher para ser aniquilado. Parece que há então um aborto, só sendo diversas das comuns as vias de o realizar" ([118]).

Capelo de Sousa sublinha que a morte ou a lesão de embriões excedentários constituem ilícitos civis nos termos dos artigos 483.º e seguintes e 70.º do Código Civil ([119]).

([116]) Este tema será mais desenvolvido em capítulo próprio.
([117]) Este tema será mais desenvolvido em capítulo próprio.
([118]) JOSÉ DE OLIVEIRA ASCENSÃO, *Direito e Bioética*, «Revista da Ordem dos Advogados», Ano 51, II, Julho de 1991, pág. 450.
([119]) RABINDRANATH V. A. CAPELO DE SOUSA, *O Direito Geral de Personalidade*, Coimbra Editora, Coimbra, 1995, nota 904, pág. 363.

Se reconhecermos que todo o óvulo humano fecundado é, em si mesmo, uma vida humana estamos a destruir, a "matar" seres humanos. De novo a dialéctica vida-morte: uma produção voluntária da vida que desencadeia um processo determinante da morte. Será lícito aceitar que para um ser humano nascer tenhamos que matar outros?!... Os fins não podem justificar os meios. Não é lícito matar para gerar.

Analisando os resultados da estatística realizada pelo Queen Victoria Medical Center de Austrália correspondente ao ano de 1983 em cada 984 embriões implantados somente nascem 95 bébés, destruindo-se, assim, 889 embriões o que corresponde a uma percentagem de 90,6% e 9,4% respectivamente. Aquele número teria ainda maior expressão se esta estatística incidisse não apenas sobre embriões implantados mas também sobre embriões produzidos por fecundação in vitro (que logo se perdem antes da transferência) ([120]).

Há um direito à vida e não um direito sobre a vida. O direito à vida é um direito que a todos condiciona, desde o seu próprio protagonista até aos pais, médicos, biólogos, instituições hospitalares, etc.

Se há vida a partir da concepção; se há personalidade jurídica desde a concepção (como defende Leite de Campos), a destruição dos embriões excedentários não consubstancia, traduz uma violação do direito à vida?!... Não estará em causa o preceito constitucional que tutela o direito à vida (número 1 do artigo 24.º da Constituição da República Portuguesa) ([121])?

Parece fora de dúvida que há que desenvolver meios para proteger o embrião.

Deve ser considerado uma desordem moral grave toda e qualquer acção dirigida de modo deliberado à supressão de um ser humano em estado embrionário. Suprimir a vida humana em qualquer dos seus estádios de desenvolvimento não pode ser encarado como um recurso disponível para a efectivação de um projecto científico, médico, social, político, etc por muito relevante que o interesse possa parecer ([122]).

([120]) ANGELES LÓPEZ, *Presupuestos bioéticos y biojurídicos para una crítica a la ley espanõla sobre tecnicas de reproduccion assistida*, «O Direito», Ano 121.º, IV, Outubro-Dezembro, 1989, pág. 706.

([121]) Artigo 3.º da Declaração Universal dos Direitos do Homem: "Todo o indivíduo tem direito à vida"; artigo 6.º, n.º 1 do Pacto Internacional sobre os Direitos Civis e Políticos: "O direito à vida é inerente à pessoa humana"; artigo 2.º, n.º 1 da Convenção Europeia dos Direitos do Homem: "O direito de qualquer pessoa à vida é protegido pela lei".

([122]) A. RODRIGUES LUÑO/R. LOPES MONDEJAR, *La Fecundación in Vitro*, cit., págs. 103 e 104.

Querer e poder eliminar os nossos semelhantes que não nos convêm ou querer e poder dispor deles à nossa maneira é, em termos de uma solidariedade ontológica, renunciar à nossa própria condição humana.

O homem é sempre um fim em si mesmo e não pode, por isso, ser transformado num meio.

Nas palavras de Orlando de Carvalho "Se a pessoa pode ser objectivada não pode ser, todavia, coisificada ou reificada, ao nível da consciência ético-jurídica moderna" ([123]).

d) Dação.

Muitos concebem a dação como sendo uma solução correcta.

No que diz respeito ao estabelecimento jurídico dos vínculos de maternidade e de paternidade a dação não envolve grandes dificuldades: a mãe é a mulher que gera o filho e tem o parto, nos termos do número 1 do artigo 1796.º do Código Civil. Por seu turno, o pai é o marido da mãe, segundo o disposto no número 2 do mesmo artigo — Pater is est quem justae nuptiae demonstrant — ou, caso os beneficiários da dação não sejam casados, o pai é determinado pelos meios comuns de estabelecimento da paternidade fora do casamento ([124]).

No entanto, a dação anónima além de consubstanciar uma instrumentalização da pessoa humana põe em causa o direito ao conhecimento da proveniência genética; viola o direito ao património genético.

Como explica Oliveira Ascensão "Ainda que separadas, as partes do corpo humano conservam ou podem conservar um significado especial. Na medida em que ainda traduzam a vida, como no material colhido para transplantes não são coisas. O estatuto jurídico é diferente: são parte do corpo e não uma coisa.

Esta dignidade é acrescida quando essas partes se mostram aptas a desempenhar uma função. Assim, o sémen ou os óvulos nunca poderão ser coisificados, pois têm já por si uma dignidade especial pela potência de vida que contêm.

Por maioria de razão isso acontece com o embrião. Ele não pode ser propriedade de ninguém ou objecto do comércio jurídico"([125]).

Curiosamente a admissão da dação anónima poderá conduzir à produção de mais embriões excedentários: devido às inúmeras dificuldades

---

([123]) ORLANDO DE CARVALHO, *Direito das Coisas*, Centelha, Coimbra, 1977, pág. 101.

([124]) Julgo ser de aplicar por analogia o preceituado no artigo 1839.º, n.º 3 do Código Civil.

([125]) JOSÉ DE OLIVEIRA ASCENSÃO, *Direito e Bioética*, cit., págs. 448 e 449.

que os processos de adopção acarretam é natural a tentação de aumentar as chamadas "adopções pré-natais" de embriões excedentários contrariando, deste modo, a ideia base que é, precisamente, evitar a existência de embriões supranumerários.

A dação de embriões inclui a doação e a venda:

A — Doação.

A dádiva de embriões suscita grande controvérsia.

Qual a natureza dessa doação? A dádiva pode ser feita por familiares, pessoas amigas ou mesmo por desconhecidos.

A equiparação da dádiva de embriões a uma transfusão de sangue ou a um transplante não é pacífica.

Penso que essa equivalência não é possível uma vez que a cedência de gâmetas não vai substituir uma parte do corpo doente mas pode estar na origem de uma pessoa, na sua totalidade, o que inclui a transmissão de características genéticas a uma descendência futura. O sangue não tem o valor simbólico do esperma. O esperma transmite uma parte da personalidade do dador, uma hereditariedade. O sangue é eliminado ao passo que o esperma é fonte de uma outra vida.

Além disso, uma transfusão de sangue ou um transplante de um orgão vital é necessário em determinados casos para salvar a vida de um ser humano; é uma intervenção terapêutica. O mesmo não se pode dizer da inseminação ou fecundação artificial heteróloga. Nestes dois últimos casos trata-se de satisfazer uma pretensão, um desejo; não existe uma necessidade vital grave para a existência pessoal [126].

Que motivos estarão por detrás da atitude do dador benévolo?

"Não sendo por dinheiro quais os motivos que presidem à paternidade biológica ou genética? Que fantasias estão subjacentes ao acto de doação? De que forma se estenderão às fantasias de "adultério" com um agente desconhecido, ou às mais descompensadas fantasias de "dom juanismo" vividos no plano do biológico?" [127].

---

[126] M. A. HERMITTE, *Le corps hors du commerce, hors du marché*, Archives de philosophie du droit, T. 33, *La philosophie du droit aujourd' hui*, 1988, pág. 333.; A. RODRIGUEZ LUÑO, R. LOPEZ MONDÉJAR, *La Fecundación in Vitro*, cit., págs. 30-31.

[127] EDUARDO SÁ, *Problemas psicológicos da fecundação com esperma de dador*, Publicações do Centro de Direito Biomédico da Faculdade de Direito da Universidade de Coimbra, N.º 2, Coimbra, 1993, pág. 47.

Mas porque não entender, simplesmente, que esses dadores são motivados por razões de solidariedade e altruismo?

De qualquer modo a doação de embriões é uma solução a rejeitar na medida em que consubstancia uma instrumentalização da pessoa humana.

B — Venda.

São conhecidas as situações em que os embriões circulam numa cadeia de comercialização com os riscos e (talvez mesmo) ilícitas consequências daí decorrentes ([128]).

Por maioria de razão se a doação é de condenar, a venda de embriões também o é com mais força e significado, por configurar uma mercantilização do ser humano.

e) Transferência para o útero da progenitora no decurso de ciclo ou ciclos genitais posteriores ao da fecundação in vitro do embrião ou embriões que lhe pertencem.

Esta parece ser, sem dúvida, uma solução correcta. No entanto, são inúmeras as hipóteses que a inviabilizam: falecimento da mulher ou do outro progenitor, divórcio ou separação legal do casal, desinteresse deste na gravidez, etc.

5 — Apesar de toda esta problemática em torno dos embriões supranumerários é já tecnicamente possível evitar a sua produção.

Existem algumas equipas (duas em Portugal) que conseguem impedir a existência de embriões excedentários não inseminando mais que três ou quatro ovócitos em cada ciclo.

Coloca-se a questão de saber se este método implica a diminuição da probabilidade de êxito (obtenção duma gravidez evolutiva) da reprodução medicamente assistida.

([128]) São vários os casos de pacientes que, ao serem submetidos a técnicas cirúrgicas de contracepção definitivas, se sujeitaram a uma prévia hiperestimulação medicamentosa dos ovários, tendo como objectivo a colheita de óvulos destinados a pacientes cujas gónadas não contêm ovócitos próprios.

O comércio de embriões pode ser uma forma de "os menos afortunados" conseguirem algum dinheiro, o que pode conduzir, por vezes, a uma espécie de opressão da riqueza sobre a infelicidade.

Não pode ser olvidado que desse embrião vai nascer uma criança e para esta é melhor saber que na sua origem esteve um gesto de generosidade e não um acto mercenário de um dador profissional.

Nos Estados Unidos da América as percentagens de sucesso alcançadas nos Estados que admitem a existência de embriões excedentários são idênticas às dos que recusam esta solução, como acontece na Louisiana e no Novo México.

Algumas equipas inseminam um número de ovócitos calculado, em cada caso, de maneira a não originar, regra geral, mais de três ou quatro embriões. Todavia, excepcionalmente, por vezes, aparecem embriões excedentários ([129]).

Informação no mesmo sentido é fornecida pelo Grupo de Trabalho para o Estudo da Medicina Familiar, Fertilidade e Reprodução Humana num Relatório apresentado em Setembro de 1993 a solicitação do Ministro da Saúde ([130]).

Em síntese, julgo poder concluir que, consideradas as complexas e gravíssimas questões que decorrem da existência de embriões excedentários nos domínios da moral, religião, sociologia, direito, etc, parece não oferecer dúvida que devem ser utilizadas todas as técnicas possíveis para os evitar.

Mas, se num ou noutro caso pontual surgirem embriões excedentários devem ser implantados no útero da progenitora no decurso do ciclo ou ciclos genitais posteriores ao da fecundação in vitro.

([129]) Conselho Nacional de Ética para as Ciências da Vida, *Relatório-Parecer sobre Reprodução Medicamente Assistida* (3/CNE/93), págs. 5 e 6.

([130]) "Um certo número de argumentos de natureza exclusivamente científica desmistifica a asserção, demasiadas vezes produzida e que quase ganhou foros de veracidade incontroversa, segundo a qual será necessário produzir embriões excedentários sempre que se recorre à fecundação in vitro e se obtém numerosos ovócitos decorrentes de uma hiperestimulação ovárica de intensidade quase sempre difícil de prever. Também, segundo alguns escritos, haverá certas indicações clínicas para a fecundação in vitro que tornam praticamente inevitável a opção por embriões excedentários. Acontece, porém, não estar claramente demonstrado que dependa da produção de embriões excedentários a eficácia da fecundação in vitro, nem sequer uma melhor rentabilidade em termos de gravidezes alcançadas (que, note-se a nível mundial se cifrava, em 1989 à volta de 12% de gestações a termo por ciclo com punção folicular ovária — valor apresentado no último Congresso Mundial realizado em Paris em 1991)... Os processos de hiperestimulação intensa dos ovários com colheita de múltiplos ovócitos e uma eventual produção consequente de embriões em excesso, estão associados a um maior afastamento da realidade fisiológica e a um maior desiquilíbrio da fenomenologia endócrina e biológica que preside aos mecanismos essenciais da reprodução natural ", *Relatório e Programa do Grupo de Trabalho para o Estudo da Medicina Familiar, Fertilidade e Reprodução Humana*, cit., pág. 230.

E se, ainda, por algum motivo (exemplo: doença temporária da mulher) esta última solução apresentada não for viável recorrer-se-á à crioconservação.

Contudo, a crioconservação não é solução natural nem definitiva.

Não é natural porque a criopreservação de um ser com personalidade e alma só pode ser aceite por periodo curto e com finalidade definida ([131]).

E não é definitiva porque tudo na vida dos homens tem um fim.

Numa situação última de conflito entre valores absolutos, em que a aceitação de um implica, necessariamente, o sacrifício do oposto, terá de se fazer uma opção: parece certo que entre liquidar uma vida (morte de embriões) ou a sua transferência para ventre alheio (inseminação/fertilização heteróloga) esta terá de prevalecer (garantida, claro, a identidade do dador).

([131]) Embora com contextos e dialécticas diferentes criam-se, deste modo, problemas paralelos à eutanásia, desligamento da máquina da vida, direito do doente em estado de inconsciência a não ser medicado, etc.

J. FIGUEIREDO DIAS, *O problema da Ortotanásia: Introdução à sua Consideração Jurídica*, in «As técnicas modernas de reanimação; conceito de morte; aspectos médicos, teológicos, morais e jurídicos», Porto, 1973, pág. 46 e seguintes; AUGUSTO LOPES CARDOSO, *Alguns aspectos jurídicos da eutanásia*, separata do «Boletim do Ministério da Justiça», 401.º, Lisboa, 1990, pág. 14 e seguintes; JOSÉ BELEZA, *A ortotanásia como problema jurídico-penal*, in «As técnicas modernas de reanimação; conceito de morte; aspectos médicos, teológicos, morais e jurídicos», Porto, 1973, pág. 61 e seguintes; GINO CONCETTI, *L'eutanasia, aspetti giuridici, teologici, morale*, Ave, Roma, 1987.

CAPÍTULO VI

CRIOCONSERVAÇÃO

SUMÁRIO

1 — Notícia da primeira gravidez por implantação in utero de embrião congelado (a -196°), na Austrália, em Novembro de 1983. Outros casos. Posição do Comité Warnock.
2 — Riscos e vantagens suscitados pela congelação de embriões. Paragem do tempo biológico. Direito a "fabricar" gémeos de idades diferentes?
3 — Prazos máximos para a crioconservação. Sucinta referência a algumas resoluções, recomendações e leis. O Projecto Português sobre a Utilização de Técnicas de Procriação Assistida.
4 — Problemas decorrentes da crioconservação. Os novos processos de criogenização podem conduzir a que a reprodução se dissocie do tempo, do espaço e do próprio contexto familiar, com postergação da historicidade e da identidade da vida humana.
5 — Situações em que deve ser admitido o congelamento de embriões.

CRIOCONSERVAÇÃO

1 — Em Novembro de 1983, na Austrália, mais concretamente no Queen Victoria Hospital (Melbourn), uma equipa dirigida pelo cirurgião Wood conseguiu a primeira gravidez que resultou da implantação in utero de um embrião congelado e conservado durante quatro meses (a - 196° graus) e depois descongelado ([132]) ([133]). Dos seis óvulos que se extrairam da mãe, três foram inseridos sem êxito, após a fertilização in vitro. Os outros três, crioconservados, implantados alguns meses depois, tiveram destinos diferentes: dois morreram e o restante deu origem à bébé Zoé nascida prematuramente mas em bom estado de saúde.

A inseminação artificial com esperma congelado de dador é prática corrente em alguns países ([134]).

([132]) Os embriões (assim como o esperma ou os óvulos) podem permanecer em estado de vida latente durante dias, semanas ou anos desde que sejam conservados (congelados) a uma temperatura de -196°. Uma vez descongelados e aquecidos podem utilizar-se normalmente. Deste jeito, o velho sonho do homem — a conservação pelo frio — embora impraticável no ser já nascido é perfeitamente realizável no embrião.

([133]) No domínio da genética animal a congelação é, há muitos anos, utilizada para conservar embriões de determinadas espécies animais em vias de extinção nas denominadas "crioembriotecas", onde no futuro se poderá recorrer para obter embriões das raças extintas. Além disso, esta técnica permite multiplicar animais de grande valor genético. A crioconservação revolucionou as condições e custos de transporte de animais destinados à reprodução. A publicidade de uma firma americana anuncia: "Você pode transportar por avião 2.000 vacas, na sua mala de mão". Com efeito, a criogenização além de permitir conservar os embriões por bastante tempo possibilita o seu transporte ou exportação para qualquer lugar.

([134]) O Relatório da Comissão Warnock procede à distinção entre a utilização de óvulos e esperma congelado, estipulando que, enquanto este último procedimento não suscita do ponto de vista técnico problemas de maior, pelo contrário, a utilização dos óvulos congelados tem que ser rodeada de todo um conjunto de precauções: "We therefore recommend that the use of frozen eggs in therapeutic procedures should not be undertaken until research has shown that no unacceptable risk is involved"; "We therefore recommend that the use of frozen semen in artificial insemination should continue".

No mesmo sentido, a Lei Norueguesa 68/1987 de 12 de Junho relativa à Fecundação Artificial (artigo 3.°) e a Lei Espanhola 35/1988 de 22 de Novembro sobre Técnicas

São cada vez em maior número as empresas que têm "stocks de sémens congelados, provenientes de indivíduos com características fenotípicas referenciadas em verdadeiros catálogos, bem pormenorizados e enviados ao domicílio, sendo o produto biológico requisitado fornecido mediante o pagamento de uma importância conhecida e podendo mesmo ser efectuada a expedição por via aérea no decurso, por exemplo, de voos nocturnos" ([135]).

2 — A crioconservação permite dissociar no espaço e no tempo o momento da fecundação in vitro do esperma e o da sua implantação no útero da beneficiária ([136]) e, ainda, controlar a qualidade biológica do esperma.

É, deste modo, parado o tempo biológico: as células durante o periodo que permanecem congeladas mantêm o estado fisiológico, a fase de desenvolvimento e idade inicial ([137]).

A técnica está em permanente evolução. Já é viável dividir um embrião em duas partes: uma é congelada e a outra é implantada. Como se trata de gémeos, o que está crioconservado pode funcionar como uma "reserva" de células sãs para o seu gémeo vivo.

A preservação criogénica no entendimento de alguns cientistas constitui a solução ética mais adequada para debelar o problema dos chamados embriões excedentários ou supranumerários como foi salientado no capítulo anterior.

---

de Reprodução Assistida (artigo 11.º) proibem a crioconservação de óvulos mas admitem a de esperma e de embriões.

([135]) *Relatório e Programa do Grupo de Trabalho para o Estudo da Medicina Familiar, Fertilidade e Reprodução Humana*, cit., pág. 222.

([136]) "...... a ponto de ser tecnicamente possível, por exemplo, que indivíduos hoje vivos algures na Europa contribuíssem geneticamente para um embrião que se viesse a produzir na América daqui a 100 anos, e que só daí a outros 100 anos desencadeasse uma gravidez e parto algures na Austrália", LUIS ARCHER, *Gerar ou produzir vida humana*, «Brotéria», vol. 124, 1987, pág. 527.

([137]) A conservação do esperma utiliza-se não apenas para os polémicos casos de inseminação heteróloga mas, também, é relevante para os homens que têm, por exemplo, um tumor nos testículos ou sofrem do linfoma de Hodgkin e querem manter a possibilidade de vir a ter filhos mesmo que os tratamentos usados nesses casos os tornem estéreis (o método utilizado nomeadamente no caso de tumor cancerígeno nos testículos — a quimioterapia — provoca a esterilidade que tanto pode ser temporária como permanente).

A criopreservação de esperma é, outrossim, do maior interesse no caso de mais tarde o homem ter de submeter-se a uma vasectomia.

Que fazer com os embriões excedentários? Crioconservá-los por tempo indefinido? Como aqueles objectos velhos que não nos decidimos a deitar fora?

Esta técnica consubstancia um complemento praticamente indispensável da fecundação in vitro e dos seus tratamentos de superovulação.

Neste momento existem a nível mundial milhares e milhares de embriões humanos crioconservados cujo destino não se encontra definido, suscitando, desta forma, inúmeros problemas às equipas que lhe deram origem.

Por exemplo, em França tem-se conhecimento de mais de 10.000 embriões congelados (a -196° graus centígrados) e, em relação aos quais, nem os centros nem os responsáveis pelos pelouros jurídicos ou éticos, apontam soluções consideradas aceitáveis ([138]).

3 — Porém, são inúmeras as vozes críticas deste procedimento, em especial no que concerne à conservação de embriões.

Numa Resolução de 16 de Março de 1989 do Parlamento Europeu sobre Fecundação In Vivo e In Vitro consagra-se que só se deve recorrer à conservação pelo frio unicamente para salvar a vida dos embriões e desde que o estado de saúde da mulher não permita, temporariamente, a sua implantação, e, ela declare estar disposta a fazê-lo posteriormente. Caso não seja possível proceder à implantação por motivos de rejeição, doença ou morte da mulher, será interrompida a conservação dos embriões provocando a sua morte: a comercialização destes embriões ou as experiências com os mesmos devem ser sujeitas a sanções. A crioconservação deve processar-se no limite máximo de três anos.

A Recomendação de 1986 do Comité Consultatif National d'Éthique Francês só admite a criopreservação para evitar a destruição de embriões humanos e desde que configure um meio de realização do projecto de procriação actual e efectivo do casal. No entanto, deverá ser limitada temporalmente: não pode, excepto por razões médicas, ter duração superior a doze meses. Por outro lado, um casal depois do nascimento do seu filho se ainda existirem embriões excedentários congelados e se os pretender usar tem um periodo máximo de um ano (caso contrário, os embriões serão destruídos ou cedidos para investigação).

([138]) *Relatório e Programa do Grupo de Trabalho para o Estudo da Medicina Familiar, Fertilidade e Reprodução Humana*, cit., pág. 229.

No Reino Unido a Comissão Warnock preconiza um periodo máximo de dez anos para a crioconservação ([139]).

O Informe Waller da Austrália estabelece o prazo de cinco anos, embora o National Health and Medical Research Council Australiano configure como limite dez anos ([140]).

A Lei Norueguesa 68/1987 de 12 de Junho relativa à Fecundação Artificial proibe que a criogenização se processe por mais de doze meses ([141]).

Em Espanha a Lei 35 / 88 de 22 de Novembro estipula que o sémen e os pré-embriões supranumerários de uma fecundação in vitro não transferidos para o útero podem ser conservados em bancos devidamente autorizados durante cinco anos ([142]).

Na Suécia a criogenização não pode ultrapassar doze meses ([143]).

Na Suiça foi referendado em Maio de 1991 um artigo constitucional que entre outras determinações proibe a congelação de embriões e impõe

---

([139]) Comissão Warnock, Recomendação n.º 31: O prazo máximo para a conservação dos embriões deve ser de 10 anos. Passado esse tempo o direito de utilização ou de eliminação passa a pertencer ao organismo encarregue da conservação.

([140]) Actualmente designa-se Medical Research Commitee.

([141]) Segundo o preceituado no artigo 3.º:
"Somente os estabelecimentos que, nos termos do artigo 2.º, são autorizados a proceder à fecundação artificial podem congelar esperma ou conservá-lo de outra maneira. A importação de esperma está sujeita a autorização da Direcção Geral de Saúde.
É proibido congelar óvulos não fecundados.
Somente os estabelecimentos que, nos termos do artigo 2.º são autorizados a proceder à fecundação artificial podem congelar óvulos fecundados. Estes óvulos destinam--se a posterior implantação na mulher e não devem ser conservados durante mais de 12 meses".

([142]) O artigo 11.º da referida Lei consagra:
"1 — El semen podrá crioconservarse en Bancos de gametos autorizados durante um tiempo máximo de cinco años.

2 — No se autorizará la crioconservación de óvulos con fines de Reproducción Asistida, en tanto no haya suficientes garantías sobre la viabilidad de los óvulos después de su descongelación.

3 — Los preembriones sobrantes de una FIV, por no transferidos al útero, se crioconservarán en los Bancos autorizados, por un máximo de cinco años.

4 — Pasados dos años de crioconservación de gametos o preembriones que no procedan de donantes, quedarán a disposición de los Bancos correspondientes".

([143]) Embora esta proibição não se encontre consagrada na Lei 1140/1984 de 20 de Dezembro nem na Lei 711/1988 de 14 de Junho faz parte das directivas que o Swedish National Board of Health and Welfare fornece aos hospitais públicos que realizam a procriação artificial.

a transferência para o útero de todos os embriões obtidos num ciclo de tratamento.

No Projecto Português, redigido, em meados de 1987, pela Comissão para o Enquadramento Legislativo das Novas Tecnologias, o prazo proposto para a conservação dos embriões é de dois anos ([144]).

Contudo, esta Proposta Constitucional nunca chegou a ter qualquer seguimento, pelo que em Portugal não existe ainda legislação sobre a reprodução médica assistida. Na recomendação à Assembleia da República, Mário Raposo, na qualidade de Ministro da Justiça, refere que constituirá um pecado de omissão não enfrentar por via legislativa alguns dos problemas que as novas tecnologias médicas põem à consciência das pessoas e à normalidade da vida social.

Oliveira Ascensão entende que "o embrião formado in vitro só se deveria destinar a implantação imediata no útero. A conservação só poderia ter sentido quando destinada a escolher a altura mais favorável para essa implantação. Toda a dilação com outros fundamentos, e nomeadamente a destinada a uma implantação pós-morte dos genitores, é eticamente reprovável" ([145]).

4 — A prática da crioconservação acarreta necessariamente todo um conjunto de problemas ([146]).

([144]) O número 3 do artigo 32.º (Fertilização in vitro homóloga) determina: Se houver fundado receio de futura esterilidade da mulher, podem ainda os beneficiários depositar os embriões resultantes de fertilização in vitro, que devem ser conservados pelo centro durante um período de dois anos para utilização pelos próprios beneficiários, conforme o disposto no artigo 37.º; decorrido esse período ou logo que se revele impossível aquela utilização, é aplicável o disposto no n.º 3 do mesmo artigo.
Por seu turno, o número 2 do artigo 37.º estipula: Os embriões que não venham a ser implantados no útero devem ser conservados para futura utilização pelos próprios beneficiários, durante um período de dois anos ou, antes de decorrido esse periodo, até à data em que se revele impossível aquela utilização.

([145]) JOSÉ DE OLIVEIRA ASCENSÃO, *Direito e Bioética*, cit., pág. 499.

([146]) "Alguém terá direito de dispor assim de um embrião abandonado por uma outra mulher, que se congela e depois descongela? Transformar-se-ão um dia esses bandos de embriões congelados em oficinas onde, sob esta forma rudimentar, se venderão seres humanos? O Dr. Wood, que, na Austrália, efectuou a primeira tentativa bem sucedida de uma implantação de embrião congelado na respectiva mãe, preocupa-se com o avanço dos seus trabalhos. Receia que se desenvolva um mercado de embriões e que a adopção pré--natal se transforme numa operação financeira. Pensa na criança: convirá que venha saber a que acobracias se deve a sua existência? Qual será a sua reacção? Será talvez mais forte

Sabemos que esta técnica não provoca danos no embrião mas, ainda não podemos avaliar, de modo seguro, os efeitos que mais tarde se poderão repercutir no indivíduo adulto.

As novas técnicas da procriação assistida podem conduzir a que a reprodução humana (como já foi referido) se dissocie do tempo, do espaço e do próprio contexto familiar, com postergação da historicidade e da identidade da vida da pessoa.

Cientificamente é possível a crioconservação dos embriões por um periodo de cinco, dez, vinte, cem, cento e cinquenta anos, etc. Assim, é viável chegar a situações que contrariam toda a lógica e princípios das leis naturais, como seria o caso de manter congelados os embriões por mais de um século e só depois fazer a sua implantação.

Criação de um orfão cem anos antes do seu nascimento? !...

Inúmeras situações igualmente aberrantes são facilmente imagináveis.

Existirá o direito de "fabricar" gémeos de idades diferentes? Será o caso de um embrião ser dividido em dois: um é congelado e o outro é implantado no útero. Passado algum tempo o embrião que se manteve crioconservado é colocado nessa mulher.

Se um embrião permanecer crioconservado bastante tempo e, entretanto, nascer uma criança qual será a mais velha? O que conta? A concepção? Ou o nascimento?

Simultaneamente vários embriões são fertilizados e depois implantados in utero em momentos diferentes. Têm todos a mesma idade uma vez que foram concebidos ao mesmo tempo? Ou, pelo contrário, devemos ter em consideração apenas o seu nascimento?

Trata-se de uma questão que tem sido muito debatida. O Comité Warnock entende que deve ser tido unicamente em linha de conta o momento do nascimento e não o da fertilização.

Penso que outra solução não teria razão de ser: a idade das pessoas que nascem pelas chamadas "vias naturais" conta-se a partir do nascimento (embora tenham sido concebidas cerca de nove meses antes) ; não teria sentido estabelecer dois critérios pois isso redundaria na criação de "dois tipos de pessoas diferentes": as que nascem pelas "vias naturais" e as que são "fruto da ciência" com a idade a retroagir à fecundação.

---

ao saber a quanto os pais se sujeitaram para que existisse. Mas também poderá ficar traumatizada — e se os genes do embrião se lembrarem da sua congelação?..." ROBERT CLARKE, Ob. cit., pág. 208.

5 — Julgo poder concluir que a crioconservação só deve ser admitida nos seguintes casos:

— Quando por razões imprevistas seja impossível a transferência para o útero materno dos embriões no mesmo ciclo em que tiveram origem pondo assim em risco a vida do embrião;

— Nas situações em que o estado de saúde da mulher não permita, temporariamente, proceder à transferência de embriões, e, desde que a mulher declare que está disposta a fazê-lo posteriormente;

— Se a mulher entretanto morrer ou rejeitar a procriação médica assistida.

Mas, parece perigosamente claro que à medida que a ciência vai desvendando os segredos da nossa complexa teia genética estamos a cair na tentação de falta de respeito aos seres humanos e à própria natureza.

CAPÍTULO VII

INVESTIGAÇÃO EM EMBRIÕES HUMANOS

SUMÁRIO

1 — A interferência no embrião pode mudar tudo, até como nos vemos na relação com o nosso destino.
2 — Limites à investigação. É legítima qualquer forma de experimentação para privilégio do conjunto da Humanidade em relação à identidade de qualquer ser em concreto? Não beneficiamos hoje de resultados de investigações que foram condenadas?
3 — Acordo generalizado no sentido de a intervenção só ser legítima quando acarreta benefício para o próprio embrião, porque o homem é um fim em si mesmo e nunca um meio.
4 — Prazo de 14 ou 17 dias para manter vivo in vitro o embrião por naquela fase não existir ainda uma vida humana individualizada? Duas etapas na vida do embrião? Posições do Congresso Mundial de Fertilização In Vitro realizado em Helsínquia, no ano de 1984, e, de Espanha (Lei 35/88 de 22 de Novembro).
5 — Recomendações, resoluções e relatórios da Assembleia Parlamentar do Conselho da Europa, do Parlamento Europeu e da Organização Mundial de Saúde. Estado da questão em alguns ordenamentos jurídicos.
6 — O embrião só pode ser sujeito a experiências científicas no seu próprio interesse "por representar o ponto mais alto da vida em formação".
7 — Falta de legislação específica em Portugal. A Comissão Para o Enquadramento Legislativo das Novas Tecnologias e o seu Projecto sobre a Utilização de Técnicas de Procriação Assistida de 1987. Proposta de Lei 135/VII de 1 de Agosto de 1997 sobre Técnicas de Procriação Medicamente As-

sistida. Relatório-Parecer sobre Reprodução Medicamente Assistida, de 10 de Fevereiro de 1993, do Conselho Nacional de Ética para as Ciências da Vida. Relatório-Parecer sobre Experimentação no Embrião, de 4 de Outubro de 1995, do Conselho Nacional de Ética para as Ciências da Vida. Relatório do Grupo de Trabalho para o Estudo da Medicina Familiar, Fertilidade e Reprodução Humana de Setembro de 1993.

8 — Posições do Vaticano.
9 — Conclusão final: desde a concepção o embrião tem "direito ao mesmo respeito devido à criança já nascida".

INVESTIGAÇÃO EM EMBRIÕES HUMANOS

1 — A possibilidade de manipular os genes pode modificar tudo: como nascemos, o que comemos, o que vestimos, como vivemos, como morremos e, inclusivamente, como nos vemos a nós próprios na relação com o nosso destino ([147]).

([147]) A terapia génica somática foi, pela primeira vez, tentada em 14 de Setembro de 1990, numa menina de 4 anos de idade. Esta criança, por deficiência no gene da desaminase da adenosina (ADA), não produzia anti-corpos em quantidade suficiente para debelar infecções normais, correndo, deste modo, perigo de vida. A terapia génica consistiu em isolar, do seu sangue, determinadas células (linfócitos t), introduzir, in vitro, nestas células, o gene ADA na sua forma correcta e reinjectar estas células, já reparadas, no sangue daquela criança. A partir daí, a menina começou a produzir anti-corpos praticamente normais.

Graças à terapia génica somática é possivel transferir para uma pessoa doente um gene terapêutico, de modo a restaurar a normalidade. Há que distinguir as células germinais das somáticas. As germinais são os espermatozóides, os óvulos e suas células precursoras, bem como as células do embrião na sua primeira fase de desenvolvimento (ou seja, antes da formação da linha germinal). As somáticas são todas as outras células do organismo humano. A terapia génica está a ser tentada em outras doenças hereditárias tais como a hemofilia, fibrose quística e hipercolesterolémia familiar e, ainda, em enfermidades adquiridas como o cancro e as cardiovasculares. A terapia génica, também, pode ser utilizada com finalidades preventivas: pela transferência dos genes apropriados para pessoas que, através de teste pré-sintomático, revelaram a presença de um gene de manifestação tardia ou de predisposição para certa doença.

A terapia génica germinal permitirá evitar a transmissão de doenças hereditárias. Consubstanciará não só a cura do indivíduo em si, mas de toda a sua descendência. Por outras palavras, enquanto a terapia génica somática possibilita curar uma pessoa de uma enfermidade, a germinal possibilitará erradicar uma doença, através de uma só intervenção, de um número indefinido de gerações. Porém, os possíveis riscos (e por enquanto não calculáveis) dos efeitos secundários deletérios que se perpetuariam indefinidamente, proibem a imediata aplicação da terapia.

Por seu turno, a grande diferença entre a terapia génica e a engenharia genética de melhoramento é que enquanto a primeira se circunscreve à reposição da normalidade pela transferência de um gene terapêutico para uma pessoa doente, a segunda pretende a adição, a uma pessoa sã, de um gene para lá do que é normal. A engenharia genética de melhoramento reporta-se a situações que não têm, propriamente, a ver com a cura de doenças

Ao agir sobre o embrião estamos simultaneamente a controlar, a fazer a pré-história daquele ser humano e a delinear, definir o seu futuro.

A investigação em embriões humanos tem que ser rodeada de todo um conjunto de precauções uma vez que se está a lidar com o essencial, ou seja, com o património hereditário da espécie, com aquilo que faz com que um homem seja sempre um homem.

A preocupação ética baseia-se no respeito e protecção devidos ao embrião como pessoa, que não deve ser instrumentalizado em prole do que quer que seja.

2 — A polémica que este tema acarreta localiza-se na zona de experimentação que seria necessária para melhorar a eficiência da fecundação in vitro implicando o sacrifício dos embriões manipulados ([148]).

Há quem advogue a necessidade de proceder a qualquer tipo de experimentação em embriões humanos.

Os que a legitimam raciocinam, essencialmente, em função do bem da espécie humana tomada como um todo. É privilegiado o processo biológico do conjunto em relação à identidade deste ou daquele ser em concreto.

Acrescentam que só existem duas soluções possíveis: proibir o sacrifício de embriões e, desta maneira, parar a investigação neste domínio ou procurar novos conhecimentos sem preocupações que prejudiquem o avanço tecnológico.

---

mas, somente, com alterações de debilidades somáticas e psicossomáticas ou, mesmo, com acentuação de características consideradas como desejáveis. Ainda que esta técnica venha a ser possivel, sem efeitos secundários nocivos, terá de ser analisada à luz do princípio da igualdade da pessoa humana. Será necessário articular o princípio da igualdade com o da não discriminação uma vez que todos somos potenciais candidatos: Como seleccionar quem para receber um gene de melhoramento? Os que podem pagar?!...

([148]) É muito discutido saber se o médico tem o direito de dividir um embrião humano em dois de modo a obter dois embriões rigorosamente iguais: um será objecto de estudo (e, portanto, posteriormente destruído) para verificar se o outro que vai ser reimplantado não tem nenhuma deficiência. Será legítimo cortar um embrião em dois e utilizar um embrião vivo para estudar o outro assegurando, desta forma, o nascimento normal deste?

Todas as crianças nascidas por transplante podem ter um "duplo".

Um embrião suficientemente desenvolvido e congelado pode constituir uma reserva de células sãs para o seu gémeo vivo.

Argumentam, nomeadamente, com o facto de que a própria natureza procede a ensaios e comete erros. Uma proporção de óvulos fecundados é eliminada espontaneamente durante as primeiras horas no organismo da mulher; essa eliminação faz a triagem da maioria das anomalias cromossómicas, impedindo-as, assim, de chegar ao seu termo.

Se existe um método natural que procede a esta eliminação em prole do bem da espécie a experimentação limita-se a imitar os caminhos e processos da natureza.

Nestes moldes, é legitimado qualquer tipo de experiências em embriões humanos ([149]).

3 — Porém, praticamente toda a comunidade científica está de acordo em afirmar que a investigação em embriões humanos é ilícita desde que implique riscos sérios para a integridade física ou a vida do embrião e, pelo contrário, será de admitir quando acarretar benefícios para o mesmo ou tenha como objectivo salvar a sua existência.

Penso que uma manipulação cuja finalidade se situa ao nível da espécie e não do indivíduo só se justifica quando realizada em animais ou em vegetais, mas nunca quando tem lugar no homem, que, como pessoa, é um fim em si mesmo e nunca um meio.

A experimentação em animais e vegetais não é, todavia, livre, tem de obedecer a determinados comportamentos: "No seu relacionamento

---

([149]) Terá de ser reconhecido que já beneficiamos e ainda beneficiaremos dos resultados das investigações que precisamente condenamos e que as objecções levantadas não conseguiram impedir. Será que as vantagens só por si não justificam já estas experimentações? Trata-se de matéria extraordinariamente complexa. "Causa perplexidade, do mesmo modo que o facto, imemorial e misterioso, de os vivos de hoje existirem porque, no decurso das guerras da história, das quais poucas foram «justas», outros homens foram mortos «por eles»... Devemos admitir que a razão humana tropeça aqui. Mas, sem esquecer o reconhecimento de que a manipulação dos fetos para uma simples «cultura» biológica abre a porta a abusos graves que já se constataram, determinado tráfico de «produtos de aborto voluntário» para estudos de laboratório mostra bem onde se pode chegar quando se trata como animal o que é humano. Por esse motivo, é bom que os cientistas e os médicos tenham, eles próprios, levantado estas questões e que se constituam comissões de ética para as estudarem de perto. Assim, a objecção de consciência dos cristãos face às experiências sobre seres humanos, mesmo que permaneça minoritária, mantém no mundo materialista que é o nosso um protesto verdadeiramente salutar", JEAN MARIE MORETTI e OLIVIER DINECHIN, *O Desafio da Genética*, Tradução de Luis Almeida Campos, Editorial Notícias, Lisboa, 1988, pág. 61.

com o meio ambiente, o Homem deverá ter sempre em consideração a preservação das espécies animais e vegetais, a evitabilidade de sofrimentos inúteis na utilização de animais e a busca de procedimentos alternativos à sua utilização" ([150]).

A consideração de conceitos como "utilidade" e "sofrimento" justificam que o nosso comportamento com os animais deve ter dimensão ética, não no significado de que estes podem comportar-se moralmente, mas no sentido de que merecem protecção moral.

Considero equilibrado dizer que se deve procurar sempre uma alternativa, um mal menor, mas em caso de conflito por um fim maior é evidente que o princípio da supremacia da vida humana em relação à animal terá de prevalecer ([151]) ([152]).

([150]) Conselho Nacional de Ética para as Ciências da Vida, *Parecer sobre a Protecção Jurídica das Invenções Biotecnológicas*, 7/CNE/94, pág. 26.

([151]) Esta distinção entre o reino humano e o animal tende cada vez mais a esbater-se com as conquistas da ciência. A fusão entre os dois estados ocupa já espaço de uma moderna ciência de ponta, a transgenese, em que a investigação está a "fabricar" coelhos e porcos mutantes para a produção de moléculas destinadas a curar doenças humanas. Neste sentido os trabalhos do Instituto Francês da Pesquisa Agronómica (INRA) merecem particular referência, designadamente na implantação de genes humanos em porcos, afim de "humanizar" suficientemente certos orgãos para que possam ser transplantados com diminuição dos riscos de rejeição. Entre as descobertas daquele Instituto deve citar-se a implantação em coelhos do gene responsável pela contracção de sida, o CD4, provocando, assim, o nascimento de animais infectados com o virus da doença. Estes trabalhos abrem melhores perspectivas para o tratamento daquela enfermidade já considerada a peste negra deste final de século.

Escreve LEITE DE CAMPOS, *Lições de Direito da Família e das Sucessões*, Almedina, Coimbra, 1990, pág. 325: "Como alternativa parcial para a fecundação "in vitro" sugere-se a implantação do embrião no útero de um animal, antes da sua implantação definitiva num ventre de mulher. A separação dos espermatozoides e dos óvulos do corpo de que fazem parte, levam à sua "coisificação", quando não à sua mercantilização".

([152]) MÁRIO RAPOSO, *Procriação Assistida — Aspectos Éticos e Jurídicos,* in «Direito da Saúde e Bioética», Ed. Lex, Lisboa, 1991, pág. 117 e seguintes, alerta para os perigos do chamado "teste dos hamsters", admitido, aliás, por uma Recomendação da Assembleia Parlamentar do Conselho da Europa (Recomendação 1046 (1986)) e pela Lei Espanhola 35/1988 de 22 de Novembro (artigo 14.º) e que se traduz no cruzamento entre gâmetas humanas e de hamster, embora limitado ao estudo da fertilidade dos espermatozóides do homem.

Este teste, salienta aquele jurista, carece de ser rigorosamente controlado para que não possa ser deturpada a identidade da espécie humana. A sua admissão foi acerrimamente

4 — Em relação à questão de saber qual é o periodo de tempo que o embrião pode ser conservado vivo in vitro existem duas posições fundamentais:
— É possível manter vivo in vitro o embrião durante 17 dias ([153]).
— O embrião não deve ser mantido vivo in vitro mais de 14 dias ([154]).

Na fixação destes prazos é considerada a intensidade da dor e outras reacções que podem ser percebidas pelo embrião, esclarecem os defensores destas teses.

Os que entendem que o embrião deve ser mantido vivo in vitro durante 17 dias alegam que só a partir daí ocorrem os primeiros sinais de formação do sistema nervoso. Assim, o nascimento cerebral pode ser encarado como o momento do nascimento do indivíduo nos mesmos moldes em que a morte cerebral traduz a morte humana.

Verifica-se, no entanto, hoje uma tendência cada vez maior, entre os que procedem a estas distinções temporais, para dividir o estatuto biológico do embrião, a partir do momento da concepção, em duas etapas:

A primeira designada pré-embrionária ou reimplantatória compreende o periodo que media entre a fecundação e o 14º dia, a segunda fase denominada embrionária teria lugar após o 14º dia.

Esta distinção foi perfilhada pelo Congresso Mundial de Fertilização In Vitro realizado em Helsínquia no ano de 1984 ([155]), o que não é de admirar já que é precisamente esta comunidade que tem revelado particular interesse na investigação embrionária.

A diferença entre pré-embrião e embrião foi bastante veiculada pelos Conselhos Europeus de Investigação Médica de nove nações — Áustria, Bélgica, Dinamarca, Finlândia, Itália, Países Baixos, Reino Unido, República Federal Alemã e Suécia — nas suas reuniões de Ju-

---

criticada em Espanha (LUIS MARTINEZ CALCERRADA, *Derecho Tecnologico la Nueva Inseminacion Artificial*, Madrid, 1989, pág. 319).

Nesta linha, Mário Raposo cita Martinez Fornés: "O teste vai permitir que um biólogo possa fecundar no seu laboratório um chimpazé com esperma humano. Mas também será possível o o contrário, fecundar uma mulher com esperma de um chimpanzé. A lei é perigosíssima".

([153]) Report of the Royal College of Obstetricians and Gynecologists, Ethics Comittee on in vitro fertilization and embryo replacement or transfer (U. K.), Chamaleon Press, London, 1983.
([154]) Comissão Warnock (Grã-Bretanha) e Comissão Waller (Austrália).
([155]) III World Congress On In Vitro Fertilization And Embryo Transfer, 1984.

nho (dia 5 e 6) de 1986 realizadas em Londres e patrocinadas pela Fundação Europeia de Ciência.

Em Espanha o parágrafo II da Exposição de Motivos da Lei 35/1988 de 22 de Novembro procede a esta diferenciação.

Nesta linha define-se pré-embrião como sendo o grupo de células que resultam da divisão progressiva do óvulo desde que é fecundado até aproximadamente 14 dias.

Por embrião designa-se a fase do desenvolvimento embrionário que continuando a anterior assinala a origem e incremento da organogénese ou formação dos orgãos humanos e cuja duração é de cerca de dois meses e meio.

É, precisamente, desta diferenciação entre etapa pré-embrionária ou reimplantatória e etapa embrionária ou post-implantatória que se parte para a ideia de que durante os primeiros catorze dias não há uma vida humana individualizada. E, consequentemente, podem ser feitas experiências e investigações que incluem a própria destruição do embrião.

5 — Perante a lacuna da lei ou a contradição entre legislações nacionais, o Conselho da Europa organizou em 1986 (4 de Março) uma Auditoria da Assembleia Parlamentar sobre a utilização de embriões, para a qual foram convocadas autoridades europeias na área da Medicina e do Direito. O debate veio determinar ideias e conclusões que depois foram consagradas em resoluções ([156]).

A Assembleia Parlamentar do Conselho da Europa, na Recomendação 1046 (1986) ([157]) e na Recomendação 1100 (1989), pronunciou-se pela interdição da investigação sobre embriões humanos com finalidades que não sejam rigorosamente terapêuticas ou eugénicas.

O Parlamento Europeu aprovou, em 16 de Março de 1989, diversas resoluções, aliás excelentemente fundamentadas, sobre a manipulação

---

([156]) Council of Europe, Parliamentary Assembly. Joint Hearing of the Legal Affair Comittee, the sub-Committee on Bioethics of the Committee on Social and Health Questions, and the Committee on Science and Technology. Parliamentary hearing on the use of human embryos for therapeutic, scientific, industrial and commercial purposes (Paris, 4 th march, 1985). Human Reproduction, Oxford, 1: 463-491 (1986).

([157]) No Anexo explicativo desta Recomendação só é admitida a investigação com fins de diagnóstico quando for em benefício da vida do embrião manipulado, exceptuando somente as situações já previstas pelas várias legislações nacionais. No n.º 15 da Recomendação exprime-se a necessidade de atingir o equilíbrio entre a liberdade de investigação científica e o respeito da dignidade humana.

genética e a fecundação artificial de que destaco a Resolução n.º 7 que tem o seguinte teor: "Convicto de que não deverá ser permitido, em nenhuma circunstância, o recurso abusivo a métodos de fecundação artificial para a selecção de determinados embriões exige-se, pois, que sejam proibidas todas as formas de investigação genética do embrião fora do corpo materno".

E na Resolução n.º 13: "Solicita aos Governos e aos Parlamentos de Estados membros que considerem a inclusão na respectiva legislação de iniciativas conformes aos princípios expostos".

Por sua vez, a Organização Mundial de Saúde, em Junho de 1990, adverte para a necessidade da fiscalização das aplicações da fecundação in vitro, com o fim da redução da incidência de doenças genéticas, temendo que o uso indevido daquelas práticas possa dar origem a graves problemas sociais, éticos e eugénicos (por exemplo, a escolha do sexo).

Posteriormente, em 1992, a Organização Mundial de Saúde publicou um Relatório sobre Procriação Medicamente Assistida. Nesse Relatório estipulou-se que "os efeitos a longo prazo da biópsia embrionária estão ainda por determinar, sendo provável que alguns progressos técnicos venham a ser conseguidos neste domínio em paralelo com o desenvolvimento dos conhecimentos acerca do genoma humano".

Contudo, esta Organização reconhece, ainda, que os imperativos universais da ética dificultam a investigação sobre os embriões, o que faz com que seja necessário usar métodos indirectos para poder avaliar as características mais importantes.

Estamos, de uma maneira geral, perante um vazio legislativo com raras excepções como é, nomeadamente, o caso de Espanha que na Lei 35/1988 de 22 de Novembro sobre técnicas de reproducción asistida procede à já referida distinção entre pré-embriões e embriões permitindo a investigação e experimentação nos primeiros ([158]).

([158]) A Ley 35/1988 de 22 de Noviembre sobre Técnicas de Reproducción Asistida (Boletim Oficial del Estado) determina no artigo 15.º:

1 — ....
2 — Sólo se autorizará la investigación en preembriones in vitro viables:
   a) Si se trata de una investigación aplicada de carácter diagnóstico y con fines terapéuticos o preventivos.
   b) Si se demuestra cientificamente que no puede realizar-se en el modelo animal.
   c) Si se realiza en base a un proyecto debidamente presentado y autorizado por las

Por seu turno, a Lei Espanhola 42/1988 de 28 de Dezembro relativa à doação e utilização de embriões e fetos humanos ou das células, tecidos ou orgãos coloca determinadas restrições à investigação e experimentação em embriões ([159]).

A Noruega não autoriza a dação nem a investigação de embriões ([160]).

Na Alemanha (1990) a investigação em embriões humanos é, também, proibida ([161]).

Na Dinamarca existe uma moratória sobre essa investigação.

---

autoridades sanitarias y científicas competentes o, en su caso, por delegación, por la Comisión Nacional multidisciplinar
d) Si se realiza en los plazos autorizados.
No artigo 16.º estipula:
1 — ....

2 — Se prohíbe la experimentación en preembriones vivos, obtenidos in vitro, viables o no, en tanto no se pruebe científicamente que el modelo animal no es adecuado para los mismos fines. Si en determinados protocolos experimentales se demuestra que el modelo animal no es válido, se podrá autorizar la experimentación en preembriones humanos no viables por las autoridades competentes o por la Comisión Nacional multidisciplinar, si así se delega.

3 — Cualquier proyecto de experimentación en preembriones no viables in vitro deberá estar documentado sobre el material embriológico a utilizar, su procedencia, plazos en que se realizará y objectivos que persigue. Una vez terminado el proyecto autorizado, se deberá trasladar el resultado de la experimentación a la instancia que concedió tal autorización".

([159]) O artigo 7.º desta Lei disciplina que:
1 — "Sólo se autorizarán investigaciones básicas en embriones o fetos humanos o en sus estructuras biológicas si se cumple lo establecido en la presente Ley y sobre la base de proyectos debidamente desarrollados que estudiarán y, en su caso, aprobarán las autoridades públicas sanitarias y científicas, o, si así se delega, la Comisión nacional de Seguimiento y Control de la donación y utilización de embriones y fetos humanos.

2 — "Los equipos responsables de las investigaciones y / o experimentaciones deberán comunicar el resultado de éstas a las autoridades que aprobaron el proyecto correspondiente, bien directamente, o en casos reglamentados, a través de la Comisión Nacional de Seguimiento y Control".

O artigo 9.º, n.º 2 e) considera infracção muito grave "La experimentación con embriones o fetos vivos,viables o no, salvo que se trate de embriones o fetos no viables, fuera del útero y exista un proyecto de experimentación aprobado por las autoridades públicas que corresponda o, si asi se prevé reglamentariamente, por la Comisión Nacional de Seguimiento y Control".

([160]) A Lei 68/1987 de 12 de Junho sobre fecundação artificial no seu n.º 3 estipula: "É proibido fazer experiências em óvulos fecundados".

([161]) Na Alemanha, já em 1985, o Relatório Benda tinha consagrado que experiências em embriões humanos só são justificadas quando úteis para reconhecer, impedir ou afastar uma enfermidade do embrião manipulado ou quando servem para o

Nos Estados Unidos da América foi, de igual modo, estabelecida uma moratória para o financiamento da investigação dos embriões humanos.

A Aústria (1992), entre outros países, publicou legislação específica proibindo qualquer tipo de investigação em embriões humanos salvo se tiver finalidades terapêuticas, isto é, em vantagem do próprio embrião ([162]).

Em Maio de 1992, a Suiça, por referendo aprovou uma determinação que impõe a transferência de todos os óvulos fecundados in vitro para a mulher, o que, implicitamente, leva à não existência de embriões excedentários.

Em França a Lei 94-653 de 29 de Julho de 1994 sobre o respeito do corpo humano e a Lei 94-654 de 29 de Julho de 1994 relativa à doação e à utilização de elementos e produtos do corpo humano, à assistência médica à procriação e ao diagnóstico pré-natal proibem a investigação em determinadas condições ([163]).

---

desenvolvimento de conhecimentos médicos essenciais. E, sugere, ainda, medidas de segurança para que essa norma seja estritamente cumprida.

([162]) NOELLE LENOIR, *Aux frontières de la vie, Rapport au Premier Ministre*, Tomo I, La Documentation Française, Paris, 1991, pág. 48.

([163]) O artigo 9.º da Lei 94-653 de 29 de Julho introduz no Livro V do Código Penal Francês um novo Título designado "Des infractions en matiére de santé publique" que compreende um capítulo (I) relativo às "infractions en matière d' éthique biomédicale". Nestes moldes, os artigos 511-18 e 511-19 do Código Penal Francês passam a ter a seguinte redacção:

Art. 511-18 — "Le fait de procéder à la conception in vitro d' embryons humains à des fins de recherche ou d' experimentation est puni de sept ans d' emprisionnement et de 700 000 F d' amende".

Art. 511-19 — "Le fait de procéder à une étude ou une expérimentation sur l' embryon en violation des dispositions de l' article L 152 — 8 du code de la santé publique est puni de sept ans d' emprisonnement et de 700 000 F d' amende".

O Artigo 8.º da Lei 94-654 de 29 de Julho de 1994 insere no Código de Saúde Pública Francês um novo capítulo intitulado "Assistance médicale à la procréation" redigido nos termos que se seguem:

Art. 152-8 — "La conception in vitro d' embryons humains à des fins d' étude, de recherche ou d' expérimentation est interdite.

— Toute expérimentation sur l' embryon est interdite.

— A titre exceptionnel, l' homme et la femme formant le couple peuvent accepter que soient menées des études sur leurs embryons.

— Leur décision est exprimée par écrit.

— Ces études doivent avoir une finalité médicale et ne peuvent porter atteinte à l' embryon.

— Elles ne peuvent être enterprises qu' après avis conforme de la commission

6 — Mas, poderá a lógica e a ética da finalidade permitir aceitar determinadas intervenções sobre o humano com o argumento de que é em benefício da Humanidade?

Oliveira Ascensão é peremptório: "A utilização do embrião para experiências científicas (quando não a sua formação para estes fins) suscita problemas graves. O embrião representa seguramente o ponto mais alto da vida em formação. Independentemente de ser qualificável como pessoa..., merece seguramente um tratamento diferente do que é atribuído a coisas ou objectos. Pertence, antes, à categoria dos sujeitos: tem fins e interesses próprios. Por isso, diríamos que o embrião só pode ser submetido a experiências científicas no seu próprio interesse" ([164]).

7 — Em Portugal não há legislação específica sobre esta matéria nem sobre os aspectos mais correntes da procriação assistida.

A Comissão para o Enquadramento Legislativo das Novas Tecnologias no seu Projecto sobre a Utilização de Técnicas de Procriação Assistida proibiu a criação de embriões para investigação (artigo 36.º) ([165]) mas permitiu a investigação em embriões humanos excedentários desde que estivessem cumulativamente reunidas determinadas condições expressas (artigo 40.º) ([166]). Por seu turno, o artigo 41.º determinou a impos-

---

mentionnée à l' article L. 184-3 ci-dessous dans des conditions définies par décret en Conseil d' Etat.

— La commission rend publique chaque année la liste des établissements où s' effectuent ces études, ainsi que leur objet".

([164]) JOSÉ DE OLIVEIRA ASCENSÃO, *Direito e Bioética*, cit., pág. 449.
([165])   Artigo 36.º
   (Criação de embriões com fins de investigação)

A criação de embriões com fins de investigação é proibida.

([166]) O Artigo 40.º **(Utilização de embriões para investigação)** determina:
"A utilização de embriões para fins de investigação, se tal destino lhes for dado pelo centro nos termos do n.º 3 do artigo 37.º, só é permitida quando se verifiquem cumulativamente as seguintes condições.

 a) O projecto de investigação tenha merecido parecer favorável do conselho de bioética a que se refere o artigo 12.º;
 b) A investigação vise fins preventivos, terapêuticos ou de diagnóstico de doenças graves dos embriões ou fins de aperfeiçoamento das técnicas de procriação assistida que não possam ser prosseguidos por outros meios;
 c) Ainda não tenham decorrido catorze dias sobre a data da fertilização, não contando para este efeito o tempo de conservação por congelação ou outro meio".

sibilidade de implantação no útero de embriões que tenham sido objecto de experiências ([167]).

A Proposta de Lei 135/VII de 1 de Agosto de 1997 sobre Técnicas de Procriação Medicamente Assistida proibe a criação ou utilização de embriões para fins de investigação ou experimentação científica e determina que um embrião só possa ser objecto de investigação quando esta tiver como única finalidade o benefício do próprio embrião ([168]) ([169]).

O Conselho Nacional de Ética para as Ciências da Vida, no seu Relatório-Parecer Sobre Reprodução Medicamente Assistida (3/CNE/93), em 10 de Fevereiro de 1993, excluiu das técnicas de reprodução medicamente assistida aquelas que envolvam instrumentalização do processo reprodutivo, como é o caso da produção de embriões só para investigação.

Não aceita a doação a outros casais, destruição, ou utilização embrionária para fins de investigação que não sejam em benefício do embrião.

Já depois de concluído este meu trabalho, o Conselho (em 4 de Outubro de 1995) aprovou o Parecer 15/CNECV/95 sobre a experimentação no embrião. O texto, de que foi relator Walter Osswald, condena não só a criação de embriões para investigação como, também, a experimentação em embriões excedentários ([170]).

([167]) Artigo 41.º
(Proibição de implantação no útero de embrião que tenha sido objecto de experimentação).
Não pode ser implantado no útero o embrião que tenha sido objecto de experimentação.

([168]) Artigo 7.º
(Utilização de embriões para fins de investigação)
1 — É proibida a criação ou utilização de embriões para fins de investigação ou experimentação científica.
2 — Um embrião só pode ser objecto de investigação quando esta tenha como única finalidade o benefício do próprio embrião.
3 — Só serão permitidas técnicas de diagnóstico pré-implantatório de reconhecido valor científico em termos dos benefícios delas resultantes para o embrião.

([169]) Artigo 31.º
(Utilização indevida de embriões)
1 — A criação de embriões para fins de investigação e a implantação de embriões que tenham sido objecto de experimentação constitui crime, punido com pena de prisão de 1 a 5 anos.
2 — A cedência de embriões para fins ou em condições não permitidos por lei constitui crime, punido com pena de prisão até 2 anos.

([170]) "... Sendo assim, só seria de admitir a liceidade da experimentação no embrião, de cujo interesse cientfífico não se duvida, se houvesse prova bastante de que a estrutura

No Relatório do Grupo de Trabalho para o Estudo da Medicina Familiar, Fertilidade e Reprodução Humana estabeleceram-se os critérios que devem evitar a criação de embriões supranumerários e os casos em que é admissível a congelação de embriões. Preconizou-se, ainda, a proibição não só da destruição de embriões como, também, da sua utilização para investigação (excepto quando daí decorram benefícios para o novo ser). É defendido que as técnicas de diagnóstico genético pré-implan-tatório deverão ser objecto de moratória até que o valor científico e os benefícios para o embrião de tal método estejam perfeitamente esclarecidos.

8 — João Paulo II escreveu que as recentes formas de intervenção sobre embriões humanos, apesar de visarem objectivos em si legítimos, implicam inevitavelmente a sua morte. Dá como exemplo o caso da experimentação sobre embriões humanos: "Devem ser consideradas lícitas as intervenções no embrião humano, sob a condição de que respeitem a vida e a integridade do embrião, não comportem para ele riscos desproporcionados, e sejam orientadas para a sua cura, para a melhoria das suas condições de saúde ou para a sua sobrevivência individual" ([171]) e acrescenta que o uso de embriões ou de fetos humanos para investigação configura um crime contra a sua dignidade de seres humanos, que têm direito ao mesmo respeito devido à criança já nascida ([172]).

O Santo Padre, na sua última Carta Encíclica «Evangelium Vitae», volta a condenar a utilização de embriões e de fetos humanos ainda vivos — por vezes "produzidos" deliberadamente para a investigação seja como mero "material biológico", seja como fornecedor de orgãos ou de tecidos

---

embrionária não é pessoa nem ser humano. Conhecendo embora as dificuldades conceptuais e terminológicas existentes, não pode deixar de aceitar-se que o embrião é sede de vida humana, e inexoravelmente evolui para a plenitude de um membro da espécie humana, se sobreviver aos muitos obstáculos que na sua diferenciação e crescimento se lhe podem deparar. Daqui se conclui que, à luz de princípios éticos consensuais e tendo em conta a natureza humana do embrião, se deve interditar toda e qualquer experimentação sistemática e planeada no embrião, pese embora ao custo científico de tal proibição.", Parecer 15/CNECV/95 sobre a Experimentação no Embrião.

([171]) Congregação da Doutrina da Fé, *Instrução sobre o respeito à vida humana nascente e a dignidade da procriação Donum Vitae*, 22 de Fevereiro de 1987, I, 3: AAS 80, 1988, 80.

([172]) JOÃO PAULO II, *Carta dos Direitos da Família*, 22 de Outubro de 1983, art. 4/b: L'Osservatore Romano, pág. 6.

para transplantes no tratamento de certas enfermidades. "Na realidade, o assassínio de criaturas humanas inocentes, ainda que com vantagem para outras, constitui um acto absolutamente inaceitável" ([173]).

Aceito que há vida a partir da concepção e que, portanto, é pura "falácia semântica" qualquer tentativa para fixar um dia 14.º ou 17.º (e porque não 16.º ou 18.º?) a partir do qual o embrião passa a ser uma vida humana individualizada, por total falta de rigor científico e de respeito pelos direitos fundamentais, o primeiro dos quais e anterior a todos os outros é o direito à vida ([174]) ([175]).

9 — Leite de Campos esclarece: "O «direito» à vida será um direito? E será um direito à «vida»? Não é um direito à vida, no sentido de um direito a uma prestação. A vida não é uma concessão da sociedade, uma prestação do Estado.

Também não se trata de um direito de uma pessoa sobre ela mesma, sobre a sua vida. Savigny não admite a existência de um direito sobre si próprio, por este direito permitir ao titular dispôr de si mesmo, e acabar por legitimar o suicídio..."

"... A vida não é o domínio da vontade livre. A exclusão de toda e qualquer vontade estranha não se faz — como por exemplo no direito de propriedade — para assegurar a fruição do titular do direito. A vida exige que o próprio titular do direito a respeite. A exclusão de terceiros só se opera para assegurar a existência de um domínio onde nenhuma vontade é soberana. O direito «à» vida é um direito «ao respeito» da vida perante as outras pessoas (grupos e Estado). É um direito «excludendi alios» e só nesta medida, é um direito" ([176]).

É essencial perceber que aceitar a investigação pura e sem limites sobre embriões humanos com base em periodos temporais é criar pela via institucional duas categorias no Homem: os sujeitos de direito e os que não são sujeitos.

([173]) JOÃO PAULO II, *Carta Encíclica «Evangelium Vitae» sobre o Valor e a Inviolabilidade da Vida Humana*, cit., págs. 111 e 112.

([174]) Cânone 871 — Fetus abortivi, si vivant, quatenus fieri potest, baptizentur, *Codex Iuris Canonici.*

([175]) O Código de Hamurabi previa, há quatro mil anos, uma adopção pré-natal do embrião.

([176]) DIOGO LEITE DE CAMPOS, *Lições de Direitos da Personalidade*, cit., págs. 58 e 59.

Nas palavras de Agostinho de Almeida Santos: "As próprias legislações vão quase introduzir por tal forma o conceito de Humano não Humano" ([177]).

Seria um absurdo ser embrião cada vez mais tarde e morrer cada vez mais cedo.

A escolha de nascituros no segredo dos laboratórios, no ambiente discreto dos microscópios, pode encorajar a selecção eugénica de seres humanos segundo sonhos, projectos ou simples caprichos dos pais, de pseudo-interesses científicos ou até de inconfessáveis intenções políticas ([178]).

A pretensa lógica de privilegiar o conjunto da Humanidade em relação a qualquer ser em concreto abre caminho a uma dinâmica própria e independente, possivelmente incontrolável, o que desde logo coloca em risco a dimensão histórica da personalidade e do seu sentido de identidade.

Tem de se aceitar que a tecnologia está a ultrapassar a fronteira do impossível e imaginário e a deturpar a nossa capacidade de compreender todas as suas ramificações.

Para já parece fora de dúvida que a intervenção só é legítima quando acarreta benefícios para o próprio embrião; caso contrário o respeito da alteridade, da singularidade e da liberdade do homem é violado.

([177]) AGOSTINHO DE ALMEIDA SANTOS, Ob. cit., págs. 78 e 79.

([178]) Tudo o que concerne ao nosso destino deve ser rodeado de todo o cuidado respeitando a dignidade e liberdade do homem assim como os valores da sociedade que decide livremente aceitar ou não certas recomendações. "Um dos grandes males será a utilização das biotécnicas pelo poder político ou por certas classes sociais influentes e a sua justificação com falsas biologias", G. S. SACARRÃO, *Biologia e Sociedade*, Vol 2, O Homem Indeterminado, Biblioteca Universitária, Publicações Europa-América, pág. 270.

CAPÍTULO VIII

INSEMINAÇÃO ARTIFICIAL "POST-MORTEM"

SUMÁRIO

1 — A possibilidade de gerar um ser depois da morte dos progenitores biológicos cria situações anómalas no plano do estabelecimento da filiação e do direito das sucessões.
2 — Três posições principais a considerar.
3 — O Affair Parpalaix e a discutida sentença do Tribunal de Créteil de 1 de Agosto de 1984.
4 — Posição do Projecto C.A.H.B.I., da Lei 745/1990 Alemã de Defesa do Embrião, da doutrina alemã, da Lei Francesa 94--654 de 29 de Julho de 1994 e do Projecto Português sobre a Utilização de Técnicas de Procriação Assistida. Proposta Portuguesa de Lei n.º 135/VII sobre Técnicas de Procriação Medicamente Assistida de 1 de Agosto de 1997.
5 — Destino do esperma ou do embrião? Qualquer solução será obrigatoriamente controversa? Qual o factor determinante da idade: data do nascimento da criança ou a da fertilização? A Recomendação 62 da Comissão Warnock considera como factor decisivo a data e a hora do nascimento e não a da fe-cundação.
6 — A questão no direito positivo português.
7 — Admissibilidade (sob determinadas condições) da inseminação artificial post-mortem de embriões como solução derradeira.

INSEMINAÇÃO ARTIFICIAL "POST-MORTEM"

1 — Actualmente, graças aos progressos da medicina, já é possível gerar um ser depois do falecimento dos progenitores biológicos ([179]).

Regra geral, surgem problemas sempre que se ultrapassa artificialmente a vida dos pais biológicos; há, desde logo, um ser potencial condenado à orfandade; uma criança que já é orfã antes de ser concebida. Trata-se de situação anómala no plano do estabelecimento da filiação e do direito das sucessões.

Mesmo nos casos menos controversos da manipulação homóloga podem-se colocar inúmeras questões: o embrião formado posteriormente não beneficia da presunção de paternidade, assim como não pode ser herdeiro por não estar concebido à data da abertura da sucessão. Em Portugal só por testamento é possível obter efeitos que se aproximem dos que resultariam nos casos normais da sucessão legal.

A mulher que é inseminada com o esperma do marido defunto vê na criança a "herança espiritual e física", o perpetuar de uma vida conjugal (fisicamente já inexistente). O filho é o laço, o elo de ligação entre

---

([179]) O Conselho Nacional de Ética Para as Ciências da Vida exaurou o Parecer 10//CNECV/95 sobre a definição do momento da morte do homem, consagrando o critério seguido, hoje em geral, que é o da morte do tronco cerebral ou morte cerebral. Aquele parecer aprovado, por unanimidade, em sessão de 1 de Fevereiro de 1995, foi baseado num texto (de que foi relator Falcão de Freitas) que, aliás, reproduz tese já contemplada na recente lei sobre transplantes de orgãos humanos.

Mas haverá dois critérios de morte para dadores e não dadores? A Lei 12/93 de 22 de Abril é omissa em relação aos critérios a usar para a declaração de morte de não dadores. Se a pessoa morre em casa, o médico vai basear-se nos métodos cardio-vasculares clássicos, por não dispor de meios sofisticados de análise. O critério de morte cerebral só é obrigatório para os dadores. Há omissão, mas que não parece grave, uma vez que a lei quis proteger os dadores. De qualquer forma a matéria deverá ser esclarecida.

O Parecer 10/CNECV/95 conclui que "o critério de morte cerebral é a comprovação da cessação irreversível das funções do tronco cerebral, sendo exigível, no plano ético, que este critério seja usado univocamente na legislação e não apenas no respeitante a transplantação como diagnóstico de morte".

a existência real, concreta, material (física) da mulher e a inexistência do marido na vida terrena.

Aceitar (incondicionalmente) a inseminação artificial "post-mortem" abre, também, a hipótese, às mulheres viúvas que quiserem ser inseminadas com o esperma do falecido marido, apenas por motivações de natureza económica, de "fabricar" possíveis herdeiros.

2 — Podem ser consideradas três posições:

a) Admissão da inseminação "post-mortem" com a restrição de as crianças nascidas na decorrência desse processo ficarem privadas de todos os direitos sucessórios ([180]).

b) Admissão da inseminação "post-mortem" sob a condição de a criança nascida com recurso a este procedimento ter direitos sucessórios em relação a todos os bens não partilhados no momento em que nasceu como se tivesse sido gerada durante a vida do marido ou do companheiro da mãe ([181]).

c) Proibição total de inseminação "post-mortem" ([182]).

3 — "Levantam-se problemas jurídicos respeitantes à titularidade dos espermatozóides depositados: Tendo o marido depositado, antes de morrer, num banco de esperma, os seus espermatozóides, depois da sua morte que fazer deles? Entregá-los à viúva que os reclama? À amante a quem o defunto os legou? Bens da personalidade ou bens do património..." ([183]).

Julgo útil referir o célebre Affair Parpalaix que deu origem à conhecida sentença do Tribunal de Créteil de 1 de Agosto de 1984.

([180]) Neste sentido o Relatório da Comissão Warnock e a Lei Espanhola 35/1988 de 22 de Novembro. O artigo 9.º, número 2 da Lei 35/1988 de 22 de Novembro dispõe que: "No obstante lo dispuesto en el apartado anterior, el marido podrá consentir, en escritura pública o testamento, que su material reproductor pueda ser utilizado, en los seis meses siguientes a su fallecimiento, para fecundar a su mujer, produciendo tal generación los efectos legales que se derivan de la filiación matrimonial".

([181]) Sentença do Tribunal de Créteil de 1/8/1984 (Parpalaix versus C.E.C.O.S.)

([182]) Projecto Português sobre a Utilização de Técnicas de Procriação Assistida, artigo 14.º.

Recomendação do C.A.H.B.I., Princípio 7, n.º 4.

([183]) DIOGO LEITE DE CAMPOS, *Lições de Direito da Família e das Sucessões*, cit., pág. 325.

Alain Parpalaix receando ficar estéril após o tratamento químico-terápico e radioterápico dum tumor dos testículos resolveu recorrer (em 7 de Dezembro de 1981) a uma clínica (C.E.C.O.S. de Kremlin-Bicêtre) ([184]) para aí depositar o seu esperma.

Porém, algum tempo depois (25 de Dezembro de 1983) morreu.

Corinne Parpalaix, sua viúva, pretendeu que a Clínica lhe devolvesse o esperma de Alain Parpalaix, mas o pedido não foi atendido.

Corinne Parpalaix e sogros, devido a esta recusa, accionaram em co-autoria o C.E.C.O.S. no Tribunal de Créteil.

Os autores alegaram que tinha sido celebrado entre o C.E.C.O.S. e Alain Parpalaix um contrato de depósito (Código Civil Francês, artigo 1915.º e seguintes) nos termos do qual o depositário deve restituir a coisa depositada e que no caso do depositante morrer, a "coisa depositada" só pode ser entregue aos seus herdeiros nos termos do preceituado nos artigos 1932.º, 1939.º, 1951.º daquele Diploma ([185]).

O C.E.C.O.S. alegou que não se pode aceitar que o sémen seja objecto de um contrato de depósito na medida em que se trata de uma "coisa" que está fora do comércio e, ainda, fundamentou a sua recusa não só no facto de a inseminação artificial "post-mortem" não estar prevista na lei como na ausência de obrigações para o cumprimento do contrato nestes moldes. Deve, igualmente, sublinhar-se que a Lei de 22 de Dezembro de 1976 relativa à colheita de orgãos post-mortem não se pode aplicar ao sémen uma vez que este não é considerado orgão para esse efeito.

O C. E. C. O. S. tinha apenas uma obrigação terapêutica para com Alain Parpalalaix, extinguindo-se a obrigação com a morte deste.

A decisão proferida por este Tribunal em 1 de Agosto de 1984 foi no sentido de condenar o C.E.C.O.S. a restituir ao médico designado pela viúva de Alain Parpalaix o esperma reclamado no prazo de um mês. Caso

---

([184]) Por C. E. C. O. S. entendia-se inicialmente Centre d' Étude et de Conservation du Sperme. Esta denominação foi depois completada mas mantendo-se a mesma sigla: Centre d' Études et de Conservation de l' Oeuf et du Sperme Humain.

([185]) Esta matéria vem regulamentada nos artigos 1185.º e seguintes do Código Civil Português. Penso que não podemos enquadrar estes casos no âmbito do contrato de depósito: o esperma não pode ser considerado uma coisa móvel. O esperma contém o germe da vida destinado à procriação de um ser humano. Por maioria de razão o embrião (congelado) não pode ser, também, considerado coisa móvel para efeitos de um contrato de depósito.

não o fizesse, o Centro teria que pagar a Corinne Parpalaix uma sanção pecuniária de 1.000 francos por cada dia de mora ([186]).

4 — O Projecto de Recomendação do C. A. H. B. I. interdita a inseminação póstuma ([187]).

A Lei Alemã 745/1990 de Defesa do Embrião pune com pena de prisão até três anos ou multa todo aquele que fecunde conscientemente um óvulo, com o sémen de um homem, após a morte deste ([188]).

Um sector significativo da doutrina alemã considera que a inseminação "post-mortem" não deve ser permitida na medida em que configura uma violação dos bons costumes. Além disso, defende que o direito pessoal de decidir sobre a utilização de gâmetas humanas se extingue com a morte da pessoa (contrariamente ao que se passa com a resolução sobre a doação de orgãos).

Em sentido contrário a Lei Francesa 94-654 de 29 de Julho de 1994 permite a inseminação "post-mortem" em determinadas condições ([189]).

Penso que premeditar a "construção" de uma criança sem pai é atentar ao direito que esta tem de nascer com dois pais e de não ser privada de um pelo outro, mesmo que seja com o consentimento do primeiro.

O consentimento do marido da mulher inseminada antes da sua morte só poderá ter valor no sentido do reforço da sua responsabilidade

---

([186]) J. RUBELLIN-DEVICCHI, *Insémination Artificielle "Post-Mortem"*, «Revue Trimestriel de Droit Civil», 4, 1984, pág. 704 e seguintes.

([187]) O Princípio 7 do Projecto do C.A.H.B.I. sobre procriação humana assistida recomenda:

"1 — ....

2 — Lorsqu'une personne qui fait conserver ses gamètes pour son propre usage décède durant la periode de conservation ou ne peut pas être retrouvée à la fin de la période, ses gamètes ne seront pas utilisées pour la procréation artificielle.

3 — ....

4 — La procréation artificielle avec le sperme du mari ou du compagnon décédé ne sera pas permise.

([188]) § 4, n.º 3 da Lei 745/1990 da Defesa do Embrião.

([189]) O artigo L.152-4 da Lei 94/654 de 29 de Julho de 1994 estipula que: "... En cas de décès d' un membre du couple, le membre survivant est consulté par écrit sur le point de savoir s' il consent à ce que les embryons conservés soient accueillis par un autre couple dans les conditions prévues à l' article L. 152-5".

paternal. Esse consentimento nunca poderá consubstanciar uma situação de não paternidade, um abandono antecipado ([190]).

O Projecto Português sobre a Utilização de Técnicas de Procriação Assistida não permite a inseminação da mulher com esperma do falecido marido ou da pessoa que com ela vivia em união de facto, mesmo que o falecido tenha consentido no acto de inseminação (artigo 14.º).

A Proposta de Lei n.º 135/VII de 1 de Agosto de 1997 proibe a inseminação e a fertilização in vitro post mortem com esperma e, determina que, se da violação desta proibição resultar gravidez da mulher inseminada, a criança que vier a nascer é havida como filha do falecido (artigos 18.º, 19.º e 24.º).

Independentemente dos complexos problemas jurídicos que a aceitação da inseminação "post-mortem", necessariamente, equaciona, o grande argumento para a sua proibição baseia-se no direito inderrogável da criança beneficiar da estrutura biparental da filiação ([191]). É de condenar a criação, a fundação voluntária de uma família unilinear póstuma.

Com efeito, para garantia do desenvolvimento integral da criança (artigo 69.º da Constituição da República Portuguesa) é ideal ter pai e mãe, como resulta, também, do artigo 68.º deste Diploma ao determinar que os progenitores "têm direito à protecção da Sociedade e do Estado na realização da sua insubstituível acção em relação aos filhos" (número 1) e, ainda, que "a maternidade e a paternidade constituem valores sociais eminentes" (número 2).

Nestes termos, parece indiscutível que, uma vez que a criança tem direito à estrutura biparental da filiação para o seu mais perfeito desenvolvimento, a norma jurídica não deve facilitar a criação de famílias monoparentais.

5 — São inúmeras as questões que se podem equacionar no âmbito da inseminação artificial post-mortem. A quem deve caber o direito de decidir sobre a utilização do embrião nos casos de morte de um (ou de ambos) dos progenitores do embrião? Ao outro progenitor sobrevivo? Ao centro encarregue da conservação do embrião? A um organismo estadual determinado? Ao Tribunal? Ou deverá o casal estipular previamente o destino a dar ao embrião nestes casos?

([190]) GERARD CORNU, *Droit Civil, La Famille*, Précis Domat, Ed. Montchrestien, Paris, 1984, pág. 421.

([191]) Neste sentido, a célebre decisão do Tribunal de Créteil em 1/8/1984.

Qualquer solução será sempre controversa e, necessariamente, diferente consoante as situações.

Contudo, é indiscutível que, perante o vazio da lei, há que legislar com rigor tentando prevenir todas as hipóteses. Numa primeira aproximação, julgo que a entrega deverá ser feita a Centro ([192]) próprio, para melhor defesa da "dignidade" do embrião.

Todavia, mais dúvidas se podem suscitar, por exemplo, na eventual idade de ser permitida a inseminação póstuma que factor determina a idade? A data do nascimento? Ou a da fertilização? Como resolver situações deste género: O embrião A é fertilizado antes do embrião B. Em seguida são ambos criogenizados. Porém, o embrião B é inserido num útero antes do embrião A ser colocado num outro útero. Qual é o mais velho? O primeiro a ser concebido? Ou o primeiro a nascer?

A Comissão Warnock na Recomendação 62 estabelece que para fins de determinação da progenitura deverão ser considerados factores decisivos a data e a hora do nascimento e não a da fecundação. E, consequentemente, acrescenta na Recomendação 63 que a legislação deve prever que toda a criança nascida por meio da FIV graças a um embrião que foi congelado e conservado e que não tenha sido ainda implantado no útero no momento da morte do pai não deve ser tomado em conta para fins de sucessão e herança deste último.

Se se admitir a inseminação artificial "post-mortem" torna-se imperioso fixar os limites temporais dentro dos quais se poderá realizar, bem como proceder à correlativa modificação das normas do direito das sucessões. Caso contrário, a criança nascida para além do prazo de trezentos dias a contar da dissolução do casamento (por morte) teria laços de filiação somente com a mãe, não tendo quaisquer direitos sucessórios em relação ao seu pai.

6 — Penso que, pelo menos à face do nosso direito, se o filho nascer após trezentos dias do falecimento do marido da mãe não vai ser titular da presunção de paternidade constante do artigo 1826.º, número 1 do Código Civil (Presunção de paternidade) dado que não teria sido concebido na constância do matrimónio. E, a acção judicial permitida na 2º parte do número 1 do artigo 1800.º (Fixação judicial da concepção) se poderia funcionar na hipótese do tempo da gestação ser, por exemplo, de

---

([192]) Mas, logicamente, não compete a este decidir.

trezentos e três dias ou trezentos e cinco dias, já não teria qualquer cabimento se tivesse decorrido um prazo de dois ou três anos como é evidente.

Acontece, ainda, que se o filho for concebido depois da morte do pai não funciona a possibilidade prevista no artigo 1855.º (Perfilhação de nascituros) que determina que a perfilhação do nascituro só é válida se for posterior à concepção.

O mesmo será dizer que a paternidade não poderá ser fixada nem por presunção nem por perfilhação. Restará a acção de investigação da paternidade, e, considerando os termos amplos da redacção do artigo 1869.º (Investigação da paternidade) parece totalmente viável aquele procedimento judicial.

Uma vez que é possível manter o esperma congelado indefinidamente, durante quanto tempo terão de esperar os sucessores virtuais do de cujos para a abertura de uma herança equacionada em função de um ser que ainda não foi concebido?

Se for aceite a inseminação "post-mortem" outras dificuldades se perfilam: o reconhecimento da paternidade depois do falecimento do progenitor, que efeito terá, por exemplo, nos direitos sucessórios do nascituro em relação à herança do seu pai ?

Escreve Francisco Pereira Coelho: "Não deverá entender-se que as pessoas concebidas às quais o artigo 2033.º, n.º 1 do Código Civil atribui capacidade sucessória no âmbito da sucessão legal são só os nascituros "in utero" à data da abertura da sucessão, que só a estes se refere o artigo 1351.º, n.º 2 do Código de Processo Civil, quando determina a suspensão do inventário, após a descrição dos bens, até ao nascimento dos "interessados nascituros", e que, portanto, não assistem ao filho quaisquer direitos sucessórios em relação à herança do progenitor no caso da inseminação artificial ou a implantação do embrião serem posteriores à data da morte deste e, por isso,o filho ainda não estar concebido a essa data?" ([193]).

7 — Trata-se, deste jeito, de matéria muito controversa.
Nos casos de conservação de embriões se a inseminação "post-mortem" for proibida qual o seu destino? Destruição? Dação a outro casal?

([193]) FRANCISCO PEREIRA COELHO, *Procriação assistida com gâmetas do casal,* Publicação do Centro de Direito Biomédico da Faculdade de Direito da Universidade de Coimbra, N.º 2, Coimbra, 1993, págs. 23 e 24.

Nesta última hipótese, que legitimidade para proibir à viúva ser inseminada com o embrião (seu e do marido) mas, simultaneamente, permitir que uma outra mulher seja inseminada com esse mesmo embrião? !...

Ou, ainda, caso se perfilhe a inseminação artificial heteróloga admitir-se-á que essa mulher possa recorrer a um embrião excedentário (pertencente a outrem) mas não possa "aproveitar" o seu próprio embrião? !...

Penso que é de admitir a inseminação artificial post-mortem, não como um fim em si mesmo mas, como um meio para resolver um fim. Que fim? Proteger o direito ao Património Genético daquele ser que já está formado desde o momento da concepção ([194]).

Assim, julgo que a solução de permitir a inseminação "post--mortem" do embrião, desde que tenha sido autorizada pelo falecido em documento autêntico, testamento ou escritura pública, e o embrião seja utilizado pela viúva ou companheira, nos três meses seguintes à data da morte, seria de atender em casos especiais, nomeadamente em situações de alto risco como a guerra ([195]) ou de doenças terminais.

Contudo, a vingar esta posição, considero que toda a situação deve ficar sob a autorização e fiscalização do poder judicial.

É viável argumentar que apesar de a criança vir a nascer depois da morte do progenitor continua a ser biológica e geneticamente seu filho e parente dos seus ascendentes, nos mesmos termos do filho concebido antes da morte do pai; que na casa, na família permanece a memória

---

([194]) Há vida, há um ser humano desde a concepção. Logo, não pode ser destruído. Suponhamos que um bébé recém-nascido e os seus pais, no regresso da maternidade, sofrem um desastre de viação e os progenitores morrem. Quid iuris? Ninguém se lembraria de dizer que a solução seria "destruir", matar o bébé. Não há, como sublinha Leite de Campos, diferença entre a vida nascida e a concebida. A vida é uma só; desde a concepção até à morte.

([195]) No último conflito no Golfo, numerosos soldados americanos utilizaram as técnicas do congelamento do esperma com o justificado receio de morte.

Mário Raposo, em entrevista ao Diário de Notícias de 26 de Fevereiro de 1991, na qualidade de Provedor de Justiça, concorda com os bancos de esperma. Lembra, também, aquela guerra do Golfo e aceita que combatentes dos E. U. A. tenham armazenado a sua "fonte de vida" antes de seguir para o deserto. E acrescenta, "Não concordo com a utilização do esperma depois da morte do dador e mantenho-me a favor do não anonimato do próprio dador", como defesa necessária em devidas utilizações futuras.

do pai, a sua "cara", toda uma realidade e um imaginário que vão ajudar o filho no seu crescimento ([196]). Podendo, ainda acrescentar-se que há filhos póstumos e que, designadamente nas chamadas sociedades desenvolvidas, são cada vez mais numerosas as mães solteiras, divorciadas ou separadas.

([196]) RABINDRANATH V. A. CAPELO DE SOUSA, *O Direito Geral de Personalidade*, cit., pág. 216, nota 427, considera "válida a vontade inequivocamente manifestada pelo marido quando vivo de querer dar à esposa, mesmo depois da sua morte, o poder de conceber uma criança, através de esperma seu depositado e congelado em sua vida, desde que o relacionamento sexual ou a inseminação artificial não tenham sido possíveis e eficazes em vida".

CAPÍTULO IX

MÃES PORTADORAS

SUMÁRIO

1 — A mãe portadora, no seu significado geral, como a mulher que se obriga por contrato a suportar a gravidez por conta de outrem e a entregar a criança depois do parto, nos primórdios da História, da Religião e do Direito. Referência a Sarai e a Abrão, a Raquel e a Jacob (Antigo Testamento) e ao Código de Hammurabi.

2 — Passou a ser viável "construir" uma criança com a contribuição de seis pessoas diferentes. A tridimensionalidade procriativa e os problemas que equaciona: três dimensões orgânica, física e simbólica? A impossibilidade de a maternidade poder ser definida de modo simples e categórico: em causa a grande proposição: "mater semper certa est, etiam si vulgo conceperit"?

3 — Distinção entre mãe portadora e mãe substitutiva?

4 — Mãe portadora com estatuto de prostituta? Teses antagónicas. Julgo que são situações diferentes: na prostituição feminina ou masculina há sempre vários parceiros e as competentes remunerações, o que não acontece necessariamente na inseminação artificial. A posição de Sériaux que considera o "serviço" gratuito prestado pelas mães portadoras como "práticas legítimas e de louvar".

5 — Alguns aspectos judiciais da "Baby M" (Melisa). Argumentos equacionados pelos Tribunais.

6 — Breve indicação de associações que se propõem facilitar o recurso a mães portadoras. O Relatório Benda e as Recomendações da Comissão Warnock e do C.A.H.B.I. sobre a ilegalidade dos contratos de maternidade substitutiva. A Resolução do Parlamento Europeu de 16/3/1989 sobre Procriação

Artificial Humana e algumas referências a leis estrangeiras. Posição do Projecto Português sobre a Utilização de Técnicas de Procriação Artificial Assistida elaborado pela Comissão Para o Enquadramento Legislativo das Novas Tecnologias. A Proposta Portuguesa de Lei n.º 135/VII de 1 de Agosto de 1997 sobre Técnicas de Procriação Medicamente Assistida.

7 — Vazio legislativo no quadro jurídico português. Será válido o contrato de aluguer de útero?
Defesa de que é nulo e de nenhum efeito todo o negócio jurídico com a mãe hospedeira, nomeadamente por aplicação analógica do número 3 do artigo 1982.º do Código Civil. Outras disposições do mesmo Diploma.

8 — As realidades fácticas e as legalidades ou ilegalidades das práticas em questão. Alguns casos e contradições.
Solução proposta.

MÃES PORTADORAS

1 — "Sarai, mulher de Abrão, que não lhe dera filhos, tinha uma escrava egípcia, chamada Agar. Sarai disse a Abrão: « Visto que o Senhor fez de mim uma estéril, peço-te que vás ter com a minha escrava. Talvez, por ela, eu consiga ter filhos ». Abrão anuiu à proposta de Sarai. Então Sarai, mulher de Abrão, tomou Agar, sua escrava egípcia, e deu-a por mulher a Abrão, seu marido, depois de Abrão ter vivido dez anos na terra de Canaã. Ele abeirou-se de Agar e ela concebeu" ([197]).

GÉNESIS, CAP. XVI, VERS. 1-4.

"Vendo que não dava à luz filhos a Jacob, Raquel começou a ter inveja da sua irmã e disse a Jacob: «Dá-me filhos ou então morro!» E Jacob irritou-se com Raquel, e disse-lhe: «Julgas-me capaz de substituir Deus que te recusou a fecundidade?» Ela respondeu: «Aqui tens a minha serva Bilha, vai ter com ela. Que dê à luz sobre os meus joelhos; assim, por ela, eu também terei filhos». Deu-lhe, pois a sua serva Bilha por mulher, e Jacob aproximou-se dela. Bilha concebeu e deu um filho a Jacob" ([198]).

GÉNESIS, CAP. XXX, VERS. 1-6.

([197]) A Lei Mesopotâmica, Código de Hammurabi, embora favorável à monogamia, autorizava o marido, no caso de a mulher ser estéril, a ter relações sexuais com outra mulher com intuito procriativo, ou dava à mulher estéril a faculdade de oferecer ao marido a sua própria escrava para que tivesse filhos. Segundo aquele Código, o filho da escrava ficava excluído da herança.

([198]) Procedimento semelhante ao descrito na narração bíblica anterior. Segundo a Lei de Hammurabi, a esposa que procedesse deste modo não podia ser repudiada por causa da sua esterilidade. A infecundidade era considerada como um opróbrio para as mulheres israelitas.

Por mãe portadora entende-se a mulher que se obriga por contrato a suportar a gravidez por conta de outrem e a entregar a criança depois do parto ([199]) ([200]) ([201]).

([199]) Os acordos com fins reprodutivos estabelecidos entre um casal e uma outra mulher, nas suas modernas manifestações, existem há cerca de 20 anos na Europa e há mais tempo nos E.U.A.

Neste sentido GUILHERME DE OLIVEIRA, *Mãe há só (uma) duas! O contrato de gestação*, cit., pág. 14, escreve: "Dispensando-me de indagações históricas, apenas registo os antecedentes próximos do fenómeno, que nos reportam às investigações conduzidas em 1955, nos E.U.A.: tornou-se público que, apesar de haver nessa época crianças adoptáveis em número suficiente para satisfazer os casais inférteis que pretendiam um filho, alguns interessados pagaram milhares de dólares para obter uma criança, e eram usadas prostitutas para gerar os fihos e entregá-los a seguir ao nascimento.

Esta revelações conduziram à publicação de leis em todos os Estados da União, contra a "venda de crianças". Este quadro legal tem reflexos importantes na apreciação moderna do contrato de gestação para outrem: por outro lado, os contratos conhecidos são negócios onerosos, isto é, incluem o pagamento de um preço em favor da mulher que gera e entrega o filho; e ainda os adeptos da validade destes negócios têm tentado distingui--los dos casos de «venda de crianças» propriamente dita".

([200]) A título de curiosidade parece-me interessante lembrar o papel das antigas amas profissionais que não só tomavam conta das crianças como as criavam e amamentavam. Se actualmente a sua função se limita apenas a algumas horas por dia (com amamentação excluída), no século XIX e princípios do século XX, a criança era entregue à ama durante dois ou três anos para que a amamentasse e criasse. Nos arredores de Paris existiam várias instituições que acolhiam as amas profissionais. O seu número era elevado como demonstram as fotografias que cada ama tirava com o "seu" (ou "seus") bébé e que enviavam às respectivas famílias.

MICHELLE GOBERT, *Réflexions sur les sources du droit et les principes d'indisponibilité du corps humain et de l'état des personnes*, «Revue Trimestriel de Droit Civil», 91, 3, Paris,1992, pág. 511, sublinha que se o princípio da indisponibilidade do corpo humano alguma vez existiu, este exemplo constitui uma excepção que não deve ser negligenciada. Temos conhecimento que não era dispensado qualquer tipo de protecção às amas mas somente às crianças. Tal situação poder-se-á explicar pelo facto de o leite humano não ser o corpo humano. O leite, as unhas, o cabelo são apenas produtos do corpo que dele se podem separar.

([201]) Por exemplo, entre os Mossi, do Alto Volta, os chefes têm diversas mulheres (dez, quinze, vinte) algumas das quais podem ser estéreis. Para "esconder" a esterilidade, os bébés nascidos são divididos por todas as mulheres (inclusivé pelas que não são fecundas). Todas elas criam as crianças como se fossem seus filhos (mesmo que na realidade não o sejam). Existem expressões diferentes para designar as mães que deram à luz e as restantes. As crianças só poderão conhecer a verdadeira identidade genética da sua mãe quando atingirem a idade adulta. E tais dados só são revelados para evitar casamentos dentro da mesma família.

2 — Malherbe alerta para os riscos da dissociação da família na procriação medicamente assistida ([202]).

As técnicas actualmente disponíveis permitem "construir" uma criança com a contribuição de seis pessoas diferentes.

Podemos hoje falar numa tridimensionalidade procriativa. Neste sentido, teríamos uma dimensão orgânica, física e simbólica. Na primeira incluiríamos o pai/mãe genético (dador de esperma/óvulo); na dimensão física a mãe/pai gestacional (mãe portadora e seu companheiro) e na simbólica o pai/mãe adoptivos.

A maternidade deixou de poder ser definida de modo simples e categórico. Em causa o velho axioma "mater semper certa est, etiam si vulgo conceperit" ([203])?

Com as mães portadoras pretende-se criar uma situação em que pelo menos um dos elementos do casal (o homem) tem quase sempre uma ligação genética com a criança. No casal adoptante pelo contrário tanto a mulher como o homem estão em igualdade de condições face aquela criança que não pertence geneticamente a nenhum deles mas que ambos adoptam. Existe uma simetria e uma igualdade dos membros do casal.

Nos casos das mães portadoras ou nas doações de esperma de terceiro configura-se uma situação complicada na medida em que se gera uma assimetria no casal susceptível de acarretar problemas.

3 — Há quem distinga mãe portadora de mãe substitutiva.

A primeira é aquela que recebe o óvulo já fecundado. Podem ser configurados diversos casos, mas o mais frequente é o da mãe portadora que aceita albergar no seu útero o embrião formado pelos gâmetas de um casal mas cuja mulher não pode, sob risco de aborto, outro perigo ou razão, assumir ela própria a gestação.

A mãe substituta ou de substituição é a que é inseminada com esperma puro sendo ela, portanto, a fornecer o elemento fertilizante necessário à concepção ([204]).

([202]) J. F. MALHERBE; *Éthique et fécondation in vitro: La position de L' Université Catholique de Louvain,* in «*Procréation artificielle où en sont l'éthique et le droit?*», Éd. Alexandre Lacassagne, Lyon, 1989, pág. 199 e seguintes.

([203]) Paulus, Dig. 2. 4. 5.

([204]) Ao longo deste trabalho usaremos indistintamente os termos portadora, de aluguer, hospedeira, substitutiva, substituta, de substituição.
Na Alemanha são correntes os seguintes termos: ammenmutherschaft ou tragemutterschaft (casos em que a mãe portadora recebe o óvulo já fecundado); ersatzmutterschaft

As questões decorrentes das mães portadoras são inúmeras e, desde logo, a validade do competente negócio jurídico na falta de norma disciplinadora.

4 — Há quem equipare a mãe portadora a uma prostituta. R. Nerson e J. Rubellin-Devicchi salientam que "as mulheres alugam o seu corpo por dinheiro, para ajudar os casais estéreis... Mas um motivo tão nobre não justifica, não impede que o contrato se assemelhe significativamente ao contrato de prostituição" [205].

Nesta linha de orientação, Atias define a prostituição como a atitude que consiste em empregar o corpo através de remuneração numa actividade de natureza sexual com o fim de satisfazer outrém, para chegar à conclusão que a mãe portadora é uma prostituta e que os contratos de aluguer do útero se enquadram no âmbito do artigo 334.º do Código Penal Francês, o mesmo será dizer que é susceptível de ser acusado de proxenetismo todo aquele que redija tais contratos [206].

Em sentido contrário, F. Dolto defende que "a gratuitidade é perversa", é inaceitável que uma família não ofereça nada em troca de tal dádiva. E acrescenta: "estabeleçamos o paralelo com as crianças que estão ao cuidado de amas. Ninguém põe em causa que estas devem ser remuneradas por esse trabalho e que a sua remuneração seja superior ao custo de manutenção da criança" [207].

Porém, Sériaux considera estas práticas legítimas, chegando mesmo a afirmar que tais atitudes são de louvar [208].

---

ou leihemutterschaft (quando a mãe hospedeira recebe esperma puro); e, ainda, mietmutterschaft (situações em que a mãe de aluguer é remunerada).

Os italianos empregam a denominação madre substituta.

Em língua francesa utilizam-se as expressões: mère porteuse, mère de substitution, maternité de substitution, maternité substituée, maternité pour autrui, maternités dissociées, maternité gestationnelle, maternité utérine, location d'utérus, contrat de substitution, etc.

E pelos autores de língua inglesa, surrogate mother, gestational mother, surrogacy arrangements e womb leasing.

[205] Citado por MICHELLE GOBERT, *Réflexions sur les sources du droit et les principes d' indisponibilité du corps humain et de l' état des personnes*, cit., pág. 506, nota 62.

[206] CHRISTIAN ATIAS; *Le contrat de substitution de mère*, «Dalloz. Chron». IX, Paris, 1986, pág. 80.

[207] F. DOLTO, *Genétique, procréation et droit*, Acte du Colloque, Actes Sud, 1985, pág. 75.

[208] SÉRIAUX, Note sous Civ. 1 re, 13 Déc. 1989, J. C. P., 1990, II, 21256.

Penso que são dois tipos de exploração do corpo em que se parte de vivências a que associamos a afectividade. Doá-las ou comercializá-las desumaniza-as, despoja-as de toda a afectividade.

Não concordo que se possa proceder a uma equiparação entre a mãe hospedeira e a prostituta ([209]). Caso contrário, teríamos que entender que a inseminação artificial de uma mulher num consultório médico, numa clínica ou num hospital seria equivalente a uma relação sexual !...

São situações diferentes: na prostituição masculina ou feminina há sempre vários parceiros e as competentes remunerações.

5 — Em consequência de vazio legal, tribunais de diversos ordenamentos jurídicos têm decidido de maneiras diferentes.

Um dos mais famosos bébés nascidos com recurso a mães portadoras foi Melissa, mais conhecida por "Baby M". Em 1987 o casal Stern dirigiu-se ao New York City Infertility Center para tentar encontrar uma solução viável para o seu problema de infertilidade. Elisabeth Stern (quarenta e um anos) foi aconselhada a não engravidar por sofrer de esclerose multipla. Simultaneamente Mary Beth Whitehead (vinte e nove anos) ofereceu-se como mãe hospedeira nesse mesmo centro. Após ter sido submetida a um rigoroso exame por um grupo de ginecologistas e psicólogos, Mary Whitehead foi considerada apta para receber o sémen de William Stern.

No contrato celebrado (com o acordo de todos — Mary Whitehead e o seu marido Richard, Elisabeth e William Stern —) Mary Whitehead renunciava a todo e qualquer direito de mãe sobre a criança e comprometia-se a, logo após a inseminação artificial, não fumar, não beber, nem consumir drogas durante a gravidez e a abortar caso fosse detectada qualquer anomalia no feto.

Por seu turno o casal Stern responsabilizava-se por todas as despesas médicas e legais, assim como por pagar à mãe portadora a quantia acordada (dez mil dólares).

([209]) Não é fácil definir prostituição, embora se constate que estamos perante um conceito comum à generalidade das pessoas. Solon defendeu que tem de haver variedade de indivíduos não escolhidos pela mulher e remuneração. S. Jerónimo considera prostituta a que se entrega ao vício de muitos não referindo o pagamento do acto. Hoje, Litz, Rank, entre outros defendem que para se falar em prostituição é necessário o pagamento do preço estipulado e pluralidade de homens. Este conceito parece o mais simples e correcto.

Num outro contrato estipulou-se o pagamento de sete mil e quinhentos dólares ao New York City Infertility Center.

Contudo, depois do parto, Mary Whitehead pediu a Elisabeth e William Stern para ficar mais alguns dias com a bébé, alegando estar a atravessar grave crise depressiva.

Todavia, alguns meses depois recusou a entrega definitiva da criança (a quem já tinha dado o nome de Sarah) ([210]). Dada a situação o casal Stern recorreu aos tribunais.

O Tribunal de New Jersey reconheceu a força vinculativa do contrato ao ponto de satisfazer a pretensão de execução específica, decidindo que a bébé fosse entregue ao casal Stern, devendo Elisabeth Stern adoptá-la ([211]).

O juiz Harvey Sorkow proferiu a sentença com base nos seguintes argumentos:

— William e Elisabeth Stern constituem um casal estável e com recursos económicos para proporcionar à criança um lar.

— Pelo contrário, o casal Whitehead tem tido vários conflitos, separações e problemas de insolvência. Além disso, Richard Whitehead é alcoólico.

— O contrato de aluguer do útero não se encontra subordinado à proibição da venda de crianças; William Stern não pode ser acusado de comprar uma criança uma vez que ele é o pai genético (biológico).

— Estes contratos devem ter o valor jurídico normal uma vez que não há nenhuma disposição legal a proibi-los ficando, assim, as partes adstritas ao seu cumprimento integral.

O casal Whitehead inconformado recorreu da sentença.

O caso foi apreciado em 1988 pelo Supremo Tribunal de New Jersey como se se tratasse de uma regulamentação do exercício do poder paternal de pais separados, embora com uma maior interferência do juízo do tribunal, para tutela dos interesses da criança e dos interesses públicos ([212]).

([210]) Este tipo de disputa é muito antigo. A título de curiosidade chamo à colação a célebre sentença de Salomão, prova de sua notória sabedoria, ao dirimir o conflito existente entre duas mulheres que se diziam mãe da mesma criança. A ordem dada por Salomão para que se dividisse a criança ao meio é interpretada como sendo um estratagema para descobrir a verdadeira progenitora, através de uma demonstração de amor. Brecht renovou a história na sua lenda do círculo de giz, em que uma vez mais, o verdadeiro afecto pôs termo à querela entre duas mulheres pela posse de uma criança. Em ambos os casos, prevaleceu o que na linguagem de hoje se designa de "best interest of the child".

([211]) New Jersey Court, F. L. R., 7 de Abril de 1987, vol.13, n.º 22.

([212]) Sentença de 3 de Fevereiro de 1988.

Foi decidido que a bébé deveria ficar com as pessoas que reunissem melhores condições para a educar. A função do contrato foi desvalorizada apesar de se ter admitido que em reformas legislativas posteriores esses acordos pudessem ser reconhecidos.

Foram aduzidos os seguintes argumentos:

— É condenável o pagamento utilizado nesses contratos: as crianças quando tiverem conhecimento desse facto sentir-se-ão instrumentalizadas; as mães portadoras são tentadas a "vender" os seus filhos; os pais serão aqueles que reunirem melhores condições económicas para "comprar" filhos; as clínicas e centros médicos tenderão a facilitar as situações, etc.

— Além disso, esse pagamento é muito parecido com o que é proibido por lei na adopção.

— O direito constitucional à procriação traduz-se na possibilidade de ter filhos pelas vias naturais ou por meio das técnicas de procriação artificial ; não se pode alegar que o exercício desse direito foi retirado a William Stern.

— Nenhuma mulher pode renunciar previamente à sua condição de mãe por meio de um contrato.

—À face da lei William Stern e Mary Whitehead são os pais da bébé.

— A adopção decretada a favor de Elisabeth Stern caduca uma vez reconhecida a condição de mãe a Mary Whitehead.

— Como os dois progenitores da criança — William Stern e Mary Whitehead — não formam um casal cabe ao tribunal averiguar e decidir qual deles reune melhores condições para ficar com a criança.

— Tais situações não podem ser resolvidas por contrato (especialmente quando estes são celebrados ainda antes do nascimento).

O tribunal chegou à conclusão que a criança deveria ficar eom o casal Stern ([213]).

Penso que se deveria ter tido em consideração o facto de saber se a mãe portadora foi inseminada com esperma puro (sendo, ela, assim, a ceder o óvulo) ou se recebeu o óvulo já fecundado.

6 — Em França diversas associações facilitam o recurso a mães hospedeiras. São os casos nomeadamente da "Association pour l' Insé-

---

([213]) GUILHERME DE OLIVEIRA, *Mãe há só (uma) duas! O contrato de gestação*, cit., pág. 94.

mination Artificielle par Substitution" (A. N. I. A. S.) que se propõe estabelecer os contactos entre as mães portadoras e os casais estéreis, e da Associação "Mères d'Accueil" que põe em paralelo o aluguer de útero e a doação de esperma.

Nos E.U.A. foram fundadas inúmeras associações tais como o "National Center for Surrogate Parenting" (N.C.S.P.) em Washington, o "Infertility Center of New York" em New York e o "Surrogate Parent Foundation" (I.N.C.) na California [214].

Porém, o Relatório BENDA exprime uma oposição de princípio a toda a forma de maternidade substitutiva e recomenda ao legislador a sua proibição [215]. O 88º Congresso dos Médicos Alemães seguiu orientação semelhante.

Numa Recomendação da Comissão Warnock estabelece-se que todos os acordos em vista de uma maternidade de substituição são ilegais não podendo ser executados pelos tribunais [216].

---

[214] Nos E.U.A. é cada vez maior o número de advogados especializados nesta área. Já em 1984, ROBERT CLARKE, Ob. cit., pág. 135, dá exemplo de uma tabela de custos dos contratos de substituição, que julgo de manifesto interesse:
SHERWYN E HANDEL
Advogados
8477 Wilshire Blvd, Suite 306
Beverly Hills Ca 90 211
(213) 655 1974
Custo aproximado dos contratos de substituição em dólares:
Honorários legais, incluindo os que dizem respeito à adopção final (sem despesas de tribunal). Por favor, leia com atenção o contrato que especifica todas as excepções 6000
Honorários psicológicos, compreendendo os exames às duas partes e os conselhos psicológicos à mãe de substituição durante a gravidez 2500
Custo dos actos médicos, compreendendo o exame físico e o do esperma do marido, o exame da mãe de substituição, o preço da inseminação, os cuidados pré-natais e de parto.
Estes preços dependem muito do facto de a mãe de substituição ter ou não o seu próprio seguro e da atitude da companhia de seguros .... 3000 a 7000
Honorários da mãe de substituição 12000
Despesas relativas a seguros, incluindo o seguro de vida da mãe de substituição e o seguro de saúde, se esta não o tiver .... 500 a 1000
Despesas várias, incluindo as de publicidade, justiça, farmácia, conselhos externos, despesas durante a gravidez 3000
Estes custos são aproximados e variam conforme os casos.

O C.A.H.B.I. recomenda que os contratos ou acordos celebrados com mães de aluguer não tenham valor jurídico ([217]).

O Parlamento Europeu numa Resolução sobre Fecundação Artificial In Vivo e In Vitro é da opinião que qualquer forma de maternidade de substituição é, em geral, de rejeitar: a mediação comercial com mães hospedeiras deve ser sujeita a sanções e devem ser proibidas as empresas que exerçam tal actividade, bem como o comércio de embriões e gâmetas ([218]).

No Reino Unido o "Surrogacy Arrangements Act" de 1985 proibe os chamados "surrogacy arrangements" ([219]).

([215]) Relatório Benda, págs. 34-36.
([216]) Comissão Warnock, Recomendação n.º 58, Dév. 8-19.
([217]) Nos termos do preceituado no Princípio 15 da Recomendação do C.A.H.B.I. sobre Procriação Artificial Assistida:

"Aucun médecin ou établissement ne doit utiliser les techniques de procréation artificielle pour la conception d' un enfant qui sera porté par une mère de substitution.

Aucun contrat ou accord entre une mère de substitution et la personne ou le couple pour le compte de laquelle ou duquel un enfant est porté ne pourra être invoque en droit.

Toute activité d' intermediaire à l' intention des personnes concernées par une maternité de substitution doit être interdite, de même que toute forme de publicité qui y est relative.

Toutefois, les États peuvent, dans des cas exceptionnels fixés par leur droit national, prévoir, sans faire exception au paragraphe 2 du présent principe, qu' un médecin ou un établissement pourra proceder à la fécondation d' une mère de substitution en utilisant des techniques de procréation artificielle, à condition:
a. Que la mère de substitution ne retire aucun avantage materiel de l' operation; et
b. Que la mère de substitution puisse à la naissance choisir de garder l' enfant.

([218]) Princípio 11 da Resolução do Parlamento Europeu de 16/3/1989 sobre Fecundação Artificial In Vivo e In Vitro.

([219]) No "Surrogacy Arrangements Act" por "surrogate mothers" entende-se "a woman who carries a child in pursuance of an arrangement made before she began to carry the child, and made with a view to any child carried in pursuance of it being handed over to, and the parental rights being exercised (so far as practicable) by, another person or other persons".

A proibição dos "surrogacy arrangements" é feita nos seguintes termos:
— "No person shall on a commercial basis do any of the following act in the United Kingdom, that is:
— Initiate or take part in any negotiation with a view to the making of surrogacy arrangements;
— Offer or agree to negotiate the making of a surrogacy arrangement; or
— Compile any information with a view to its use in making, or negotiating the

Cinco anos depois o Human Fertilisation and Embriology Act determinou que: "No surrogacy arrangement is enforceable by or against any of the persons making it" ([220]).

No Estado do Nebraska, em 1987, foi apresentado um projecto de lei no sentido de só ser admitido o contrato de gestação gratuito ([221]).

Em Espanha a Lei 35/1988 de 22 de Novembro comina com nulidade todo o contrato de gestação segundo o qual uma mulher renuncia à maternidade em favor de outrem e estipula que a filiação das crianças nascidas com recurso a mães portadoras é aferida pelo parto ([222]).

A Lei Alemã de Defesa do Embrião pune com pena de prisão até três anos ou multa todo aquele que proceda à fecundação artificial numa mulher que esteja disposta a ceder definitivamente o seu filho a terceiros após o nascimento (mãe de substituição) ou que transfira para ela um embrião humano ([223]).

Recentemente foi introduzido no Código Civil Francês uma disposição (artigo 16-7) que proibe os contratos de gestação uterina ([224]).

Por seu turno o Código Penal Francês sofreu, também, algumas alterações ([225]).

---

making of surrogacy arrangements; and no person shall in the United Kingdom knowingly cause another to do any of those acts on a commercial basis".

([220]) Human Fertilisation and Embriology Act, n.º 36, 1 A.

([221]) Nebraska Legislature Comitee-Surrogate Motherhood, 1987.

([222]) O artigo 10.º da Lei Espanhola 35/1988 de 22 de Novembro sobre Técnicas de Reprodução Assistida disciplina:

"1 — Será nulo de pleno derecho el contrato por el que se convenga la gestación, con o sin precio, a cargo de una mujer que renuncia a la filiación materna en favor del contratante o de un tercero.

2 — La filiación de los hijos nacidos por gestación de substitución será determinada por el parto.

3 — Queda a salvo la posible acción de reclamación de la paternidad respecto del padre biológico, conforme a las reglas generales".

([223]) § 1, 1, 7 da Lei 745/1990 de Defesa do Embrião.

([224]) Redacção dada pelo artigo 3.º da Lei 94-653 de 29 de Julho de 1994 relativa ao respeito do corpo humano:

"Toute convention portant sur la procréation ou la gestation pour le compte d' autrui est nulle".

([225]) Nos termos do artigo 4.º da Lei 94-653 de 29 de Julho de 1994 o artigo 227--12 do Código Penal é acrescido de duas novas alíneas:

"Est puni des peines prévues au deuxième alinéa le fait de s' entremettre entre une personne ou un couple désireux d' accueillir un enfant et une femme acceptant de porter

O Projecto Português sobre a Utilização de Técnicas de Procriação Artificial Assistida, elaborado pela Comissão Para o Enquadramento Legislativo das Novas Tecnologias, proibe o recurso às mães de substituição e declara nulo o contrato ([226]) punindo com prisão até três anos quem habitualmente ou com fins lucrativos promover esses acordos ([227]).

A Proposta Portuguesa de Lei n.º 135/VII de 1 de Agosto de 1997 sobre Técnicas de Procriação Medicamente Assistida não permite a maternidade de substituição e comina com nulidade todo o negócio jurídico, gratuito ou oneroso, com essa finalidade. E estipula que a promoção, por qualquer meio, da maternidade de substituição constitui crime ([228]).

Mil problemas se podem equacionar:

Será que a mãe que aceita "albergar" no seu útero (mães de aluguer, portadoras, hospedeiras ou de substituição) um ser que depois entregará

---

en elle cet enfant en vue de le leur remettre. Lorsque ces faits ont été commis à titre habituel ou dans un but lucratif, les peines sont portées au double.

La tentative des infractions prévues par les deuxième et troisième alinéas du présent article est punie des mêmes peines".

([226]) O artigo 5.º (**Maternidade de substituição**) determina:

"1 — Não é permitido o recurso a mãe de substituição, quer esta contribua ou não com os seus óvulos.

2 — Considera-se mãe de substituição a mulher que se obrigue, por contrato, a suportar a gravidez por conta de outrem e a entregar a criança depois do parto.

3 — O contrato a que se refere o número anterior é nulo, quer se tenha estipulado ou não uma retribuição pelo serviço prestado".

([227]) O artigo 47.º (**Promoção de maternidade de substituição**) disciplina:

"Quem habitualmente ou com intuito lucrativo, se dedicar à promoção de acordos pelos quais uma mulher se obrigue a suportar uma gravidez por conta de outrem e a entregar a criança depois do parto será punido com prisão até 3 anos".

([228]) Nos termos do artigo 6.º (**Mãe de substituição**):

"1 — É proibido o recurso à maternidade de substituição.

2 — Para efeitos do disposto no número anterior, entende-se por maternidade de substituição qualquer situação em que a mulher se disponha a suportar uma gravidez por conta de outrem e a entregar a criança após o parto, renunciando aos poderes e deveres próprios da maternidade.

3 — São nulos os negócios jurídicos, gratuitos ou onerosos, de maternidade de substituição.

4 — A mulher que suportar uma gravidez em substituição de outrem é havida para todos os efeitos legais como a mãe da criança que vier a nascer".

Por seu turno, o artigo 30.º (**Promoção de maternidade de substituição**) dispõe:

"A promoção, por qualquer meio, designadamente através de convite directo ou por interposta pessoa ou de anúncio público, de maternidade de substituição constitui crime, punido com pena de prisão até três anos".

a outrém, mediante, na maior parte dos casos, uma contrapartida financeira, zelará por essa criança nas mesmas circunstâncias que o faria se esse bébé permanecesse consigo após o nascimento (ex: consumo de tabaco, álcool, drogas, etc)?

E se nenhum dos contraentes depois do nascimento quiser a criança? Como resolver as situações semelhantes à do casal americano que recorreu a uma mãe portadora e que durante a gravidez desta se divorciou exigindo que abortasse (o que aliás conseguiu)?

E se a mãe de aluguer falecer durante o parto: quem é o responsável pela sua morte?

A mãe hospedeira pode recusar-se a entregar o bébé?

A mãe que "encomenda o filho" (sem ter dado qualquer contribuição biológica ou genética para o seu nascimento) pode rejeitá-lo caso este tenha alguma deficiência como se se tratasse de um produto industrial ([229])?

7 — A celebração de contratos de "aluguer" de útero tem gerado na doutrina e na jurisprudência opiniões contraditórias.

Considero que é nulo e de nenhum efeito todo o contrato (gratuito ou oneroso) que tenha por objecto a procriação ou a gestação de um ser humano por métodos naturais ou por inseminação ou fecundação artificial, com obrigação por parte da mãe hospedeira de entregar o filho logo que nasça e, ainda, com a obrigação de se abster de quaisquer contactos com a criança.

Este negócio está ferido de nulidade absoluta porque o seu fim é contrário à lei, à própria dignidade humana e ofensivo dos bons costumes nos termos do artigo 280.º do Código Civil ([230]).

([229]) Nos E.U.A., em 1983, um homem "alugou" por 10000 dólares o útero de uma mulher casada (com o consentimento do marido desta) para nele fazer implantar um óvulo fecundado com o seu esperma. O contratante determinou que durante um mês a mulher não podia manter relações sexuais. Após o nascimento da criança, verificou-se que era mongolóide. O pai biológico não só se recusou a pagar o preço acordado, como também, a receber o bébé. A mãe de substituição, por sua vez, também não quis a criança

([230]) RABINDRANATH V. A. CAPELO DE SOUSA na sua notável Tese de Doutoramento, *O Direito Geral de Personalidade*, cit., pág. 226, defende que: "Serão ilícitos e nulos, por contrários à ordem pública (arts. 81.º, n.º 1, e 280.º, n.º 2, do Código Civil) e ofensivos dos bons costumes (art. 280.º, n.º 2, do Código Civil), os contratos em que a «mãe de substituição», gratuita ou, na maioria dos casos remuneradamente, se obriga a ser inseminada ou fertilizada, desenvolver a gravidez com normalidade e até ao seu termo e a renunciar aos seus direitos sobre a criança, comprometendo-se a abandoná-la ou a dá-la em adopção".

Efectivamente, esses contratos incidem sobre realidades insusceptíveis de serem comercializadas tais como a maternidade e a filiação ([231]).

Podemos, também, questionar a validade desses contratos com base no número 1 do artigo 81.º daquele Diploma na medida em que a sua celebração configura um caso de renúncia antecipada a um direito de personalidade (estatuto jurídico de mãe) ([232]).

A rejeição da mãe de aluguer à criança que transportou no seu ventre constitui a negação do estatuto de mãe, a abdicação ao que a mulher é naquele momento determinado: mãe.

As normas relativas ao estado das pessoas são de ordem pública. Não pertence aos particulares torneá-las convencionalmente e, designadamente à mãe de aluguer renunciar antecipadamente à sua condição de mãe, comprometer-se a consentir na adopção ou permanecer no anonimato.

Pelas mesmas razões também não compete ao marido da mãe hospedeira obrigar-se a renunciar à criança nascida da sua mulher e de um outro homem cujo reconhecimento feito por este último não pode prevalecer sobre a presunção de paternidade do marido se esta não for contestada com sucesso. Porém, a legislação civil portuguesa proíbe a impugnação de paternidade com fundamento em inseminação artificial ao cônjuge que nela consentiu ([233]).

O artigo 1882.º do Código Civil Português é claro ao estipular que: "os pais não podem renunciar ao poder paternal nem a qualquer dos direitos que a lei lhes confere, sem prejuízo do que neste código se dispõe acerca da adopção". Por outro lado, a confiança com vista a futura adop-

---

([231]) ORLANDO GOMES defende que a vida humana é indisponível e, consequentemente, não se pode constituir em objecto de comércio; "uma vez que a idoneidade do objecto é pressuposto da validade, a consequência da sua falta é a nulidade do contrato", *Direito da Família*, Ed. Forense, Rio de Janeiro, 1977.

([232]) Este artigo referencia a "noção de ordem pública". Todavia, o número 2 do artigo 340.º apela "aos bons costumes". Por sua vez o número 2 do artigo 280.º determina que é nulo o negócio contrário à ordem pública, ou ofensivo dos bons costumes.

([233]) Certos autores estabelecem um paralelo entre o consentimento do marido na inseminação artificial da mulher por outro homem no qual se afasta a importância da paternidade (Código Civil artigo 1839.º, n.º 3), e o consentimento da mãe de aluguer na implantação do óvulo fecundado. GUY RAMOND defende que o consentimento da mãe portadora é suficiente para criar um fundamento para a filiação, do mesmo modo que a vontade individual condiciona a filiação adoptiva, *La procréation artificielle et le droit français*, Doctrine, 1983, citado por PAULA MARTINHO DA SILVA, Ob. cit., pág. 77).

ção tem que ser decidida judicialmente segundo o preceituado no artigo 1978.º deste Diploma.

Além disso, mesmo que se considerasse que o contrato era válido e que a mãe portadora teria de entregar a criança, ela deverá ter o direito de se arrepender. É, no fundo, a aplicação do preceituado no número 2 do artigo 81.º do Código Civil segundo o qual quando uma pessoa pode, licitamente, dispor de direitos de personalidade tem poder para revogar esse acto.

A proibição de celebrar tais contratos poder-se-á ainda fundamentar na aplicação por analogia do número 3 do artigo 1982.º do Código Civil [234].

Segundo o preceituado nesta norma a mãe só pode prestar validamente o seu consentimento para a adopção plena seis semanas após o nascimento da criança [235].

Do teor deste artigo podemos extrair, assim, a ideia de que não é válido renunciar antecipadamente à condição jurídica de mãe, é nulo um consentimento antecipado.

Com efeito, se o legislador português quando da elaboração desta disposição entendeu necessário rodear com todas estas precauções o consentimento prestado pela mãe na adopção plena, também não se poderá reputar válido o consentimento dado pela mãe portadora antes do nascimento da criança.

Considera-se, portanto, que um consentimento livre, esclarecido e consciente só poderá ter lugar depois de decorrido esse período.

Uma outra razão que se pode aduzir reside, precisamente, no facto de que o fim que preside aos contratos de gestação ser, regra geral, o lucro, o que é, desde logo, de per si ilícito.

Em conclusão: o ser humano (a criança "produzida") não pode ser objecto do contrato, nem sequer por analogia com a adopção uma vez que neste caso a criança é ela própria (por representação) sujeito do contrato de adopção.

E será sempre pertinente perguntar: o aluguer do útero não constituirá um atentado à própria dignidade da mãe hospedeira? E, ainda, se o direito à integridade física ou moral num primeiro aspecto consubstancia

---

[234] GUILHERME DE OLIVEIRA, *Aspectos jurídicos da procriação assistida,* «Revista da Ordem dos Advogados», Ano 49, III, Dezembro de 1989, pág. 789.

[235] O consentimento antecipado não vale entre as partes e perante o Conservador do Registo Civil que está obrigado a registar como mãe a parturiente.

a protecção de ataques de terceiros não deve ser, também, extensivo aos ataques provenientes da pessoa contra si própria, como será o caso do aluguer do útero)?

Há, ainda, que sublinhar que estes contratos de aluguer do próprio corpo estão, regra geral, rodeados por todo um conjunto de cláusulas que colidem com a liberdade pessoal da mãe portadora, designadamente a obrigação de se submeter a uma amniocentese para detectar eventuais anomalias do bébé; de abortar se o diagnóstico for positivo; de renunciar a todos os direitos sobre a criança que alberga no seu útero; de realizar todo um conjunto de exames para avaliar do seu estado físico e psíquico; permitir que lhe sejam feitas todas as inseminações e transferências embrionárias necessárias à fecundação; a abstenção da prática de relações sexuais com o seu cônjuge sem preservativo até que a fecundação tenha lugar, etc (as já denominadas cláusulas de "estilo de vida").

Mas, e em síntese, os argumentos que decorrem do número 1 do artigo 81.º e do número 2 do artigo 280.º podem não merecer o apoio de muitos, considerando que as noções de "ordem pública" e de "bons costumes" podem ser controversas, de contornos imprecisos e variáveis no tempo e no espaço. As dificuldades de identificação e delimitação do conteúdo e limites dos bons costumes e de ordem pública podem gerar polémica e a remissão para ordens normativas de cariz religioso, moral, ético, social (extra-jurídicas, portanto) o que implica, regra geral, o privilegiar de determinado sistema moral ou ético cuja legitimidade não é pacífica numa sociedade aberta [236].

Pelo que, a meu ver, o instrumento técnico com maior força e clareza é, sem dúvida, a aplicação analógica do número 3 do artigo 1982.º.

É evidente que no quadro normativo português o consentimento antecipado é nulo, não há lugar à renúncia antecipada ao estado jurídico de mãe.

---

[236] Neste sentido as conclusões do Conselho Nacional de Ética para as Ciências da Vida no Parecer sobre a Protecção Jurídica das Invenções Biotecnológicas (7/CNE/94), "a indicação de conceitos, constantes da proposta de Directiva, como "dignidade da pessoa humana", "ordem pública", "bons costumes"... são genéricos e susceptíveis de várias interpretações, mas nem por isso deixam de ser essenciais e devem deixar de manter-se". — Conclusão n.º 5, pág. 24 —. E "Para tanto caberá aos Direitos Nacionais interpretar, acautelar e, sempre que necessário limitar tais conceitos". — Conclusão n.º 6, pág. 24 —.

A teia de interesses que são garantidos por aquele número 3 são análogos aos que se confrontam no contrato com a mãe de aluguer, muitas vezes celebrados antes do próprio início da gravidez ([237]) ([238]).

8 — Contudo, apesar de esses contratos serem nulos, não podemos descurar as consequências da sua violação. As realidades fácticas acabam por apresentar-se independentemente da legalidade ou ilegalidade das práticas em apreço.

As crianças que já nasceram e que nascerão fruto do recurso às mães de aluguer não devem, obviamente, ser objecto de sanção ou considerar-se inválidas ou inexistentes, nem se devem olvidar os seus laços de sangue com os pais genéticos.

Continuo a pensar ([239]) que a disposição normativa para disciplinar a matéria das mães portadoras poderia ser:

Artigo.....

1. Na reprodução humana não é permitido utilizar o processo das chamadas mães de aluguer, portadoras ou hospedeiras.

2. No caso do não cumprimento do determinado no número anterior, será considerada mãe legal a que recebeu o esperma puro, pela sua maior participação na gestação do filho; na hipótese da inseminação ser feita com a utilização de óvulo já fecundado, a mãe legal será a genética.

3. Quando não for possível determinar a mãe genética será tida como mãe legal a parturiente.

Deste modo, a regra de ouro de que a mãe é a mulher que gera e tem o parto (número 1 do artigo 1796.º), norma aliás comum aos quadros jurídicos da chamada cultura ocidental, teria de ser substituída pelo princípio do respeito ao direito da mãe genética ([240]).

([237]) Também não está prevista qualquer intervenção da sanção penal para lá da que resulta da mulher fazer registo de um filho como seu quando na verdade o parto foi de outrem (crime de "falsificação do estado civil", artigo 248.º do Código Penal).

([238]) Os problemas decorrentes das mães portadoras ainda não tiveram lugar na sociedade portuguesa, ou o seu perfeito cumprimento e correspondente segredo não permitiu a sua exposição à curiosidade geral e à discussão nos tribunais.

([239]) Trabalho dactilografado, apresentado na Universidade, numa 1ª versão do estudo que depois foi publicado na «Revista Tribuna da Justiça», n.º 6, Outubro-Dezembro, 1990, págs. 83-112, com o título *Consequências da manipulação genética no direito das pessoas e na condição jurídica dos nascituros*.

([240]) Neste momento na falta de disposição legal, os interessados podem usar mecanismos jurídicos existentes e, por processos "ínvios" mas possíveis, conseguirem

A mãe portadora que forneceu o óvulo deve ser considerada a mãe legal. Foi ela que cedeu o material hereditário indispensável àquele nascimento. A individualidade do novo ser ficou definida a partir do momento da combinação entre os genes do pai e da mãe.

E, quem é a mãe no caso de tripla maternidade? A mãe genética (a dadora do óvulo)? A mãe uterina (a portadora)? A mãe social (a que cria e educa)?

Julgo que se deverá aplicar o critério anterior. A mãe será sempre a que forneceu o elemento biológico fundamental para a determinação do património genético da criança.

As correntes jusnaturalistas consideram que a relação estabelecida entre a mãe genética e a criança reveste natureza ontológica sendo, portanto, indisponível.

As mães de aluguer que contribuem, também, com os óvulos têm um papel activo fundamental no desenvolvimento da criança; o futuro do filho é condicionado, desde logo, pelo elemento fertilizante e pela vida intra-uterina (241) (242).

---

registos de paternidade e maternidade. Uma solução seria a mãe de aluguer abandonar o recém-nascido e este ser adoptado plenamente pelo casal que recorreu à mãe portadora. Se o casal viver em união de facto, um de ambos adoptaria a criança, ou o homem (no caso de ter fornecido o esperma) a reconheceria como filha podendo, ainda, a sua companheira adoptar a criança.

(241) A consideração de que a mãe portadora seria sempre a mãe legal envolveria necessariamente uma contradição: é extraordinariamente difícil conceber que a mãe genética (dadora do óvulo) tivesse que recorrer ao tradicional processo de adopção para a criação de um vínculo de filiação com o seu próprio descendente genético.

(242) GUILHERME DE OLIVEIRA, *Mãe há só (uma) duas! O contrato de gestação* —, cit., pág. 77, admite que os sistemas jurídicos venham, mais tarde ou mais cedo, a prever uma forma específica para determinar a identidade da mulher que deu o óvulo e quer o filho, e, a afastar o parto como factor determinante da maternidade. Sugere a organização de um processo semelhante ao previsto pela lei para o afastamento da paternidade de um filho de mulher casada, cujo nascimento é declarado com a indicação de que o marido não é o pai (artigo 1832.º do Código Civil). Seria, apenas, necessária a prova de que a gestação desenvolveu um embrião formado com os gâmetas de um casal.

CAPÍTULO X

ANONIMATO DO DADOR

SUMÁRIO

1 — Texto de Michel Quoist.
2 — O aspecto biológico é necessário mas deve ser complementado com c espaço fundamental que a família representa para o perfeito desenvolvimento do ser humano.
3 — Tese do anonimato do dador. Divisão na comunidade nacional e internacional.
4 — Duas posições principais. Texto programático da União Europeia de 10 de Fevereiro de 1982. Estado da questão em determinados quadrantes legislativos: Noruega, Espanha, França, e, Suiça, Suécia, Reino Unido. Resolução do Parlamento Europeu de 16/3/1989 sobre Fecundação In Vivo e In Vitro. O Relatório Benda (Alemanha).
5 — Divisão na doutrina portuguesa. Há conflito entre disposições do nosso direito positivo? Mais do que uma interpretação para o artigo 26.º da Constituição? Posição do Projecto da Comissão Para o Enquadramento Legislativo das Novas Tecnologias. Proposta de Lei n.º 135/VII sobre Técnicas de Procriação Medicamente Assistida de 1 de Agosto de 1997.
6 — Alguns argumentos carreados pelas duas teses e sua breve análise. Mas não será indiscutível o direito de conhecer a nossa origem genética para podermos ter dúvidas sobre nós próprios?

ANONIMATO DO DADOR

1 — "Hommes savants, et vous tous responsables des hommes,
Écoutez-le chanter, le petit enfant de demain:
De toute éternité j'attends, désir vivant du
Père, de partir en voyage pour mon long pèlerinage
Je viens de loin,
Je viens d'ailleurs,
Je viens en route,
En route depuis toujours.
J'ai besoin pour naître, d'un père qui soit mon père et
Père et mère, qui portent en leur coeur,
D'une mère qui soit mienne,
Bien avant qu'en leurs bras, il ne puissent me porter.
Mais je ne veux pas naître, de graines selectionnés aux
laboratoires des magiciens
pas même de semences donnés, par de généreux inconnus
qui offrent leur surplus.
J'ai besoin d'être fait dans un long cri d'amour,
rendez-vous réussi,
stupéfiante rencontre,
racine de bonheur, en la chair plantée.
Mais je ne veux pas naître, en vous éprouvettes sans coeur,
d'une étreinte glacée, de parents sans bras, sans lèvres, et sans chair
vivante.
J'ai besoin du ventre chaud de ma mère, pour me blottir dans l'ombre,
et du battement de son coeur,
qui rythme mon voyage, vers la sortie du part.
J'ai besoin des mains, des lèvres de mon père, sur le corps de ma
mère,
et de ses mots d'amour qui pleuvent sur les dunes, comme la rosée
de nuit sur les bourgeons naissants.

Mais je ne veux pas de ventre de location, où j'entendrais des chants que je n'entendrais plus,
Encore moins de sinistres congélateurs, où tremblant de solitude,
J'attendrais la chaleur d'un amour disponible,
qui ne savent plus que faire de mes trops nombreux frères ([243]).

2 — Este belíssimo texto, hino de louvor à paternidade real e em consonância com as linhas fundamentais que têm sido defendidas neste trabalho, sublinha em superiores termos filosóficos, éticos, sociais, jurídicos (e, ainda, literários) o valor da insubstituível relação familiar.

O aspecto biológico é necessário mas não é suficiente para criar a relação humana autêntica; e a paternidade não deve corresponder a uma operação puramente fecundativa. Não é a proveta sozinha que pode distribuir a paternidade em plenitude.

O ser humano é herdeiro de uma carga genética dos seus pais mas, também de um património cultural: fala a sua língua, recebe o seu nome, aprende os seus modos e hábitos e, ainda, de um património social: fica inserido num conjunto de relações sociais que não precisou escolher. Dissociar a estrutura do parentesco equivale a romper com o espaço fundamental que a família representa para o desenvolvimento do ser humano. Recorrer a uma inseminação artificial heteróloga ou a uma fecundação in vitro heteróloga conduz, necessariamente, a uma lógica global de dissociação do humano.

A criança "produzida" pela procriação assistida com esperma de dador arrisca-se a sentir-se filha de um homem de quem não é biologicamente filha e simultaneamente a sê-lo na realidade de quem não se sente filha.

A pessoa humana passará a ser cada vez menos familiar e cada vez mais socializada ([244]).

A criança, terceiro ser produzido por outros dois, é a imprescindível evidência da diversidade biológica e social do casamento. O homem recusa o incesto e procura precisamente o casamento fora do

---

([243]) MICHEL QUOIST, *Parle-Moi d'Amour*, Les Éditions Ouvrières, Paris, 1985, págs. 199-200.

([244]) JOÃO PAULO P. P. II, Discurso à Assembleia Geral das Nações Unidas (2 de Outubro de 1979), 21: AAS 71 (1979), 1159, in «Familiaris Consortio, Exortação Apostólica de João Paulo II sobre a Família», 1981, págs. 47 e 48.

grupo para garantir essa diversidade ou, se preferível, uma complementaridade imprescindível para aumentar o seu campo biológico e social ([245]).

3 — O direito ao conhecimento da identidade dos progenitores é posto em causa quando se defende o anonimato do dador. A comunidade nacional e internacional está dividida; não há consenso na doutrina, recomendações, projectos e leis de diversos países.

A biotecnologia pode dificultar ou mesmo impossibilitar o conhecimento pela pessoa da sua raíz genética.

Mistura-se, por vezes, sémen de vários dadores com o intuito determinado de impedir a identificação de um responsável biológico; são os chamados "cocktails de sémen".

Nos Estados Unidos da América foi denunciado um médico que a coberto do anonimato usava o seu próprio sémen para a prática de inseminações artificiais ([246]).

4 — Existem duas posições distintas: a dos países de influência anglo-saxónica e germânica que repudia o anonimato e a dos países de influência francesa que o preconiza.

Já em 1982 (10 de Fevereiro) a União Europeia publicou um texto programático, o denominado "Projecto de Recomendação sobre a Inseminação Artificial nos Seres Humanos" ([247]) saído do Comité Director para os Direitos do Homem do Conselho da Europa, solicitado pelo Comité de Ministros deste Conselho. É um trabalho de relevante valor jurídico

---

([245]) O factor familiar assume, deste modo, significado essencial na determinação jurídica da paternidade.
"A família é, ainda hoje o grande mediador cultural, nela se operando o segundo nascimento do homem como personalidade sócio-cultural, depois do primeiro nascimento como indivíduo físico. Assim dizem os sociólogos. Assim, também, o sentimos nós hoje", GELÁSIO ROCHA, *Os direitos da família e as modificações das estruturas sociais a que respeitam*, in «Temas de Direito da Família», Almedina, Coimbra, 1986, pág. 35.

([246]) Cecil B. Jacobson, 55 anos, casado e com 8 filhos (de sua mulher), médico especialista em inseminação artificial, foi acusado, perante o Tribunal de Alexandria, distrito de Virgínia, Washington, de ter inseminado as suas pacientes com o seu próprio esperma e gerado 75 filhos. Jacobson dizia que o esperma provinha de dadores anónimos mas, na realidade, usava o seu sémen.

([247]) Projecto de 10/2/82 (CM (82) 23). O anterior Projecto de 28/9/81 (AS/JUR (33) 22) foi rejeitado.

com o objectivo de promover nos Estados Membros uma legislação uniforme sobre a matéria. Este Projecto perfilhou a tese do anonimato ([248]).

A Lei Norueguesa 68/1987 de 12 de Junho relativa à fecundação artificial consagra o princípio do anonimato ([249]).

A Lei Espanhola 35/1988 de 22 de Novembro sobre técnicas de reprodução assistida perfilhou, também, o anonimato do dador ([250]).

([248]) No preâmbulo deste Projecto escreve-se: "importa que todas as pessoas ligadas a este acto delicado e importante para a sociedade, a concepção de um ser humano, estejam plenamente conscientes das suas consequências e as aprovem".

Foram consagradas duas regras ou princípios fundamentais: a liberdade e a responsabilidade.

No articulado são enunciadas variadas disposições, mas vou fazer referência só à que impõe o sigilo da inseminação, nomeadamente por estar em manifesto desacordo com as ideias defendidas neste trabalho.

Nos termos do artigo 5.°: "O médico e pessoal do estabelecimento hospitalar que recebe esperma ou que realize inseminação artificial tem o dever de preservar o segredo da identidade do dador e, sob reserva das disposições da lei em caso de processo judicial, da identidade da mulher e, caso seja casada, da do seu marido, e ainda o segredo sob a realização da própria inseminação artificial".

Deste jeito, o sigilo é considerado sob várias prismas: o do dador, o da mulher, o do marido desta (no caso de inseminação heteróloga) e do próprio acto. E na parte final daquele artigo 5.° fixa-se ainda que "o médico não deverá proceder à inseminação se as condições desta tornam improvável a manutenção do segredo".

Neste Projecto há ainda disposição expressa — artigo 7.°, número 2 — quanto à ligação de filiação entre o dador do esperma e a criança, nos termos que se seguem: "Nenhuma ligação de filiação entre o dador e a criança concebida por inseminação artificial pode ser estabelecida".

É a consequência lógica, e, necessária, do sistema do segredo.

([249]) O artigo 10.° determina: "O pessoal de saúde é obrigado a preservar o anonimato do dador de esperma. Este não deve receber qualquer informação sobre a identidade do casal ou da criança".

([250]) Segundo o preceituado no número 5 do artigo 5.° da Ley 35/1988 de 22 de Noviembre sobre técnicas de reproducción asistida:

"La donación será anónima, custodiándose los datos de identidad del donante en el más estricto secreto y en clave en los Bancos respectivos y en el Registro Nacional de Donantes.

Los hijos nacidos tiene derecho, por sí o por sus representantes legales, a obtener información general de los donantes que no incluya su identidad. Igual derecho corresponde a las receptoras de los gametos.

Sólo excepcionalmente, en circunstancias extraordinarias que comportem un comprobado peligro para la vida del hijo, o quando proceda con arreglo a las leys procesales penales, podrá revelarse la identidad del donante, siempre que dicha revelación sea indispensable para evitar el peligro o para conseguir el fin legal porpuesto. En tales casos

A Lei Francesa 94 / 653 de 29 de Julho relativa ao respeito do corpo humano proibe a divulgação de informações que permitam a identificação do dador ([251]).

Por outro lado, na Suiça, em 1985, foi aprovado por referendo a proibição de se esconder aos interessados a identidade dos seus genitores (excepto nos casos em que a lei expressamente o previsse).

A Lei Sueca 1140/1984 de 20 de Dezembro sobre inseminação artificial proibe o anonimato do dador e admite a investigação da paternidade ([252]).

No Reino Unido, já em 1975, o "Children Act" (artigo 26.º, n.º 1) e em 1976 o "Adoption Act" (artigo 51.º) reconheceram o direito do adoptado maior de 18 anos consultar o registo civil para conhecer a identidade dos progenitores.

---

se estará a lo dispuesto en el artículo 8, apartado 3. Dicha revelación tendrá carácter restringido y no implicará, en ningún caso, publicidad de la identidad del donante".

([251]) O artigo 3.º da Lei n.º 94-653 du 29 Juillet 1994 relative au respect du corps humain introduz no Código Civil Francês o artigo 16-8 com a seguinte redacção: "Aucune information permettant d' identifier à la fois celui qui a fait don d' un élément ou d' un produit de son corps et celui qui l' a reçu ne peut être divulguée. Le donneur ne peut connaître l' identité du recevoir ni celle du donneur.

En cas de nécessité thérapeutique, seuls les médecins du donneur et du receveur peuvent avoir accès aux informations permettant l' identification de ceux-ci".

Por seu turno, o artigo 9.º desta Lei insere no Código Penal Francês os artigos 511--10 e 511-23 com o seguinte teor:

"Le fait de divulguer une information permettant à la fois d' identifier une personne ou un couple qui a fait don de gamètes et le couple qui les a reçus est puni de deux ans d' emprisonnement et de 200 000 F d' amende" (Artigo 511-10).

"Le fait de divulguer une information nominative permettant d' identifier à la fois le couple qui a renoncé à un embryon et le couple qui l' accueilli est puni de deux ans d' emprisonnement et de 200 000 F d' amende" (Artigo 511-23).

([252]) O Parlamento Sueco, em nome dos direitos da criança, decidiu suprimir, em Dezembro de 1984, o anonimato dos dadores de esperma. Concedeu às crianças nascidas por procriação artificial o direito de conhecerem os seus progenitores biológicos ao atingirem a idade de 18 anos.

Deste jeito, nos termos do nº 4 da Lei 1140/1984 de 20 de Dezembro: "Toda a criança concebida por inseminação artificial nos termos do artigo 3.º quando atingir um grau de maturidade suficiente tem o direito de acesso aos dados relativos ao dador que se encontrem no registo especial do hospital. Incumbe ao Comité da Previdência Social ajudar a criança a obter as informações desejadas".

A Lei 711/1988 de 14 de Junho relativa à fecundação extra-corporal não trouxe alterações neste campo.

O Parlamento Europeu na Resolução de 16 de Março de 1989 sobre Fecundação Artificial In Vivo e In Vitro proibe o desconhecimento da paternidade do dador.

Na Alemanha tem crescido, de modo espantoso, o apoio à tese de que todo o indivíduo deve ter o direito de conhecer a identidade do dador de esperma que esteve na sua origem. O Relatório Benda defende-o, mesmo, como direito constitucional ([253]).

5 — O Projecto Português sobre a Utilização de Técnicas de Procriação Assistida elaborado pela Comissão Para o Enquadramento Legislativo das Novas Tecnologias optou pelo anonimato do dador ([254]).

Os juristas portugueses que defendem esta posição argumentam que o segredo é decisivo para acautelar o valor da "intimidade da vida privada e familiar" (número 1 do artigo 26.º da Constituição da República Portuguesa) e a sua revelação factor de responsabilidade por violação dos direitos de personalidade (Código Civil, artigo 70.º) a imputar a quem for responsável pelo sigilo. Nesta linha o obrigado a sigilo não pode depor como testemunha, uma vez que a alínea e) do número 1 do artigo 618.º do Código de Processo Civil o considera inábil por motivo de ordem moral. Argumentam ainda analogicamente com o artigo 1987.º do Código Civil relativo à adopção que preconiza o anonimato do pai biológico.

Como já referi, uma das decorrências necessárias do anonimato é, precisamente, a impossibilidade de estabelecer qualquer laço de filiação entre o dador e a criança concebida por procriação artificial.

Porém, a nossa regulamentação jurídica nada prescreve quanto ao segredo no número 3 do artigo 1839.º do Código Civil, pelo que é legíti-

---

([253]) In-vitro-fertilisation. Genomanalyse und Gentherapie. Bericht der gemeinsamen Arbeitsgruppe des Bundesministers für Forshung und Technologie und des Bundesministers der Justiz. J. Schweitzer Verlag, München, 1985.

([254]) O artigo 24.º (**Anonimato e dever de sigilo**) disciplina:

"1 — O médico e o pessoal dos estabelecimentos autorizados a praticar as técnicas de procriação assistida referidas no artigo 1.º são obrigados a não revelar a identidade do dador e dos beneficiários, assim como a manter sigilo do próprio acto de procriação assistida.

2 — O dever de sigilo referido no número anterior cede perante o direito da pessoa procriada de conhecer o modo da concepção e, havendo sérias razões de natureza médica, as características genéticas do dador.

3 — O dever de sigilo não pode ser oposto a ordem do juiz, nos termos das leis do processo".

mo violar a obrigação do sigilo e procurar a pessoa do dador do esperma afim de lhe atribuir a competente paternidade. Esta clara contradição não pode ser resolvida por quem defenda no nosso sistema legislativo o princípio do segredo da identidade do dador.

Independentemente de possíveis juízos de valor sobre este artigo e desde logo o predomínio da paternidade sociológica — não é permitida a impugnação da paternidade com fundamento em inseminação artificial ao cônjuge que nela consentiu ([255]) — é questionável a sua harmonia com outros preceitos, consubstanciando mesmo evidente incongruência normativa, designadamente com o disciplinado no número 2 do artigo 1859.º que permite ao perfilhante impugnar a todo o tempo a paternidade que se estabeleceu mesmo que ele tenha consentido na perfilhação.

A Proposta de Lei n.º 135/VII sobre Técnicas de Procriação Medicamente Assistida de 1 de Agosto de 1997 determina que o sigilo pode ser quebrado por razões de ordem médica fundamentada ou outras igualmente ponderosas ([256]).

6 — Os defensores do anonimato alegam, entre outras razões, que:
— Garante o valor da defesa da intimidade da vida privada.

([255]) O célebre caso de Pádua despertou na época grande interesse. Trata-se da demanda por adultério de uma mulher separada, que teve um filho sem ter tido relações sexuais com o marido. A referida mãe foi inseminada após a separação. Em 1ª Instância foi absolvida (1958). No ano seguinte (16/2/1959) o Tribunal da Relação de Pádua condenou-a e o Supremo Tribunal, em 16/1/1961, voltou a absolvê-la. A sentença foi pioneira no debate sobre o valor do consentimento do marido no caso de inseminação artificial, tendo admitido a impugnação da paternidade.

([256]) O artigo 12.º (**Confidencialidade**) dispõe:
"1 — Todos aqueles que, por alguma forma, tomarem conhecimento do recurso a técnicas de procriação medicamente assistida ou da identidade de qualquer dos participantes nos respectivos processos estão obrigados a não revelar a identidade dos mesmos e a manter sigilo do próprio acto de procriação assistida.

2 — As pessoas nascidas em consequência de processos de procriação medicamente assistida com recurso a dádiva de gâmetas ou embriões só podem obter as informações que lhes digam respeito, excluindo a identificação do dador, por razões médicas devidamente comprovadas.

3 — Além do disposto no número anterior, as pessoas aí referidas poderão obter as informações que lhes digam respeito, bem como a identificação do dador, por razões ponderosas reconhecidas por sentença judicial proferida pelo tribunal competente em matéria de família da área de residência do interessado.

4 — Para efeitos do disposto nos números anteriores não é necessário o consentimento do dador".

— Promove um "eventual" bem estar da criança (forma de a poupar de um possível conjunto de traumas resultantes da descoberta de uma terceira pessoa na sua procriação).
— É uma forma de encorajar a doação.
— Representa um meio de desresponsabilização da paternidade do dador anónimo.
— É uma garantia para os pais sociais da impossibilidade do dador anónimo reclamar qualquer direito sobre o seu filho biológico ([257]).
— A revelação de determinados elementos sobre a origem biológica da criança pode fazer com que alguns dadores ocultem características essenciais para os diagnósticos pré-natais.
— O conhecimento da identidade do dador pode pôr em causa a atribuição da paternidade ao cônjuge da mulher inseminada.

Penso de maneira diferente, a inseminação heteróloga envolve sempre atentado contra o direito a um património genético não manipulado e o segredo em relação ao dador está em manifesta contradição com o disposto na primeira parte do citado artigo 26.º da Constituição da República Portuguesa que reconhece a todos o "direito à identidade pessoal" ([258]).

([257]) O poder-dever dos pais educarem os filhos encontra-se previsto no n.º 5 do artigo 36.º da Constituição da República Portuguesa.
Nessa mesma disposição consagra-se o princípio da inseparabilidade dos filhos dos seus progenitores. LEITE DE CAMPOS, *Lições de Direitos da Personalidade*, cit., pág. 91, esclarece: "Trata-se de dois princípios que têm de ser compreendidos em íntima conexão por se completarem um ao outro. Deles resulta a educação dos filhos — e por educação compreende-se a sua manutenção física, a sua educação espiritual, a transmissão dos conhecimentos e técnicas, a coabitação com os pais — é pertença dos pais. Este poder--dever dos pais só lhes pode ser retirado por decisão judicial, sempre que se verifiquem as condições previstas no artigo 1915.º, n.º 1, do Código Civil...
... Trata-se de um direito de personalidade dos pais, «de ser pai», pois só em contacto com os filhos, na convivência quotidiana, no exercício do seu poder-dever de educação, com o âmbito que lhe atribuí, eles encontrarão um quadro ideal para o desenvolvimento da personalidade. Por outro lado, o mesmo se diga quanto aos filhos: só educados pelos seus pais, em contacto com estes, em verdadeira comunhão de vida com eles, poderão socializar-se completamente, e ter a sua personalidade completamente formada.
É dos mais antigos «princípios constitucionais» do direito da família que se deve considerar de direito natural".

([258]) E mesmo que se opte por um regime de anonimato considero, pelo menos, imprescindível a existência de um registo (confidencial) com o código genético e demais características do dador ainda que sem o identificar.

O sentido do direito à identidade pessoal é o de garantir aquilo que identifica cada pessoa como indivíduo singular e irredutível.

Como escrevem Gomes Canotilho e Vital Moreira o direito à identidade "abrange, seguramente, além do direito ao nome, um direito à historicidade pessoal" ([259]).

O direito ao nome consiste no direito que todo o indivíduo tem a ter um nome, a defendê-lo e a impedir que seja utilizado por outra pessoa (sem prejuízo dos casos de homonímia).

Por direito à historicidade pessoal entende-se o direito que todo o indivíduo tem ao conhecimento da identidade dos progenitores. Problemático, esclarecem Gomes Canotilho e Vital Moreira, "é o saber se isso implica necessariamente um direito ao conhecimento da progenitura, o que levanta dificuldades no caso do regime tradicional de adopção e também mais recentemente nos casos de inseminação artificial heterónoma e das mães de aluguer" ([260]).

É certo que o anonimato protege o dador e, também, o receptor. Mas, será que protege o principal visado: a criança ([261])?

Não sabemos como irá reagir quando souber que desconhece a sua paternidade, embora a sua reacção vá depender muito da forma como os pais sentem todo o processo: se estes estão felizes com a opção que fizeram, se tudo decorreu de forma transparente será, em princípio, mais fácil para a criança.

No entanto, se cada pessoa tem direito à sua verdade e esta é escondida por poder ser traumatizante, não será de questionar se provavelmente se fez algo que não deveria ter sido feito?

([259]) GOMES CANOTILHO e VITAL MOREIRA, *Constituição da República Portuguesa Anotada*, 3ª Edição, Coimbra Editora, Coimbra, 1993, anotação ao artigo 26.º, nota II, pág. 179.

([260]) *Constituição da República Portuguesa Anotada*, cit., anotação ao artigo 26.º, nota II, pág. 179.

([261]) "Há psicanalistas que se opõem à manutenção deste sigilo, afirmando que a criança acabará por sentir a tensão, a emoção, mesmo inconscientes, que obrigatoriamente se manifestarão nos pais pelo peso do «não dito». Ela aperceber-se-á — observa Christine Manuel — dessas mensagens que traduzem a existência de um segredo de que é simultaneamente o destinatário e o próprio objecto. Troca de olhares, apartes, silêncios associados a certas evocações, a certas palavras como parecença, esterilidade, inseminação, legitimidade, serão outras tantas ocasiões de a criança perceber que lhe escondem qualquer coisa. O exemplo dos adoptados prova que as crianças são muito sensíveis a este tipo de mensagens mesmo que não possam decifrá-las imediatamente compreendem que estão implicadas nesse segredo e estabelecem a relação com a sua filiação", ROBERT CLARKE, Ob. cit., págs. 88 e 89.

Parece indiscutível que o anonimato:

— Posterga o direito da criança ao conhecimento do seu Património Genético; colide com o direito fundamental de conhecer as origens biológicas que constitui uma faceta do direito à identidade pessoal (artigo 26.º número 1 da Constituição da República Portuguesa).

— Condiciona o estabelecimento da filiação.

— Ofende o direito essencial à identidade da pessoa subalternizando-o a um discutível direito dos inférteis a terem um filho; este é, assim, instrumentalizado.

— Pode ser fonte não só de futuros incestos como também de impedimentos dirimentes ao casamento (casos em que a mulher recebe sémen de um seu parente ou quando se verifica o relacionamento entre descendentes do mesmo sémen).

— Não permite procurar definir, em alguns casos concretos, a forma de transmissão hereditária de certas doenças, algumas poderão até ser de expressão tardia e em relação às quais é necessário saber como serão também elas transmitidas à descendência da pessoa em questão. A propagação de taras genéticas e de doenças conhecidas e graves pelo sémen é um dado adquirido e implica a observância de determinados requisitos dos dadores, os quais nem sempre se mostram disponíveis, nomeadamente para a repetição de testes laboratoriais.

— Implica a atomização e despersonalização do processo reprodutivo.

— O conhecimento do património genético do dador é indispensável para detectar doenças genéticas e anomalias graves.

Podemos, ainda, alegar que o anonimato pode estar, em termos gerais, em profunda contradição com direitos humanos fundamentais.

É que assegurar o anonimato aos dadores dos elementos fertilizantes ou à mãe portadora implica negar à criança, para cuja vida concorrera, uma parte das suas razões, da sua história, em suma da sua própria identidade.

Parece-me, deste jeito, ser necessário consagrar a nível constitucional o direito à paternidade real: todo o ser humano deve ter o direito de saber quem é o seu pai e mãe biológicos.

O direito à identidade genética é reconhecido na Declaração Universal sobre o Genoma Humano e os Direitos do Homem de 1997 (artigo 2.º).

A ninguém pode ser negado o direito de saber a forma como foi gerado ou o direito de se conhecer a si próprio ou a definição integral da sua identidade genética.

O anonimato conduz, necessariamente, ao nascimento de uma pessoa sem raízes como um qualquer produto industrial.

Sem sabermos de onde provimos não podemos descobrir para onde vamos ou para onde pretendemos ir. Precisamos de ter consciência da nossa própria identidade; necessitamos da certeza da nossa proveniência genética para podermos ter dúvidas acerca de nós próprios [262].

---

[262] Contudo, o sistema jurídico português não pode ficar ferido pela contradição de se fixar o segredo na adopção nos termos do artigo 1987.º do Código Civil.

Afiguram-se, desta sorte, duas alternativas: ou se preconiza o anonimato que é coerente com o preceituado na referida norma ou se modifica aquele regime da adopção.

Penso que parece indispensável a adaptação daquela disposição ao direito que assiste a todos de conhecer as suas raízes, a sua história, a sua própria identidade, o seu Património Genético.

E, entendo que aquele artigo suscita, indiscutivelmente, uma questão de inconstitucionalidade.

CAPÍTULO XI

ESCOLHA DO SEXO

SUMÁRIO

1 — A selecção do sexo ou de outras características do nascituro representa sempre uma interferência na pré-história da liberdade do ser humano.

2 — Teses em oposição. A possibilidade de escolha só para evitar a transmissão hereditária de doenças. Argumento principal: a directriz legal quando se opõe à ordem social que lhe é inerente pode criar soluções inócuas, desproporcionadas e supérfluas.

3 — Perigos de um conceito utópico de saúde. A riqueza da Humanidade não se consubstancia nos genes bons ou maus mas na sua diversidade. Considerações gerais.

4 — Solução proposta: o princípio essencial do direito à diferença, o direito de nascer segundo o "acaso" das leis biológicas naturais tem de ser garantido pela regra jurídica.

ESCOLHA DO SEXO

1 — A selecção do sexo ou de outras características do nascituro interfere com a pré-história de toda a liberdade e pode dificultar, posteriormente, o relacionamento entre pais e filhos.

Neste trabalho tem sido defendido o direito ao património genético não manipulado e, portanto, a proibição de qualquer forma de intervenção que se proponha programar o sexo, as características físicas e as capacidades afectivas, volitivas e intelectuais dos filhos.

2 — A escolha do sexo é tecnicamente possível e equaciona dúvidas, principalmente quando se defende a sua exclusiva aplicação aos casos em que se faça prova de ser a única forma de evitar a transmissão hereditária de enfermidades (263) (264) (265) (266) (267) (268).

---

(263) O número 2 do Princípio 1 da Recomendação do C. A. H. B. I. sobre procriação artificial humana refere que: "Les techniques de procreation artificielle humaine ne doivent pas être utilisées pour obtenir des caracteristiques particuliers chez l' enfant à naître et notamment pour permetre de choisir son sexe, sauf lorsque, conformement à l' alinéa a) du paragraphe precédent, il s' agit d' éviter une maladie hereditaire grave liée au sexe".

(264) A Lei Alemã de 1990 de Defesa do Embrião no § 3 proibe a escolha do sexo disciplinando que todo aquele que realizar a fecundação de um óvulo humano com uma célula seminal que tenha sido escolhida em função do cromossoma de sexo nela contido é punido com pena de prisão até um ano ou com multa. Porém, esta disposição não se aplica quando a selecção da célula seminal, determinada por um médico, tiver como objectivo proteger a criança do risco de uma distrofia muscular do tipo Duchesse ou de uma doença grave associada ao sexo que seja reconhecida como tal pelos textos competentes do direito nacional.

(265) A Lei Espanhola 35/1988 de 22 de Novembro considera infracção muito grave a selecção do sexo ou a manipulação genética com fins não terapêuticos ou terapêuticos não autorizados (artigo 20.º, n.º 2, alínea n)).

Por sua vez, a Lei Espanhola 42/1988 de 28 de Dezembro autoriza a aplicação no ser humano de tecnologia genética "con fines terapéuticos, principalmente para seleccionar el sexo en el caso de enfermedades ligadas a los cromossomas sexuales y especialmente al cromossoma X, evitando su transmisión; o para crear mosaicos genéticos beneficiosos por medio de la cirurgía, al trasplantar células, tejidos u órganos de los

Nesta linha, e numa redacção abrangendo toda esta temática, poderia ser:

Artigo....

1. É rigorosamente proibida qualquer forma de manipulação genética que se proponha programar o sexo, as características físicas e as capacidades afectivas, volitivas e intelectuais dos filhos.
2. Serão, porém, permitidos os tratamentos genéticos com fins terapêuticos designadamente para evitar a transmissão hereditária de doenças.
3. É excepcionalmente autorizada a escolha do sexo dos filhos quando se fizer prova de ser a única forma de evitar a transmissão hereditária daquelas doenças que só se comunicam através de um dos sexos.
4. Os tratamentos e escolha do sexo dos filhos referidos no número 2 e 3 do presente artigo só serão autorizados mediante prova médica rigorosa prestada perante o poder judicial, depois de obtido o acordo dos cônjuges ou dos companheiros de união de facto estável.

---

embriones o fetos a enfermos en los que están biológica y genéticamente alterados o falten" (artigo 8.º, número 2, alínea c)).

(266) O Projecto Português sobre a Utilização de Técnicas de Procriação Artificial Assistida disciplina: "Sem prejuízo do disposto no artigo 26.º e das intervenções justificadas por objectivos terapêuticos as técnicas de procriação assistida não podem ser utilizadas para obter determinadas características do nascituro" e, proíbe: "a utilização de técnicas de procriação assistida para criar seres humanos idênticos por clonagem ou outros meios" (artigo 4.º). Acrescenta ainda: "Na selecção do esperma deve procurar-se que o filho tenha a maior semelhança fenotípica e imunológica com o marido da mãe ou a pessoa que com ela vive em união de facto" (artigo 26.º).

(267) A Convenção Europeia dos Direitos do Homem e da Biomedicina (Novembro de 1996) proibe a escolha do sexo, excepto quando seja para evitar uma doença hereditária grave (artigo 14.º).

(268) O número 2 do artigo 5.º da Proposta Portuguesa de Lei n.º 135/VII sobre Técnicas de Procriação Medicamente Assistida de 1 de Agosto de 1997 estipula: "Sem prejuízo do disposto no n.º 2 do artigo 2.º, as técnicas de procriação medicamente assistida também não podem ser utilizadas para conseguir determinadas características do nascituro, designadamente a escolha do sexo." Por seu turno, o número 2 do artigo 2.º determina: "É todavia lícito o recurso a técnicas de procriação medicamente assistida com o fim de proceder à prevenção e ao tratamento de anomalias de origem genética conhecida."

Nestes termos, trata-se de excepção à regra geral que merece ser contemplada porque:
— É em benefício dos filhos.
— Só se verifica em casos raríssimos.
— Tem a garantia do poder judicial, que poderá ser reforçada se para a autorização for necessário colher o parecer favorável do Conselho Nacional de Ética para as Ciências da Vida.

É que quando a Ciência e a Técnica garantirem com segurança certas características, altura, aspecto físico, capacidade de inteligência, etc, os pais vão tender a escolher de acordo com os seus sonhos e projectos, e os imperativos legais não serão respeitados.

É uma batalha perdida, uma nova guerra do sexo dos anjos sem resultados práticos.

É o desenvolvimento do princípio de que qualquer directriz jurídica deve ser sempre profundamente analizada e reexaminada uma vez que o direito encontra, também, obstáculos na própria ordem social que lhe é inerente e contra os quais nem sempre se pode opor sob pena de criar soluções inócuas, desproporcionadas e supérfluas.

3 — Já defendi esta posição e redigi nos termos descritos ([269]). Hoje entendo de modo diferente: não se pode abrir qualquer excepção ao direito fundamental de património genético não manipulado.

Ponderemos as razões.

A problemática da escolha do sexo, em termos gerais, merece diversas considerações.

A interferência técnica no normal desenvolvimento embrionário põe em causa determinados valores sociais.

Terá, assim, tanta relevância ter uma filha ou antes um filho?

Esta questão que actualmente é objecto de estudo em toda a Europa não se coloca em países orientais, como a União Indiana, onde o sexo masculino é o preferido. Há muito tempo que neste país se fazem diagnósticos pré-natais para determinar o sexo do embrião. Caso seja feminino o recurso ao aborto é, na maior parte das vezes, indiscutível, assistindo-se a um verdadeiro "holocausto" de embriões femininos.

E não será de questionar: os filhos não se sentirão concebidos e gerados mas produzidos, fabricados, frutos de uma encomenda à Ciência?

([269]) STELA BARBAS, *Consequências da manipulação genética no direito das pessoas e na condição jurídica dos nascituros*, cit., págs. 83-102.

No seu íntimo, frustrados porque no fundo a esfera da sua liberdade foi invadida?

Os pais terão tendência para dizer: "és mulher, és inteligente, és alta, tens os olhos verdes, porque nós assim o desejamos". E quem garante que os filhos venham a gostar das características que os pais escolheram ou não para eles?

Serão como que a reacção do produtor em relação ao produto, o domínio do fabricante sobre o objecto fabricado, quase uma ideia de produção industrial.

As pessoas ao seleccionarem o sexo dos filhos estão a pensar pura e simplesmente na sua micro-sociedade e não na macro-sociedade. Por exemplo, preferir uma filha para equilibrar a família em que há mais filhos, ou o contrário.

A nível geral esta selecção do sexo da criança pode consubstanciar uma acentuada desproporção entre a quantidade de elementos do sexo feminino ou masculino.

Qual a legitimidade de interferir num mecanismo biológico que existe desde sempre e que é baseado na regra mais segura: a das 50 % de probabilidades? Precisamente este equilíbrio tão difícil de conseguir não constituirá uma das mais sábias propostas da natureza?

Serão inúmeras as pressões que se avizinham num horizonte próximo. De um lado, a influência dos pais a desejarem narcisicamente um filho à medida dos seus desejos e sonhos, do outro, a pressão da Ciência que quer satisfazer não só os que a ela recorrem, como também construir o seu próprio progresso.

Caberá à Ciência fazer homens? Ou mulheres? Em qualquer dos casos há que recorrer a técnicas de procriação artificial. O primeiro passo será a criação de embriões in vitro, ficando estes nos primeiros dias de existência expostos às análises dos médicos e investigadores, que procurarão testar, através de métodos de hibridação molecular, quais os portadores do gene da masculinidade. E, deste modo, saber qual o seu sexo. Depois há que seleccionar os embriões possuidores do sexo que convêm aos pais e/ou aos médicos. E os embriões que não são do sexo pretendido? Qual o seu destino?

Surgem, logo, aqui questões basilares de natureza ética. Ao escolher e transferir apenas para o útero o embrião com o sexo desejado, rejeitando os restantes, estamos a invadir a liberdade de um ser humano que está no início da sua existência e ainda não se pode manifestar. Qual a nossa legitimidade para proceder à escolha de uns e à eliminação, morte de outros?

A destruição de embriões com genes doentes poderá traduzir um conceito utópico de saúde, que mais não será do que uma tentativa de purificação da raça humana, uma forma drástica de eugenismo (talvez, no entendimento de alguns autores, semelhante à vivida no tempo de Hitler).

Pode afirmar-se que se isso acontecesse, a Humanidade empobreceria porque a riqueza da nossa espécie não se encontra nos genes bons ou maus mas precisamente na sua diversidade [270].

É sempre de considerar que não se deve eliminar uma pessoa por causa de uma doença que pode não ser muito grave ou até nem chegar a manifestar-se. Há que ter em conta que algumas enfermidades só se manifestam em fases muito tardias da vida do indivíduo, permitindo sentir-se realizado até certa idade. Além disso, todos sabemos que há pessoas que sendo doentes não deixam, no entanto, de desenvolver obras notáveis na comunidade.

4 — Em síntese, mesmo que a escolha do sexo só fosse autorizada para evitar a propagação hereditária de doenças, verificava-se sempre a violação do princípio fundamental do direito à diferença, o direito de nascer segundo o "acaso" das leis biológicas naturais.

O argumento de que esta proibição não seria respeitada carece de prova.

Não está demonstrado que os pais e a classe médica não cumprissem pelo menos normalmente os imperativos legais e, outrossim, nada garante que a opção dos progenitores se traduzisse em benefício dos filhos.

Aliás a violação de preceitos jurídicos faz parte do quotidiano em contraste com as regras da natureza por definição imutáveis.

Como sublinha François Terré sendo a vocação do direito a de governar a vida, este, mais cedo ou mais tarde, com os seus movimentos responde sempre aos movimentos próprios da ciência [271].

Há responsabilidades perante a sociedade e as gerações futuras que devem ser respeitadas e garantidas pelo ordenamento jurídico.

---

[270] A Declaração Universal sobre o Genoma Humano e os Direitos do Homem (1997) consagra que todo o indivíduo tem direito ao respeito da sua dignidade e dos seus direitos quaisquer que sejam as suas características genéticas. Esta dignidade impõe que se respeite o carácter único e irrepetível de cada ser humano (artigo 2.º).

[271] FRANÇOIS TERRÉ, *L'enfant de l'esclave — Genétique et Droit*, Flammarion, Paris, 1987, pág. 21.

CAPÍTULO XII
CLONAGEM

SUMÁRIO

1 — Uma profecia?...

2 — Noção de clonagem: reprodução assexuada no sentido de que o clone compreende unicamente a informação genética de um só progenitor. Possibilidade "de reproduzir até ao infinito seres humanos com as mesmas características".

3 — A clonagem de embriões humanos realizada em tubo de ensaio por cientistas da Universidade George Washington em 1993.

4 — Alguns problemas "inquietantes" equacionados pelo método de "cloning", e desde logo a alteração do conceito tradicional de família uma vez que o clone é "filho de ninguém", é apenas o resultado de uma "cultura biológica".

5 — Limites naturais à radicalização dos resultados do processo "cloning", por ser impossível criar, também, os mesmos meios ambienciais onde se desenvolveu o "protótipo" daquele clone.

6 — Conclusão final: cada homem é um ser único, indivisível e irrepetível e é nesta diversidade que se constroi a "sociedade dos indivíduos".É pertença da Humanidade o respeito pela biodiversidade.

CLONAGEM

1 — Uma profecia?...

"Primavera de 2038, golpe de Estado na república de Clonia.

Saído vitorioso das eleições políticas, o Grande Engenheiro dissolveu o parlamento e instaurou a ditadura. O seu programa de governo resume-se num slogan: A Nação e a Estirpe acima de tudo. E em dois imperativos: Eliminar as raças impuras e os elementos hostis ao regime e formar um exército de Super homens. Os soldados de Clonia devem ser altos, loiros, musculosos, resistentes às fadigas físicas, às adversidades climáticas, ao jejum e às privações, capazes de sobreviver às radiações de uma guerra nuclear e prontos a seguir cegamente qualquer ordem.

Os mais ilustres biólogos são convocados para o Palácio. "Já sabeis tudo sobre os genes humanos", disse o Engenheiro. "Agora deveis ajudar-me a seleccionar o povo eleito"...

... Os cidadãos são registados pelo método das marcas genéticas, e esterilizam-se em massa as minorias raciais, os contestadores, os delinquentes e os doentes mentais. Quem deseja ter filhos só pode fazê-lo artificialmente, na proveta...

... Na sua opinião as mulheres não são mais do que ventres dos quais se tiram óvulos para as experiências genéticas ou para onde se transplantam os zigotos da Raça Perfeita e que devem obrigatoriamente libertar-se dos fetos não programados...

... Mas o Engenheiro é impaciente quer ganhar tempo. E os geneticistas, que estão sempre prontos a realizar os seus desejos, criam métodos cada vez mais sofisticados para aumentar a produção. Um é a clonagem dos embriões: quando atingem um certo estado de desenvolvimento, separam-se as células, de modo que cada uma dê origem a um feto completo.

O outro método, ainda mais revolucionário consiste no desenvolvimento in vitro dos orgãos reprodutivos. Extraem-se do embrião os esboços das gónadas e metem-se em provetas especiais para os transformar em ovários ou testículos capazes de procriar. Deste modo, os cientistas de Clonia pensam em cortar a duração das gerações reduzindo-as dos normais doze a quinze anos para apenas poucos meses. Por outro lado, poder-se-ia restringir pouco a pouco a gama dos genes, até que os filhos dos filhos destes pais de proveta sejam réplicas, indivíduos perfeitamente idênticos: Os gémeos do regime, a elite da Nação...

... e Clonia não está assim tão distante. Muitos dos passos necessários para lá chegar já foram dados. Outros estão eminentes ou, pelo menos são teoricamente possíveis. A engenharia genética é uma ciência jovem, mas caminha a uma velocidade estonteante; escancara diante de nós horizontes que nunca o mais audaz dos romancistas teria ousado imaginar. Hoje mesmo na democrática Inglaterra o teste genético já serve para identificar os emigrantes, para averiguar a paternidade dúbia e para desmascarar os autores de delitos graves. Nas universidades de todo o Mundo trabalha-se para decifrar o código hereditário do homem e dentro de pouco tempo, talvez antes do fim do milénio poderemos lê--lo por inteiro, como um grande livro no qual está escrito o passado e o futuro da nossa espécie. As técnicas de recombinação artificial do DNA permitem-nos intervir nos processos celulares, desviando-lhes o curso e modificando, dentro de certos limites, as características dos organismos vivos...

... Talvez tenhamos já sido empurrados muito para a frente, sem termos consciência disso, e, convencidos em boa fé de que estamos a trabalhar para o progresso da humanidade, tenhamos construído na proveta as cadeias que nos tornarão escravos" [272].

2 — A clonagem é o método que permite, através de reprodução assexuada, a criação de seres humanos geneticamente iguais; retira-se o núcleo de um óvulo não fecundado e substitui-se pelo núcleo de uma célula não sexual de um homem ou de uma mulher adulta (esta célula pode ser retirada da pele ou do intestino) e por razões ainda não completamente esclarecidas pela medicina o óvulo com o seu núcleo transplantado desenvolve-se como se tivesse sido fecundado por esperma.

O clone é o duplo perfeito de um ser que tem o mesmo material genético.

---

[272] RENATO DULBECCO e RICARDO CHIABERGE, *Engenheiros da vida*, Editorial Presença, Lisboa, 1988, págs. 7 a 9.

A palavra clone pode traduzir uma população de indivíduos geneticamente idênticos, descendentes, por multiplicação assexuada de um indivíduo que tanto pode ser um organismo multicelular como unicelular [273].

O clone recebe, assim, a informação genética de um único progenitor. Se a noção de progenitura for reduzida à transmissão do património genético chegamos à conclusão que o filho só tem um ascendente biológico [274].

Os novos avanços tecnológicos possibilitam a criação de seres humanos rigorosamente iguais [275].

Com a autoridade que por todos lhe é reconhecida Pereira Coelho, numa conferência subordinada ao título "Aspectos éticos e científicos da Reprodução Humana Assistida", explica: "Com o processo da clonagem poder-se-á reproduzir até ao infinito seres com as mesmas características. Não estamos no domínio da ficção, isto é mesmo uma realidade nos dias de hoje. O único problema é saber se há alguém com coragem de aplicar isto na espécie humana".

---

[273] Já foi possível reproduzir batráquios de uma forma assexuada pela implantação no núcleo de uma célula masculina no lugar do núcleo de uma célula reprodutora feminina, que uma vez estimulada, dá início à gestação.

[274] GUILHERME DE OLIVEIRA, *Estabelecimento da Filiação, mudança recente e perspectivas*, in «Temas de Direito da Família», Almedina, Coimbra, 1986, pág. 108.

[275] " «Deverá o ser humano ser reduzido ao seu material biológico» ou «não virão ao mundo indivíduos, mas sim duplicações», como nos diz resolução aprovada no Parlamento Europeu?

Estarão a abrir-se as portas para «o tudo ser possível»?

As respostas a estas questões ganham particular acuidade com investigações recentes, e nomeadamente, a partir da notícia sobre investigação em embriões para obter indivíduos com idêntico património genético (clonagem)...

... A prática da clonagem de embriões humanos torna, por isso, urgente o aprofundamento do debate e a tomada de opções sobre o âmbito da manipulação genética em horizontes que vão do seu abuso, a «fabricação» do homem e da «raça pura» e do «servil» dependente destituído de humanidade até à imensidade e à vertigem da perfeição científica com o objectivo de combater as doenças genéticas hereditárias e o realizar da possibilidade na busca da felicidade individual...

As opções deste domínio estão, assim, colocadas na fronteira entre o medo e a prodigiosa aventura da perfeição e do progresso, entre o progresso científico e a sua utilização abusiva, entre o simbolismo de Einstein e os crimes de Hiroshima e de Nagasaqui", ALBERTO MARTINS, *Novos Direitos do Cidadão*, Publicações Dom Quixote, Lisboa, 1994, págs. 25 e 26.

Mário Raposo, ainda na sua qualidade de Presidente do Conselho Nacional de Ética para as Ciências da Vida, escreveu que pelo método de cloning "o gene seria determinado pelo dador e o resultado estaria numa fotocópia sua. Poder-se-iam criar, assim, mil pessoas iguais a personalidades célebres; seria o fim da diversidade genética" ([276]).

Aberto o caminho para as Rank Xerox da espécie humana? !...

3 — A clonagem de embriões humanos foi realizada por cientistas da Universidade George Washington em 1993. Esta experiência foi feita intencionalmente apenas em tubo de ensaio sem se ter chegado à inseminação de uma mulher. É, desta forma, um método que permite obter gémeos, trigémeos ou quadrigémeos a partir de um único óvulo fertilizado.

4 — Será ética e juridicamente aceitável admitir que se possa produzir uma criança fenotipicamente idêntica ao ser que lhe deu origem genética? ([277]) ([278]) ([279]) ([280]) ([281]) ([282]).

([276]) MÁRIO RAPOSO, *Procriação Assistida — Aspectos Éticos e Jurídicos*, cit., pág. 110.

([277]) O Princípio 20 da Recomendação do C.A.H.B.I. sobre Procriação Artificial Humana dispõe que deve ser interdita a utilização de técnicas de procriação artificial para criar seres humanos idênticos por clonagem ou por outros métodos.

([278]) O artigo 20.º, n.º 2 da Lei Espanhola 35/1988 de 22 de Novembro considera infracção muito grave: "Crear seres humanos idénticos, por clonación u otros procedimientos dirigidos a la selección de la raza" (alínea *k*) e "La creación de seres humanos por clonación en cualquiera de las variantes o cualquier otro procedimiento capaz de originar varios seres humanos idénticos" (alínea *l*).

([279]) A Lei Alemã de 1990 para a Defesa do Embrião no seu § 6 pune com pena de prisão até cinco anos ou multa todo aquele que provoque artificialmente o aparecimento de um embrião humano com a mesma formação genética que um outro embrião, feto ou defunto (n.º 1). E será igualmente punido todo aquele que transferir para uma mulher um embrião designado no parágrafo 1 (n.º 2). É, ainda, punível a experiência (n.º 3).

([280]) O artigo 4.º do Projecto Português sobre a Utilização de Técnicas de Procriação Assistida elaborado pela Comissão Para o Enquadramento Legislativo das Novas Tecnologias não aceita a clonagem.

([281]) A Declaração Universal sobre o Genoma Humano e os Direitos do Homem de 1997 consagra que a clonagem humana não deve ser permitida (artigo 11.º).

([282]) O número 1 do artigo 5.º da Proposta Portuguesa de Lei n.º 135/VII sobre Técnicas de Procriação Medicamente Assistida de 1 de Agosto de 1997 proibe o recurso a técnicas de procriação medicamente assistida com o objectivo deliberado de criar seres humanos idênticos, designadamente por clonagem, ou de dar origem a quimeras ou de intentar a fecundação interespécies.

Como se processará o desenvolvimento psíquico-intelectual do sósia genético?

A imagem da pessoa que lhe deu origem poderá funcionar como um travão, uma barreira ao livre desenvolvimento da sua própria personalidade?

O produto da cultura biológica sempre que olhar para o seu "progenitor" olhará também para o seu próprio futuro.

Com estas condicionantes pode defrontar-se com inúmeras dificuldades para conseguir adquirir uma personalidade, uma identidade própria, diferente do seu progenitor (pensando na já conhecida enorme influência mútua que se processa entre gémeos verdadeiros).

Suponhamos o caso de um casal infértil, António e Berta, que através de fecundação in vitro consegue ter um filho, Carlos. Quando Carlos completou seis anos de idade António e Berta resolveram ter através da clonagem outro filho igual a Carlos. Descongela-se e transfere-se um embrião para o útero de Berta que se desenvolve com sucesso. Carlos tem um irmão gémeo seis anos mais tarde. À medida que Carlos cresce observa o irmão a "repetir" o seu desenvolvimento?!...

Ainda outra situação, se Carlos tiver uma doença grave e precisar de um transplante de coração, rim, medula óssea ou fígado, será legítimo "fazer nascer" um bébé apenas para servir de dador a Carlos? É, deste modo, já tecnicamente viável criar um sistema de peças de substituição para seres humanos.

Noutra hipótese, se Carlos morrer António e Berta podem ter um bébé igual ao filho morto.

Se for admitida a clonagem a partir de cromossomas de ídolos famosos é provável que o fenómeno do mimetismo, a que os ídolos andam na maior parte das vezes associados, conduza a que muitos pais "mandem fabricar" os seus filhos segundo esses modelos.

Será admissível que a criança fruto da técnica de "cloning" tenha que transportar durante toda a vida nos seus ombros a patética escolha dos seus progenitores por um determinado ídolo político, desportivo ou do mundo do espectáculo?

Será correcto a criança poder sentir que não é amada por si mas pelas suas características que previamente foram ou não seleccionadas e proporcionadas pelos genes?

A clonagem implica a alteração dos conceitos tradicionais de família e de paternidade uma vez que o clone é "filho de ninguém", é apenas o fruto de uma "cultura biológica".
É um mundo novo!... ([283])

5 — A produção humana pelo método de cloning está, por vezes, imbuída de uma carga eminentemente eugénica: os profetas da clonagem visam a obtenção do gémeo ideal, a (re) produção dos grandes Homens da Humanidade. Criar-se-iam Picassos, Mesdames Curie, Sócrates... e não homens comuns.

Apesar disso, entendo que não podemos radicalizar os problemas e concluir que se hoje criássemos por clonagem cinco ou dez Picassos, Mesdames Curie ou Sócrates obteríamos novamente Picasso, Madame Curie ou Sócrates pois o contexto familiar, cultural, político, económico, social, etc seria outro. Se é certo que por um lado, a carga genética de um indivíduo é fundamental, por outro lado não podemos descurar o contributo essencial fornecido pelo meio. Como escreveu um autor um clone isolado deste ambiente seria um "legume sem interesse". Assim sendo, para "reproduzir" este contexto seria necessário "clonar", também, todos os outros indivíduos que dele faziam parte e que poderiam influenciar os clones de Picasso, Madame Curie ou Sócrates?!... Não seria portanto uma fotocópia milimétrica, mas consubstanciaria, sem dúvida, a reprodução de seres com as mesmas características ([284]).

([283]) ROBERT CLARKE, Ob. cit., págs. 238 e 240, exemplifica alguns dos cenários possíveis do recurso à clonagem: "Sonha-se então com equipas desportivas feitas de gémeos que reagissem em perfeito sincronismo, compreendendo-se sem se falar, tendo as mesmas ideias e os mesmos gestos ao mesmo tempo. Também se podem imaginar batalhões de clones fazendo manobras ou marchando para o ataque como se de um só homem se tratasse... Sem contar com todos os abusos possíveis. Quem impediria os ricos de obter clonagens em prejuízos dos pobres? Quem impediria os Governos de criar clones de indivíduos totalmente dóceis? Quem se oporia aos «machos» desejosos de criar por clonagem haréns de sonho? Já se encarou a sério a hipótese de criar anões inteligentes para manejarem pequenas naves espaciais destinadas a percorrer grandes distâncias, ou indivíduos escolhidos pela sua resistência às radiações nucleares, destinados a repovoar a Terra a seguir a um conflito atómico".

([284]) "Para Lewis Thomas, a clonagem é o que mais se aproximaria da ideia que tem do Inferno. Esqueçamos isso, diz, para nos empenharmos na direcção exactamente oposta. Procuremos antes os meios de obter rapidamente muitas mutações, mudemos de ares, criemos novas variedades. Se decidirmos ser desonestos para com o mundo, que não seja sobretudo para conservar as coisas como estão, ou as pessoas, ou nós próprios. Se

6 — Como escreve Leite de Campos: "Cada ser humano é diferente de todos os outros, e é esta diversidade que enriquece a Humanidade" (²⁸⁵).

A riqueza de uma nação está precisamente na diversificação humana e não na sua homogeneidade, na identidade da espécie e na diversidade dos seres humanos.

Todos os esforços desenvolvidos no sentido de homogeneizar as propriedades biológicas dos indivíduos são de condenar.

Para o grupo e para a espécie o que confere a um indivíduo o seu valor genético não é só a qualidade dos genes em si, mas, também, o facto de ele não ter o mesmo conjunto de genes que os outros, a circunstância de ser único e irrepetível.

Todo o ser humano é livre, único, incondicionável e irrepetível implicando o reconhecimento da sua diversidade simultaneamente a aceitação da sua liberdade e igualdade.

Não há homogeneidade na Humanidade. Esta é constituída por indivíduos iguais em dignidade e direitos, mas ao mesmo tempo diferentes e irrepetíveis.

É cada vez maior a necessidade de repersonalização do direito salvaguardando a dignidade da pessoa humana, o seu valor assim como a sua identidade única e irrepetível que constitui, aliás, o cerne, o núcleo do direito à diferença.

Como sublinha Castanheira Neves: "O homem-pessoa é o pressuposto decisivo, o valor fundamental e o fim último que preenche a inteligibilidade humana do mundo humano do nosso tempo" (²⁸⁶).

É pertença da Humanidade o respeito pela biodiversidade.

---

algum paraíso nos espera, algures no futuro, só pode ser diferente", ROBERT CLARKE, Ob. cit., pág. 240.

(²⁸⁵) LEITE DE CAMPOS, *Lições de Direitos da Personalidade*, cit., pág. 82.

(²⁸⁶) CASTANHEIRA NEVES, *Justiça e Direito*, Separata do Vol. LI do Boletim da Faculdade de Direito da Universidade de Coimbra, Coimbra, 1976, pág. 257.

CAPÍTULO XIII

DESCOBERTA DO GENOMA

SUMÁRIO

1 — A descoberta do genoma veio tornar possível o acesso à totalidade do nosso material genético na perspectiva de "conhecer o homem na própria raíz do seu enigma, prever o seu futuro e mudar a sua rota".
A vida controlada pela tecnologia é simples produto? Perde irremediavelmente o seu carácter distintivo que é ser um "dom"?
O ser humano é avaliado mais pelos genes que dispõe do que propriamente por aquilo que é e que faz?

2 — O perigo do aborto selectivo impedir o nascimento de crianças afectadas por anomalias, denunciado por João Paulo II.

3 — Vazio legislativo. O Estado tem de intervir sempre que riscos e evoluções socialmente indesejáveis sejam de temer.

4 — O equacionar de questões principais: o Homem deixou de ser dono da sua própria consciência? E a liberdade de escolha afirmada pela filosofia grega, o profetismo hebraico e o espiritualismo cristão?
Em causa o princípio essencial da autonomia da vontade? O direito reduzido a um absurdo, a um impossível?
A criança da ciência pode ser tratada como um objecto de direito? Alterados os elementos da relação jurídica? O termo da ideia do "fixismo" de algumas grandes regras jurídicas?

5 — A última fronteira: uma Humanidade dividida em duas ou mais "raças" com destinos diferentes?

DESCOBERTA DO GENOMA

1 — A descoberta do genoma, conjunto de genes [287] nucleares responsáveis pela transmissão dos caracteres hereditários e localizados nos cromossomas, pode alterar radicalmente o comportamento do ser humano [288] [289].

Luis Archer num Colóquio sob a epígrafe da "Descoberta" promovido pelo Serviço de Animação, Criação Artística e Educação pela Arte (ACARTE) da Fundação Calouste Gulbenkian afirmou que a descoberta do genoma é a grande aventura do final do século por permitir o acesso à totalidade do nosso material genético, na perspectiva de "conhecer o homem na própria raíz do seu enigma, prever o seu futuro e mudar a sua própria rota" [290].

O genoma é tão íntimo que está no cerne mais oculto da célula e do cromossoma [291].

Passa a ser possível conhecer o amanhã: a sina, o destino que se lia na palma da mão com todo o seu cortejo de inverosimilhanças passa a verdade científica quando se investiga a profundidade do genoma.

Da democracia pode passar-se a "genomacracia" com as companhias de seguros a procurarem saber o tempo de vida que resta aos seus

---

[287] Gene, nome proposto por Ichanusen para designar as partículas cromossómicas relativamente independentes entre si que determinam os caracteres hereditários.

[288] O Projecto Genoma Humano é um programa internacional que pretende desvendar, até ao ano 2005, os 100 000 genes que caracterizam a espécie humana.

[289] A Declaração Universal sobre o Genoma Humano e os Direitos do Homem proclamou, em 1997, o Genoma Humano e a informação nele contida Património Comum da Humanidade e, consagrou que os valores ligados à identidade têm o seu suporte natural na identidade da informação genética porque cada pessoa é única e irrepetível.

[290] LUIS ARCHER, *Diário de Notícias*, 18 de Abril de 1994.

[291] O Conselho das Comunidades Europeias aprovou, em 26 de Junho de 1990, um programa específico de investigação e desenvolvimento tecnológico na área da saúde através da análise do genoma humano. Nos considerandos desse programa foi estipulado que os resultados a que pode conduzir a investigação em matéria do genoma humano exigem uma abordagem integrada que tenha em consideração aspectos médicos, éticos, sociais e jurídicos das suas eventuais aplicações e a necessidade de evitar que sejam utilizados de modo abusivo.

clientes. Será a mãe de todas as revelações reconstruir o Homem por dentro do genoma.

O talento humano já controla o destino quando irradica, cura enfermidades resultantes das fatalidades e perversões da hereditariedade.

Mas, não chegará o dia em que, sem mais regras do que a própria fantasia, o capricho de infinitos fins e políticas, a vida controlada pela tecnologia não será um simples produto, perdendo irremediavelmente o seu carácter distintivo que é ser um "Dom"?

O Homem liberta-se da opressão da Natureza mas fica a pertencer à tirania da Ciência?

Os avanços da Técnica fornecem a possibilidade de manipular o ser humano não já apenas por via da "simbolicidade" (persuasão pelo gesto, palavra ou escrita), mas também pelos processos que se dirigem aos fundamentos biológicos e físico-químicos do comportamento e não apenas à alma, à consciência ou à razão.

A análise do genoma permite não só conhecer melhor os mecanismos das funções genéticas como também prevenir e tratar doenças ([292]).

Contudo, a hominicultura acarreta riscos extraordinariamente grandes. Quando orientada para finalidades diferentes pode levar a resultados bastante pejorativos ao possibilitar determinar de modo precoce as características da pessoa e os seus defeitos hereditários antes que se cheguem a revelar. Configura um instrumento de ilegítima discriminação social (ex: em questões de emprego ([293]), contratos de seguros ([294]), etc) com as pessoas a serem "etiquetadas" pelos genes.

([292]) Penso que não se deve proibir a amniocentese e a biópsia do cório desde que essas intervenções tenham apenas como objectivo diagnosticar lesões genéticas que possibilitem actuar na altura certa, de forma a evitar as consequências que dela decorrem.

([293]) A questão que se coloca é a de saber se a entidade empregadora tem direito de exigir que o candidato se submeta a testes genéticos predizentes antes da realização do contrato de trabalho. E, consequentemente, sonegar emprego, não por razões de incapacidade actual (pessoas presentemente aptas) mas, por causa da previsão de doenças futuras ou predisposições genéticas. As legislações e a doutrina europeias dão prioridade aos direitos dos trabalhadores face aos dos empregadores. A entidade patronal só pode inquirir da saúde presente (não futura) do trabalhador. Neste sentido, a Resolução sobre os problemas éticos e jurídicos da manipulação genética, adoptada pelo Parlamento Europeu em 16 de Março de 1989, reclama a proibição de modo juridicamente compulsivo da selecção de trabalhadores com base em critérios genéticos. (n.º 14) e, solicita que os exames genéticos de trabalhadores... não sejam permitidos antes da sua contratação e que só devem ser efectuados com carácter voluntário...; apenas os interessados terão acesso aos resultados destes exames...; e que as violações sejam punidas penalmente... (n.º 16).

O estudo do genoma facilita, ainda, o desencadear de novas formas de eugenismo e de racismo.

O diagnóstico genotípico pré-sintomático que possibilita determinar numa criança se ela virá a ter aos 30, 45 ou 55 anos certa doença incurável coloca inúmeras questões designadamente as repercussões que terá o conhecimento desse facto na vida daquele ser em todas as suas vertentes.

Por outro lado, como tratará a sociedade as pessoas que por meio de análise genética revelem más tendências? Serão marginalizadas?

E se apesar de possuirem essas características constantes do diagnóstico, estas, na prática, por razões exógenas como o ambiente familiar, educação, etc, nunca se chegarem a manifestar?

Os políticos e outras figuras públicas terão que colocar à disposição da sociedade o seu "curriculum genético"?

As companhias de seguros ou empregadores poderão ter acesso a diagnósticos relativos aos seus potenciais segurados ou empregados e "agrupar" estes em classes biológicas em função dessa análise?

Passará o ser humano a ser avaliado mais pelos genes que tem do que propriamente por aquilo que é e que faz?

Penso que é necessário tentar equilibrar a protecção do genoma humano com as intervenções ([295]) sobre o genoma das células somáticas

---

A Convenção Europeia dos Direitos do Homem e da Biomedicina (Novembro de 1996) proibe toda e qualquer forma de discriminação da pessoa em razão do seu património genético (artigo 11.º) e determina que os testes genéticos de predição só podem ser feitos por motivos de saúde (artigo 12). Por seu turno, a Declaração Universal sobre o Genoma Humano e os Direitos do Homem (Novembro de 1997) consagra que cada indivíduo tem direito ao respeito da sua dignidade e dos seus direitos quaisquer que sejam as suas características genéticas (artigo 2.º).

([294]) Nos casos dos seguros de vida, saúde ou outros seguros pessoais está latente um conflito de interesses entre, por um lado, o segurando e, por outro, a companhia de seguros: o primeiro pretende fazer um seguro sem ter de se submeter a testes genéticos predizentes; a seguradora quer obter o maior número possível de dados sobre a saúde actual e futura do segurando para proceder ao cálculo dos prémios ou, mesmo, recusar fazer o seguro em função dos riscos de saúde. Matéria esta disciplinada, nomeadamente, na Resolução sobre os problemas éticos e jurídicos da manipulação genética, adoptada pelo Parlamento Europeu em 16 de Março de 1989, na Convenção Europeia dos Direitos do Homem e da Biomedicina (Novembro de 1996) e na Declaração Universal sobre o Genoma Humano e os Direitos do Homem (Novembro de 1997).

([295]) A Convenção sobre os Direitos do Homem e da Biomedicina (1997) determina que uma intervenção que tenha por objecto modificar o genoma humano só possa ser de um indivíduo em concreto (296), bem como, com eventuais modificações pontuais que incidirão sobre o genoma das células germinais (297).

Há, pois, que disciplinar os avanços da ciência no domínio da genética, acolhendo, claro, como bênçãos os seus resultados positivos, mas não tolerando que se ponham em causa os grandes princípios e valores que definem a nossa civilização (298).

Como afirma Agostinho de Almeida Santos: "É que podem estar hoje em causa valores tão nobres como a liberdade, a privacidade, a não discriminação e até o próprio destino do Homem e mesmo da espécie humana"...

---

feita por razões preventivas, diagnósticas ou terapêuticas e desde que não introduza nenhuma modificação no genoma da descendência (artigo 13.º).

(296) A Resolução sobre os problemas éticos e jurídicos da manipulação genética, adoptada pelo Parlamento Europeu em 16 de Março de 1989, entende que a transferência de genes para o interior das células somáticas do ser humano constitui, em princípio, uma forma de terapia justificável sobre a qual o doente deve ser totalmente esclarecido e dar o seu acordo (n.º 22); defende que outra condição prévia é a realização de uma análise rigorosa no sentido de verificar se as bases científicas para uma transferência genética estão suficientemente desenvolvidas para que haja uma tentativa de terapia responsável e, portanto, uma avaliação dos benefícios e perigos (n.º 23); recomenda a realização de uma análise crítica dos conceitos de doença e tara hereditária, de modo a evitar o perigo de classificar, do ponto de vista médico, simples desvios à normalidade genética como doenças ou taras hereditárias (n.º 25); insiste em que a terapia genética só possa ser utilizada em centros reconhecidos e por pessoal qualificado (n.º 26);

(297) A citada Resolução sobre os problemas éticos e jurídicos da manipulação genética, adoptada pelo Parlamento Europeu em 16 de Março de 1989, insiste na proibição categórica de qualquer tentativa de reorganizar arbitrariamente o programa genético do ser Humano (n.º 27); reclama sanções penais para qualquer transferência de genes para as células da linha germinal do ser humano (n.º 28); espera que seja definido o estatuto jurídico do embrião humano, de modo a garantir-se a defesa inequívoca da identidade genética (n.º 29); defende, também, que uma alteração, ainda que apenas parcial da informação hereditária, constitui uma falsificação da identidade do ser humano, o que não é defensável nem justificável porque se trata de um direito essencialmente individual (n.º 30).

(298) A um inquérito feito pela «Revista Time» de 17 de Janeiro de 1994, a pág. 34, em que se colocava a questão de saber se as pessoas estariam dispostas a submeter-se a um teste genético que lhes permitiria apurar eventuais doenças de que mais tarde poderiam padecer, 49% dos inquiridos responderam que prefeririam não ter conhecimento. Também (e significativamente) no mesmo questionário 90% dos inquiridos responderam negativamente à pergunta se os potenciais empregadores e companhias de seguros deveriam ter direito ao acesso da informação genética da pessoa a contratar ou a segurar para determinar se corria grave risco de vir a contrair no futuro alguma doença. Finalmente, 58% entenderam que a alteração dos genes contrariava a vontade de Deus.

... "Não pode, assim, deixar de se postular que o Homem, para além da complexidade biológica que encerra é dotado de uma inteligência que pensa por si própria, que pensa os outros e pensa o mundo, constituindo um complexo sistema de individualização peculiar a partir do qual tem de continuar a decidir em plena liberdade" ([299]).

2 — Neste sentido, Sua Santidade o Papa João Paulo II vem, na Carta Encíclica «Evangelium Vitae», chamar a atenção para a avaliação moral das técnicas de diagnose pré-natal que possibilitam detectar precocemente anomalias do nascituro. Nesta linha, afirma que estas técnicas são moralmente lícitas quando isentas de risco desproporcionado para a criança e para a mãe e têm como função possibilitar uma terapia precoce ou favorecer uma serena e consciente aceitação do nascituro. Todavia, uma vez que as probabilidades de cura antes do nascimento são ainda diminutas, acontece frequentemente que esses métodos são colocados ao serviço de uma mentalidade eugenista que aceita o aborto selectivo, para impedir o nascimento de crianças afectadas por vários tipos de anomalias. João Paulo II considera semelhante mentalidade ignominiosa e reprovável ao pretender medir o valor de uma vida humana apenas segundo parâmetros de «normalidade» e de bem-estar físico, abrindo deste modo caminho à legitimação do infanticídio e da eutanásia ([300]).

O Conselho Ecuménico das Igrejas reclama a interdição do recurso a técnicas para a selecção do sexo e chama a atenção para o uso que se possa fazer involuntariamente dessas técnicas para fins sociais ([301]).

A dignidade do ser humano assim como o direito à integridade física implicam a defesa do embrião face a toda e qualquer manipulação genética, que, aliás, é proibida pelo artigo 55.º do Código Deontológico da Ordem dos Médicos publicado no n.º 3/85 da Revista da Ordem dos Médicos.

3 — A regra jurídica é o instrumento último para impor comportamentos obrigatórios, quando o entrechoque de interesses se instala

---

([299]) AGOSTINHO DE ALMEIDA SANTOS, Ob. cit., págs. 24 e 25.
([300]) JOÃO PAULO II, Encíclica «Evangelium Vitae» sobre o Valor e a Inviolabilidade da Vida Humana, cit., pág. 112.
([301]) La Biotechnologie. Ses Défis aux Églises et au Monde — Rapport de la Séction «Église et Societé» du Conseil Oecumenique des Églises, Agosto, 1989, pág. 11 e seguintes.

naturalmente na sociedade. Sem dúvida que a vida social desenvolve mecanismos naturais para a sua própria defesa, independentemente da presença do jurídico, como diz Luis Recaséns Siches. Porém, quando os outros meios se mostram impotentes o Direito apresenta-se como o elemento decisivo, impondo o padrão que melhor realiza naquele momento os fins sociais ([302]).

Não me parece sustentável por mais tempo a demissão do legislador, que se verifica por toda a parte ([303]), nomeadamente a nível da União Europeia, deixando criar um vazio normativo perigosíssimo onde estão a acontecer cada vez mais situações que não se encontram definidas e disciplinadas pela regra jurídica.

Assim que esses perigos e evoluções socialmente indesejáveis sejam de temer, o Estado fica autorizado e obrigado a preveni-los de modo adequado ([304]) ([305]).

4 — Um cem número de equações pedem resposta.

O ser que resulta da criação pelo método de "cloning" e que foi sujeito a uma total manipulação dos ADNs ([306]) e depois feito nascer "literalmente" num laboratório (ectogénese) ([307]) o que é para a moral, para a ciência, para a religião, para o direito?

([302]) MARCO AURÉLIO S. VIANA, *Da Inseminação Artificial*, «Revista da Faculdade de Direito da Universidade das Minas Gerais», Ano 27, número 21, 1979, pág. 238 e seguintes.

([303]) Esta afirmação foi feita em 1995 (data da entrega da Tese na Faculdade de Direito da Universidade de Coimbra). Neste momento já temos, designadamente, a Convenção Europeia dos Direitos do Homem e da Biomedicina (Novembro de 1996) e a Declaração Universal sobre o Genoma Humano e os Direitos do Homem (Novembro de 1997)

([304]) ALBIN ESER, Ob. cit., pág. 51.

([305]) No dizer de Hans Jonas a incerteza é o nosso permanente destino, e esta "certeza"exige a quem decide (quer se trate de cientista ou de político) prudência e uma gestão cautelosa dos riscos que, já, não podem ser baseadas no conceito de mal menor mas, sim, no dever de atender, em primeiro plano, aos direitos do ser humano.

([306]) A descoberta por Oswald T. Avery, em 1944, do complexo químico que ficou conhecido pela abreviatura de ADN é desde a ficção nuclear a maior descoberta científica. Passou a ser possível determinar a natureza de todo o organismo vivo, da ameba ao homem. Agora é viável retirar genes de uma espécie e passá-los para outra, mantendo--os activos, ou de manipular "in vitro" o ADN de um indivíduo humano, que depois se pode introduzir em células do seu organismo com o objectivo de modificar de forma permanente uma porção do seu genoma.

([307]) As descobertas não têm limites, e já é viável que toda a gestação decorra sem

Um ser humano com alma a partir da concepção? (³⁰⁸)
Crioconservação de embriões? A alma congelada num tubo de ensaio? Há personalidade jurídica "in vitro" sem vida uterina?

A pessoa pode deixar de ser dona da sua própria consciência, de poder decidir livremente entre dois contrários possíveis? Um "Homem — Novo" de vontade pré-determinada por programa genético não poria em causa toda a arquitectura do "Nosso Direito"?

E o princípio essencial da autonomia da vontade?

O Direito reduzido a um absurdo, a um impossível?

A "criança da ciência" objecto na relação jurídica?

Julgo dever clarificar melhor algumas das questões equacionadas.

— A questão de saber em que termos o homem é dono da sua própria consciência, reduz-se, em essência, ao grave e complexo problema da vontade: livre arbítrio ou determinismo? Não me vou deter numa investigação em profundidade deste ponto. Duas palavras, por isso, apenas.

Entendo que a dificuldade pode ser esquematizada nos termos seguintes:

A vida moral da pessoa, o seu comportamento social, impõe, como sublinha Kant, a liberdade de querer.

Mas esta liberdade não é total — como a concebem algumas correntes filosóficas, caso do existencialismo ateu de Paul Sartre, por exemplo, — nem absoluta — a "liberdade de indiferença", como a chamaram —, ou seja, não é uma liberdade de escolher todo e qualquer caminho de

---

necessidade de uma mãe "porteuse". O ser humano pode nascer "literalmente" num laboratório.

Como escreve DIOGO LEITE DE CAMPOS, *Lições de Direito da Família e das Sucessões*, cit., pág. 325: "Pensa-se para próximo, o momento em que toda a gestação decorreria fora do ventre de uma mulher, "in vitro" até ao fim do nascimento."

MÁRIO RAPOSO, *Procriação Assistida — Aspectos Éticos e Jurídicos*, cit., pág. 114, refere: "Embora pareça difícil que tal possa vir a ser praticável foi já aventada a hipótese da implantação de embriões na parede do intestino de homossexuais, para poderem ter um filho; seria a «gravidez masculina»."

(³⁰⁸) Como católica estou rigorosamente na linha do criacionismo (que, aliás, prevalece entre os teólogos): "Deus criou as almas à medida que novos corpos se formam".

Se é certo que a pessoa humana é um ser único e irrepetível, também o embrião o é. Este possui já um património genético; o substracto biológico que o irá acompanhar sempre já se encontra determinado. Neste sentido OLIVEIRA ASCENSÃO, *Direito e Bioética*, cit., pág. 451: "por isso dizemos que aquele ser tem fins próprios, o que o enquadra na personalidade".

acção, sem nenhuma influência do passado, dos instintos, recalcamentos, paixões, enfim, da personalidade da pessoa e das circunstâncias ambienciais, porque isso seria tão fatal para a "moralidade verdadeira" como o seu extremo oposto, o determinismo absoluto.

Na verdade, se liberdade de indiferença é o "poder de agir sem outra causa que não seja o próprio exercício desse poder, isto é, sem razão alguma relativa ao conteúdo do acto praticado", uma adesão sem razão a um de dois contrários possíveis, então qualquer comportamento social praticado com liberdade de indiferença nunca poderá ser considerado como uma acção da pessoa em qualquer sentido moral, uma vez que a liberdade moral implica a ideia de escolha consciente, de escolha com razão.

A liberdade de escolha consciente é um postulado da vida moral, dado que sem essa liberdade não teria qualquer significado a noção do "dever". Ao jurista só interessa a liberdade de escolha consciente como condição indispensável da existência da responsabilidade.

Não é de aceitar o "determinismo mecânico" na medida em que se o pensamento do homem de ciência, por exemplo, fosse mecanicamente determinado não existiriam verdades científicas universais, mas somente opiniões individuais, sendo a opinião de cada pessoa não necessariamente obrigatória e possivelmente tão distanciada da verdade, como a opinião de qualquer outra pessoa.

Também, não é defensável o livre arbítrio absoluto uma vez que, se cada pessoa em cada momento é totalmente livre de aderir a qualquer das opções possíveis, deixaria de haver ligação entre a opção da pessoa em cada momento e o resto da sua vida. A vida do homem, a sua vida mental passaria a ser concebida como qualquer coisa essencialmente descontínua, como uma simples série desarticulada de experiências.

Todavia, o senso comum aceita que a pessoa é parcialmente livre e parcialmente determinada. Pelo menos, de uma maneira geral, gozamos essa sensação.

O problema que interessa ao direito é o de saber qual a porção de liberdade de que disfruta o ser humano no momento da decisão. E é neste contexto — haver graus na liberdade de decisão — que se deve equacionar o princípio da liberdade de escolha consciente, com a obrigação de optar de acordo com o imperativo categórico do sentimento do dever.

E esta adesão com razão a um de dois contrários possíveis é o resultado de um "processo contínuo de deliberação" (Bergson). Quer dizer a valorização dos móbeis ou motivos da opção são o resultado da personalidade, do meio ambiente e da vontade.

Por outras palavras, para a Justiça, para o Direito a acção tem de ser de facto do agente, mas no sentido de que foi, pelo menos em parte, determinada pelos seus hábitos, reflexos, pela sua personalidade, pelo seu "Eu" sob certas condições externas que devem ser, também, tomadas em consideração.

António Damásio no seu recente livro "O Erro de Descartes — Emoção, Razão e Cérebro Humano" ([309]), com muito mérito, faz a descrição do processamento biológico e cerebral das emoções, dos sentimentos, da dor, dos prazeres e dos instintos e da sua inter-acção com a razão.

Como se sabe, no "Discurso do Método" (1637) os sentidos são desvalorizados como fonte do conhecimento em benefício da razão; é de rejeitar tudo aquilo que não possa ser demonstrado pelo raciocínio. É posto de lado todo o conhecimento acumulado ao longo de gerações.

O neurologista português vem defender que as pessoas reagem não só com a razão mas, ainda, com as emoções, instintos e sentimentos que representam conhecimentos acumulados ao longo de milénios, e que as gerações transmitem umas às outras num processo constante, acabando por constituir uma espécie de ensinamento automático que vai permitir resolver muitas situações sem perder tempo a reflectir.

Quando alguém nos ataca (por exemplo, com um pau) reagimos numa atitude de defesa imediata, sem atender a qualquer reflexão. É a solução instintiva, o resultado de um saber acumulado que vem dos nossos antepassados que sofreram casos idênticos.

Quando adiantei a definição de património genético referi, expressamente, que o repositório da experiência ancestral, o eco de acontecimentos universais pré-históricos, moldados a cada século constituía um conhecimento acumulado, que fazia parte dos componentes culturais da nossa própria identidade.

Parece o fim do dogmatismo absoluto: "penso logo existo" e a sua substituição por "penso e sinto logo existo".

No entanto, se é difícil, como se vê, definir e explicar os motivos do comportamento humano parece ter de se aceitar que há uma certa

---

([309]) ANTÓNIO DAMÁSIO, *O Erro de Descartes-Emoção, Razão e Cérebro Humano*, Publicações Europa-América, Lisboa, 1995.

margem de liberdade, e é neste sentido que se diz que o Homem é dono da sua própria consciência. Afirmou-o a filosofia grega, acrescentou-o o profetismo hebraico e concluiu-o o espiritualismo cristão.

Perturbar todos estes mecanismos naturais da vontade, razão, instintos, reflexos condicionados, etc, por um programa biotecnológico é pôr em causa valores, conceitos, ideias que distinguem a nossa Civilização e de modo particular os princípios e fundamentos do Direito.

— Mas, se um programa genético pode determinar, fixar a vontade e capacidade de perceber e decidir do ser humano, também desde logo, está em causa o princípio da autonomia da vontade, como expressão de um princípio mais amplo, a grande máxima da liberdade: é lícito tudo o que não é proibido.

A autonomia da vontade é o princípio segundo o qual, dentro dos limites estabelecidos na lei, a vontade expressa livremente tem a faculdade de criar, modificar e extinguir relações jurídicas ([310]).

Cada indivíduo tem o poder de estabelecer livremente dentro dos limites estipulados pela ordem jurídica as suas relações jurídicas ([311]).

Contudo, assim como a lei que delimita a esfera de autonomia privada é pautada por ideais de justiça, a vontade do indivíduo, também, não pode alhear-se desses princípios. Não seria lógico que a lei permitisse a existência de um espaço autónomo privado onde a vontade do indivíduo pudesse ser contrária a essas ideias de justiça. Daí a célebre frase de Flume "stat pro ratione voluntas", para caracterizar o papel da vontade para a autonomia, só poder ser aceite "cum grano salis" (não é possível ultrapassar as margens de tolerância da lei ([312]) ([313]).

O próprio conceito de direito não seria possível sem o pressuposto de vontades livres: "Por isso o direito é a globalidade (Inbegriff) das condições, sob as quais o livre arbítrio (Willkur) de um pode ser unido ao livre arbítrio do outro segundo uma lei universal da liberdade" (Kant, Metafísica dos Costumes, Introdução à Doutrina do Direito, A 230).

([310]) F. DE. CASTRO Y BRAVO, El negocio jurídico, Madrid, 1971, pág. 11 e seguintes.

([311]) RABINDRANATH V. A. CAPELO DE SOUSA, O Direito Geral de Personalidade, cit., pág. 519 e seguintes.

([312]) HEINRICH EWALD HORSTER, A parte geral do Código Civil Português. Teoria Geral do Direito Civil, Almedina, Coimbra, 1992, pág. 52 e seguintes.

([313]) STELA MARCOS DE ALMEIDA NEVES BARBAS, Boa Fé, «Colectânea de Jurisprudência», Ano II, Tomo II, 1994, pág. 13 e seguintes.

— Assim, e relativamente à pergunta de saber se a criança pode ser objecto de Direito, não é pacífica a posição dos juristas.

Não será viável questionar se o ser que resulta no caso extremo da reprodução assexuada pelo método de cloning não é um produto industrial que foi fabricado segundo parâmetros pré-determinados?

Se pela engenharia genética se pode escolher o sexo, as características físicas, afectivas, volitivas e intelectuais, se é viável, em suma, fixar a vontade, capacidade de perceber e decidir, "a criança da ciência" continua a ser uma pessoa sujeita de direitos ou passou a ser, em certos casos, uma coisa, e como tal objecto na relação jurídica?

Kant já, certamente, neste contexto não poderia escrever que a pessoa é "a liberdade e independência perante o mecanismo da natureza toda, consideradas ao mesmo tempo como a faculdade de um ser submetida a leis próprias, isto é, a leis puras práticas estabelecidas pela própria razão" e, ainda, pessoa "é um fim em si mesma" não podendo ser substituída por outra.

Juristas ([314]), designadamente em França, caso de Pierre Raynaud ([315]) partindo da tese de que há personalidade desde a concepção, opõem-se a qualquer forma de inseminação artificial, para que a "criança da ciência" não possa ser tratada como um objecto, uma mercadoria que se pode livremente comprar, vender, trocar.

É esta a posição oficial do Vaticano ([316]), orientação aliás contestada por sectores católicos (onde me incluo) por entenderem que na inseminação homóloga, respeitadas determinadas condições, não há perda de identidade, não se violam valores essenciais, nem é matéria contrária a qualquer dogma, e, outrossim, se reforça "o direito à procriação".

A questão envolve, deste modo, uma grave dificuldade. O direito à criança é um direito em que a criança será o seu objecto como se se tratasse de um bem material (o carro, o prédio que se projecta segundo a vontade, o gosto do proprietário, etc)?

([314]) JEAN-LOUIS BAUDOUIN e CATHERINE LABRUSSE RIOU, *Produire l' homme. De quel droit?* P. U. F., Paris, 1987, pág. 277 e seguintes.

([315]) PIERRE RAYNAUD, *L ' enfant peut — il être object de droit?*, «Recueil Dalloz Sirey», 15 Cahier Chronique XVI, Paris, 1988, pág. 109 e seguintes.

([316]) RATZINGER, *Le Don de la Vie*, "Xahiers de l' Actualité Religieuse et Sociale", Abril, 1987, págs. 20-28.

É de admitir que a criança é uma coisa propriedade daqueles que a tenham concebido ou que é propriedade do laboratório onde se efectivou o contrato entre o biólogo e os pais? ([317])

Alterados os elementos da relação jurídica?

A possibilidade desta equação significa, desde já, que conceitos jurídicos considerados rigorosamente definidos estão em causa.

"Não é o fim da História", mas pode ser o termo da ideia do "fixismo" de alguns dos grandes princípios do Direito.

5 — A última fronteira nesta escalada de hipóteses suscitada pela biotecnologia seria a de uma Humanidade dividida em duas ou mais "raças" com destinos diferentes.

Como já escrevi ([318]): é evidente que este labirinto de novos caminhos, que se entrecruzam, sobrepõem e multiplicam, nos coloca uma pergunta inquietante: qual o futuro da humanidade a partir do momento em que a engenharia genética pode "fabricar" um novo homem? Novas raças, uma de super-homens, belos, fortes e inteligentes, de amos e outra de infra humanos para servir aquela?

... No domínio da genética animal são conhecidos os resultados:

vacas todas rigorosamente iguais, de corpulência reduzida para consumirem menos alimentos e ocuparem menor espaço nos locais de acolhimento, praticamente sem iniciativa, controlada que foi a vocação e rebeldia natural dos instintos ; puras máquinas de fabrico de carne e leite.

O mesmo com a pessoa humana? Claro que é possível.

Na história recente já foi tentado. Num país herdeiro e detentor de uma cultura brilhantíssima, terra de matemáticos, pintores, humanistas, juristas, etc, "pátria de inteligentes", como lhe chama um ensaista, foi defendida a tese absurda "da superioridade do homem ariano", e tentada a manipulação genética para o mito ser consagrado na prática.

([317]) "Quando se afirma que as pessoas podem ser objecto de direitos não se pretende significar que seja a pessoa "qua tale" na sua dignidade de pessoa jurídica, que fica sujeita ao direito de outras pessoas... Em qualquer caso esses direitos têm uma configuração muito especial, pois além de não revestirem natureza patrimonial, o que desde logo os demarca claramente do instituto da escravatura, têm a natureza de poderes funcionais ou poderes-deveres... São, assim conferidos, não no interesse do seu titular, mas no da pessoa a que respeitam.", CARVALHO FERNANDES, *Teoria Geral do Direito Civil*, Vol. II, A.A.F.D.L., Lisboa, 1983, pág. 167.

([318]) STELA BARBAS, *Consequências da manipulação genética no direito das pessoas e na condição jurídica dos nascituros*, cit., pág. 83 e seguintes.

Felizmente, a derrota militar pôs termo a esta louca aventura.

Hoje, cada vez mais se considera a biotecnologia como um desafio em aberto, sem qualquer tipo de limites de possibilidades científicas.

Por exemplo, e com todo o peso da sua reconhecida categoria, Agostinho de Almeida Santos defendeu: "Poder-se-á, no entanto, congeminar acerca da possibilidade de o homem vir a tomar a decisão de se reconstruir a si próprio, afim de viver melhor nos meios modificados da Terra ou até noutros espaços.

Só que a ser possível uma alteração genética das células germinais ela iria condicionar mais provavelmente uma deterioração do que uma melhoria do ser humano.

Se tal viesse a acontecer os biologistas passariam a ter ao seu alcance a modificação do destino da Humanidade através da criação de uma nova espécie que surgiria dos escombros da que é nossa.

Poder-se-iam talvez conceber diversas espécies diferentes, segundo as modificações profundas introduzidas na natureza humana, em função até dos seus novos e diversificados meios ambientes imagináveis ou possíveis.

E não seria de todo em todo inverosímel que um qualquer poder ao serviço de uma ideologia totalitária reclamasse, de forma mais ou menos encapotada e para bem do homem, a necessidade de utilizar a engenharia genética das células germinais para fabricar super-homens, escravos ou soldados" ([319]) ([320]).

Os dados da investigação estão lançados no pano verde da grande aposta que representa a nova biotecnologia.

Repetindo a crença do político francês que na Segunda Grande Guerra Mundial, perante a derrocada do seu exército frente ao poderio alemão, proferiu a frase que fez história — "Se me disserem que só um milagre pode salvar a França acredito nesse milagre porque acredito na França" —, podemos afirmar, como dado adquirido, que o Homem, com avanços e recuos, triunfou sempre de todas as adversidades mesmo daquelas que ele cria contra si próprio, e que o Progresso em todos os domínios acaba por ser uma constante da evolução da Humanidade.

([319]) AGOSTINHO DE ALMEIDA SANTOS, Ob. cit., págs. 66 e 67.
([320]) Neste sentido J. GAFO, *El hombre ante la alternativa de la manipulación de su propria biología*, Sal Terrae, 67, 1979, pág. 575 e seguintes.

CAPÍTULO XIV

PROJECTO PORTUGUÊS ELABORADO PELA COMISSÃO PARA O ENQUADRAMENTO LEGISLATIVO DAS NOVAS TECNOLOGIAS.

SUMÁRIO

1 — Despacho n.º 37/86 do Ministro da Justiça.
2 — As duas opções fundamentais: inseminação heteróloga e anonimato do dador que não acolheram a unanimidade do Grupo de Trabalho. Voto de vencido de Luis Archer. Posição contrária, também, da Ordem dos Médicos.
3 — As cinco regras principais que dominam o Projecto.
   a) Regra da subsidiariedade (a procriação assistida é sempre um processo subsidiário e nunca uma forma alternativa ao lado da gravidez natural).
   A questão de saber quando tem lugar o princípio da subsidiariedade.
   b) Regra da responsabilidade (dos beneficiários e dos médicos).
   c) Regra da liberdade (dos beneficiários e dos clínicos que podem invocar objecção de consciência).
   d) Regra da protecção da vida e da integridade física da mãe e do nascituro (tendo de ser garantida razoável probabilidade de êxito).
   e) Regra da protecção da criança em ordem ao seu desenvolvimento integral (a criança é o fim essencial e último da procriação humana assistida).
4 — Equiparação do casamento à união de facto estável perante as novas tecnologias.
5 — Quem deve autorizar a inseminação, o médico ou o magistrado? Opiniões diferentes. Defesa da necessidade da intervenção do poder judicial, que não deve esgotar-se no momento da autorização mas acompanhar todo o processo até ao nascimen-

to da criança. Sugestão do articulado sobre a forma que deve revestir a autorização judicial. Possibilidade de recurso da decisão do juiz.

6 — Análise do artigo 4.º do Projecto. Não será de completar com a proibição expressa de qualquer tentativa de fazer nascer um ser humano em que toda a gestação decorra fora do ventre da mãe até ao seu nascimento? Será necessária a disposição do n.º 2 do artigo 46.º?

7 — Utilidade da indicação das técnicas permitidas na recolha do esperma: após coito normal, por masturbação, por massagem prostática e por aspiração mediante punção testicular. Brevíssimos comentários.

8 — O vazio normativo e a responsabilidade de todos nós.

PROJECTO PORTUGUÊS ELABORADO PELA COMISSÃO PARA O ENQUADRAMENTO LEGISLATIVO DAS NOVAS TECNOLOGIAS ([321]).

1 — Por Despacho n.º 37/86 do Ministro da Justiça — ao tempo Mário Raposo — foi nomeada uma Comissão para o Enquadramento Legislativo das Novas Tecnologias.

Este Grupo de Trabalho, de que fazia parte um naipe de personalidades ao mais alto nível de várias áreas do conhecimento, elaborou documentos notabilíssimos.

Vou fazer particular referência ao Projecto sobre a Utilização de Técnicas de Procriação Assistida.

Este Projecto desenvolve-se com toda a lógica e rigor ao longo de articulados perfeitos, dentro das soluções adoptadas por aquela referida Comissão.

2 — O Projecto assume duas opções fundamentais — que, aliás, não mereceram a unanimidade do Grupo —, a saber:

A — A consagração da inseminação artificial heteróloga (artigos 1.º, 15.º e seguintes).

B — O anonimato do dador (artigo 30.º).

Qualquer destas opções é contrariada neste meu estudo.

O vogal da Comissão Luis Archer apresentou voto de vencido, de que cito os passos principais: "... Em meu entender, e sabendo que os gâmetas transportam genes que são os determinantes específicos da identidade da pessoa, a dação de gâmetas significa:

a) por parte do dador,
— despersonalização do seu potencial reprodutor,
— colectivização dos determinantes da pessoa inalienável,
— intenção de transmitir vidas desresponsabilizando-se, por si próprio, dum projecto paternal;

([321]) Limito-me a considerar questões que julgo principais e que ainda não foram equacionadas neste trabalho.

b) por parte dos beneficiários,
— tentativa de se encobrirem numa infertilidade nem assumida nem eliminada,
— intromissão dum elemento fundamental, que é estranho ao casal: transmite-se, em 50 %, vida de outrem,
— negação da base genética da paternidade ou maternidade;
c) em relação ao nascituro,
— em vez de gerado em acto interpessoal, ele é produzido por escolha científica (ver, por exemplo; artigo 26.ª do Projecto, sobre "selecção do esperma"), o que ofende a intangibilidade da pessoa humana nas próprias características fundamentais de toda a sua vida,
— priva-o da relação filial com o progenitor, desinserindo-o das suas raízes genéticas.

Em particular, o anonimato do dador:
— ofende o direito fundamental à identidade pessoal (art.º 26.º, n.º 1 da Constituição da República) subalternizando-o a um suposto direito dos inférteis a terem um filho. Este último é, nessa medida, instrumentalizado,
— esconde, sem a resolver, as objecções postas a estas tecnologias,
— facilitou que, sob fortes pressões de interesses particulares, estas técnicas particulares entrassem antes de uma reflexão livre e isenta, nos costumes de algumas sociedades o que agora se evoca como um direito consuetudinário".

Também Adelino Augusto de Abreu Fernandes Marques prestou a declaração de voto que passo a transcrever: "Pronuncio-me contra a admissibilidade legal da inseminação artificial heteróloga na minha responsabilidade de representante da Ordem dos Médicos, cujo Conselho Nacional de Deontologia Médica, de que sou vogal rejeitou por unanimidade a inseminação artificial heteróloga na sua reunião de 23 de Fevereiro de 1980; reafirmando, na sua reunião de 24 de Julho de 1986, essa posição, entendeu ainda o mesmo Conselho, igualmente por unanimidade, que a criação "de bancos de esperma" é, no ponto específico da inseminação artificial heteróloga, incompatível com os princípios deontológicos que o norteiam".

3 — Para além daquelas duas referidas opções de fundo, o Projecto obedece às seguintes regras principais:

a) Regra da subsidiariedade. A procriação médica assistida é sempre um processo subsidiário e nunca uma forma alternativa de procriação ao lado da gravidez natural. Assim os beneficiários não podem escolher entre os dois modos. O Projecto fixa as condições que têm de ser verificadas para que, como última solução, as técnicas da procriação assistida possam ser efectuadas. Neste sentido é claro o artigo 3.º (Condições de admissibilidade) ao determinar que as técnicas de procriação assistida só podem ser utilizadas se os beneficiários forem inférteis e outros métodos de tratamento da infertilidade se mostrarem infrutíferos ou clinicamente inadequados ou se, embora os beneficiários sejam férteis, existir risco sério que não possa ser evitado sem recurso àquelas técnicas, de transmissão ao nascituro de doença hereditária ou infecciosa grave.

Na esteira de alguma doutrina, nomeadamente brasileira, ([322]) defendi ([323]) que o princípio da subsidiariedade só deveria ter lugar depois de verificadas três condições essenciais:

— A não impotência dos cônjuges ou dos companheiros de união de facto;

— A necessidade da consumação carnal entre os cônjuges ou entre os companheiros de união de facto ([324]);

— A prova da impossibilidade de fecundação por meio de relação sexual normal.

E justifiquei, respectivamente, nos termos que se seguem: a inseminação artificial não pode resolver todos os problemas resultantes da impotência sexual. Seria contrariar o código de honra da família natural.

A consumação sexual é elemento decivo no casamento ou na união de facto. É tão importante que a Igreja que não aceita o divórcio, dado o carácter de sacramento ([325]) do matrimónio, admite a chamada dis-

---

([322]) MARCO AURÉLIO S. VIANA, Ob. cit., págs 238-260.

([323]) STELA BARBAS, *Consequências da manipulação genética no direito das pessoas e na condição jurídica dos nascituros*, cit., págs. 98 e 99.

([324]) Cânone 1141 — Matrimonium ratum et consummatum nulla humana potestate nullaque causa, praeterquam morte, dissolvi potest, *Codex Juris Canonici*.

([325]) Cânone 1055 — 1. Matrimoniale foedus, quo vir et mulier inter se totius vitae consortium constituunt, indole sua naturali ad bonum coniugum atque ad prolis

pensa de casamento rato e não consumado ([326]) ([327]). Seria absurdo, assim, permitir a inseminação sem que aquele requisito se tivesse verificado. Todo o aparato jurídico, moral e religioso do casamento ou da união de facto seria posto em causa.

A gravidez deve resultar, nestes termos, de conjunção carnal natural, aparecendo a inseminação artificial como o último recurso para se conseguir a procriação. Não pode deixar de se equacionar que a inseminação é um procedimento mecânico, automático que contraria os princípios da atracção sexual e do amor nas suas manifestações primárias.

Hoje entendo ser viável argumentar que são ideias excessivamente restritivas, radicais, que podiam mesmo consubstanciar situações de total injustiça, de discriminação e, até, de selecção eugénica.

Seria, por exemplo, o caso de após a celebração do casamento ou da verificação da união de facto estável constatar-se a impotência relativa do homem (relativa por ter filhos de matrimónio ou união de facto anterior).

Outra hipótese, um casal depois da celebração do casamento é vítima de um acidente de carro de que resulta a paralisia do marido e a sua consequente impotência. Sem consumação, nem hipótese de vir a acontecer, embora o marido continuasse a ser fértil, não poderiam ser utilizados os processos da inseminação homóloga, o que seria manifestamente desumano. Penso, mesmo, que estes casos e outros de igual força são, por vezes, as situações em que mais se justificam as técnicas da procriação assistida.

b) Regra da responsabilidade. As intervenções devem ser realizadas sob a responsabilidade e a directa vigilância de pessoal médico e em instalações idóneas. É o que determina o artigo 2.º. Por sua vez, o artigo 8.º fixa as obrigações especiais dos clínicos, designadamente a ve-

---

generationem et educationem ordinatum, a Christo Domino ad sacramenti dignitatem inter baptizatos evectum est, *Codex Juris Canonici*.

([326]) Cânone 1142 — Matrimonium non consummatum inter baptizatos vel inter partem baptizatam et partem non baptizatam a Romano Pontifice dissolvi potest iusta de causa, utraque parte rogante vel alterutra, etsi altera pars sit invita, *Codex Juris Canonici*.

([327]) O artigo 1625.º do Código Civil Português reconhece que o conhecimento das causas respeitantes à nulidade do casamento católico e à dispensa do casamento rato e não consumado é reservado aos tribunais e repartições eclesiásticas competentes. Esta disposição reproduz o 1.º parágrafo do artigo 25.º da

rificação de que existem todas as condições necessárias para a execução da técnica a utilizar e a constatação de que os beneficiários se encontram devidamente esclarecidos sobre as implicações médicas, jurídicas e sociais prováveis do tratamento, em particular sobre as que consubstanciam risco para o nascituro. Têm, ainda, os clínicos de constatar que os beneficiários foram informados das condições em que lhes seria possível recorrer à adopção.

c) Regra da liberdade. Está fixada no artigo 7.º, quando determina que as técnicas de procriação assistida só podem ser utilizadas se os beneficiários derem o seu consentimento livre, esclarecido, de forma expressa e por escrito. Este consentimento é livremente revogável; todavia a revogação deve ser anterior ao acto de que resultou a gravidez. O artigo 9.º disciplina que ninguém pode ser obrigado a contribuir directamente para a execução das técnicas de procriação assistida se invocar objecção de consciência.

d) Regra da protecção da vida e da integridade física da mãe e da criança. Este princípio está nitidamente expresso no número 2 do artigo 3.º, ao consagrar que a técnica utilizada deve garantir razoável probabilidade de êxito e não oferecer risco significativo de que a sua utilização comprometa a saúde da mãe ou do filho. Outras aplicações do princípio da protecção constam dos artigos 16.º (proibição de inseminação artificial heteróloga com esperma fresco), 18.º (exigência de condições de idade e de saúde física e psíquica do dador), 37.º (fixação de regras sobre o número e destino dos embriões), etc.

e) Regra da protecção da criança em ordem ao seu desenvolvimento integral, nos termos do artigo 68.º da Constituição da República, em particular o seu direito inderrogável a beneficiar da estrutura familiar biparental da filiação.

Está fora de dúvida de que para o seu desenvolvimento integral, a criança deve ter pai e mãe e não apenas pai ou mãe. Para garantia deste direito, o Projecto determina que só podem recorrer às técnicas de procriação assistida pessoas casadas ou que vivam em comunhão de leito, mesa e habitação em condições análogas às dos cônjuges; a necessidade da existência de condições que assegurem ao nascituro o adequado desenvolvimento humano (artigo 3.º, alínea *c*) do número 2); proibição de maternidade de substituição (artigo 5.º) ; a interdição da inseminação da viúva com o esperma do falecido marido mesmo que este tivesse autorizado o acto de inseminação (artigo 14.º); na hipótese de inseminação artificial heteróloga exigem-se requisitos de duração do casamento ou da união de facto estável, e de idade máxima e mínima dos beneficiários (artigo 17.º); a imposição aos médicos e mais pessoal dos estabelecimentos autorizados a praticar técnicas de procriação assistida, a obrigação de não revelar a identidade do dador e, em princípio a obrigação de guardar sigilo daquele acto (artigo 24.º); a proibição do estabelecimento da paternidade do dador relativamente ao filho nascido por processo de inseminação artificial heteróloga (artigo 30.º); a impugnação da maternidade no caso de dação de óvulos com o argumento de a mãe "gestatrix" não ser a mãe "genetrix" (artigo 34.º, número 2) ; etc.

Estas cinco grandes regras devem estar presentes em qualquer legislação sobre Procriação Humana Assistida, com as alterações decorrentes da interdição da inseminação heteróloga e do anonimato do dador.

4 — Concordo com a solução do artigo 6.º do Projecto ao determinar que as técnicas de procriação assistida podem ser utilizadas por pessoas casadas ou que vivam em comunhão de leito, mesa e habitação em condições análogas às dos cônjuges.

São cada vez mais numerosas as mulheres celibatárias que pretendem criar uma família monoparental com recurso à técnica para que nenhum homem possa ser responsabilizado pela gestação.

As razões aduzidas são as mais variadas: desde a virgem que quer ser mãe mas mantendo o seu estado de virgindade ([328]), à mulher emancipada que quer ter o filho mas continuando só, à mulher lésbica, etc.

Penso que tais situações não devem ser permitidas ([329]).

([328]) São inúmeras as vozes críticas de tal pretensão. A justificação é dada com base na "eventual situação dramática" que, posteriormente, poderá enfrentar a criança nascida de uma mãe que se nega à sexualidade e à intromissão de um homem na sua vida. Julgo que esta criança, especialmente se for um rapaz, se desenvolveria, em princípio, num ambiente psicologicamente estranho e adverso, pouco propício a um desabrochar normal, designadamente no que concerne à sua própria sexualidade.

([329]) A Lei Sueca 1140/1984 de 20 de Dezembro sobre Inseminação Artificial é clara ao determinar no artigo 2.º que: "só pode ter acesso à inseminação a mulher que seja casada ou viva em união de facto e tenha o consentimento escrito do cônjuge ou do companheiro".

Alguns anos depois a Lei Sueca 711/1988 de 14 de Junho relativa à Fecundação Extracorporal reitera no artigo 2.º o consagrado na anterior: "A implantação de um óvulo

O argumento de que as famílias monoparentais (consequência do aumento dos divórcios e das separações de facto) são cada vez mais numerosas não é suficiente para justificar o acesso de mulheres sós à procriação artificial: constituem um mal necessário ao passo que a possibilidade de as mulheres celibatárias recorrerem a estas técnicas originaria casos deliberados, intencionais de famílias monoparentais. Seria a própria norma jurídica a fomentar situações contrárias ao desenvolvimento integral da criança (artigo 69.º da Constituição da República Portuguesa) dado ser sempre ideal ter pai e mãe (artigo 68.º do mesmo Diploma).

É tese praticamente pacífica não ser de permitir aos casais homossexuais utilizar os novos processos de procriação assistida ([330]) ([331]) ([332]).

---

fecundado in vitro só é possível se a mulher for casada ou viver em união de facto e o cônjuge ou companheiro tiver dado o seu consentimento por escrito".

A Lei Norueguesa 68/1987 de 12 de Junho sobre Fecundação Artificial preceitua no seu artigo 4.º: "A fecundação artificial só pode ser efectuada em mulheres casadas e com o consentimento escrito de ambos os membros do casal".

([330]) O Princípio 1 da Recomendação do C.A.H.B.I sobre a Procriação Artificial Humana consagra: "Les techniques de prócreation artificielle humaine peuvent être employées en faveur d' un couple heterosexuel".

([331]) "Na Alemanha e na Itália, já se debate, no plano doutrinário, admitindo-o, o acesso às técnicas pelos transsexuais. É o caso por ex. de um transsexual "homem" que, antes da operação para se tornar "mulher" conserva o seu esperma num banco, para, depois, ser com ele fecundada uma mulher, com posterior adopção da criança pelo "pai-mãe" ; ou o caso de uma mulher transsexual, com orgãos sexuais masculinos funcionando em pleno, e cuja única característica feminina é ter ovários com óvulos fecundáveis, e que, antes da operação para mudança de sexo, deseja que lhe sejam retirados óvulos para posterior fecundação com dador, e gestação numa outra mulher (para maior desenvolvimento, vide, Dr. PAOLO VECCHI, *La fecondazione artificiale nel caso di mutamento di sesso in Itália e nella Germania Federale*, Quaderni di Diritto Comparato, 1989.", JOAQUIM JOSÉ DE SOUSA DINIS, *Procriação Assistida: Questões Jurídicas*, «Colectânea de Jurisprudência», Ano XVIII, Tomo IV, 1993, pág. 10.

([332]) Em 1984, ROBERT CLARKE, Ob. cit., pág. 106, informa que o Centro de Saúde Feminista de Oakland, na Califórnia, realiza as inseminações numa "atmosfera luxuosa, entre plantas verdes e música suave, oferecendo champanhe às futuras mães". Nele são feitas por mês mais de uma centena de inseminações sendo a maior parte das destinatárias mulheres sós. A directora do Centro informa que este é intitulado de "banco de esperma de lésbicas".

Na Suécia, nesta data, já existiam associações de lésbicas que criaram o seu próprio centro de inseminação. Este autor, a pág. 94, acrescenta: "Não podemos deixar de nos sentir chocados com a história contada no jornal Californiano San Francisco Examiner, de uma criança que nasceu por inseminação artificial num casal de lésbicas. Ao pendurar o casaco

Discutindo-se, no entanto, se essa mesma proibição se deve alargar às uniões de facto estáveis.

No nosso ordenamento jurídico há alguma contradição entre disposições do Código Civil.

Com efeito, no termos do número 1 do artigo 1979.º, só podem adoptar plenamente duas pessoas casadas, afastando-se, portanto, a hipótese de o poderem fazer pessoas que vivam em comunhão de leito, mesa e habitação em condições análogas às dos cônjuges, por mais estável que se afirme a união de facto ([333]).

Mas é difícil, porém, harmonizar aquela disposição com a constante do número 3 do artigo 1911.º, que expressamente determina "se os progenitores conviverem maritalmente, o exercício do poder paternal pertence a ambos quando declararem perante o funcionário do registo civil, ser essa a sua vontade", sendo de aplicar nesta hipótese, "com as necessárias adaptações, o disposto nos artigos 1901.º a 1904.º".

Julgo ser indiscutível que as uniões de facto estáveis são realidades que não podem ser desconhecidas. Correspondem a situações que a prática, o costume, a aceitação generalizada impõem que sejam reconhecidas pelo Direito ([334]).

Neste sentido, Rogério Soares e Leite de Campos defendem: "A noção de família compreende tanto a família legítima como a natural"... "A igualdade de todos os filhos (nascidos do casamento ou fora do casamento) significa que o casamento já não é a única fonte de procriação reconhecida pelo Direito" ([335]).

---

quando vinha do infantário, a criança chamava-lhe «papá». Ouvia as outras crianças cujos pais as iam buscar, dizer «papá» ao vestir o casaco. Fazia então o mesmo, mas, no seu caso, se tinha um casaco não tinha, contudo, um «papá»".

([333]) A solução do artigo 1979.º, número 1 já vem do Código Civil de 1966 e foi mantida pela Reforma de 1977 (Decreto-Lei n.º 496 de 25 de Novembro) e, recentemente, pelo Decreto-Lei n.º 185/93 de 22 de Maio.

([334]) Nesta orientação, o Relatório da Comissão Warnock ao consagrar "While we are vitally aware of the need to protect these interests, we are not prepared to recommend that acess to treatment should be based exclusively on the legal status of marriage... This report takes the term couple to mean a heterosexual couple living together in a stable relationship, whether married or not. We use the words husband and wife to denote a relationship, not a legal status".

([335]) ROGÉRIO ERHARDT SOARES e DIOGO LEITE DE CAMPOS, *A Família em Direito Constitucional Comparado*, «Revista da Ordem dos Advogados», Ano 50, Abril, 1990, pág. 19.

O Projecto na esteira do número 3 do artigo 1839.º do Código Civil sacrifica a verdade biológica, ao considerar como pai da criança nascida pela técnica de inseminação artificial heteróloga, o homem que vive em união de facto com a mãe e que consentiu expressamente num acto de inseminação de que veio a resultar a gravidez.

Caso não se tenha verificado perfilhação e for lavrado registo de nascimento unicamente com a maternidade estabelecida haverá lugar ao processo de averiguação oficiosa da paternidade, nos termos gerais. O Tribunal declarará a paternidade uma vez reunidos os requisitos da convivência da união de facto e o consentimento do homem que vive com a mãe da criança no acto de inseminação que originou a gravidez, a não ser que o interessado consiga provar que a criança não nasceu do acto de inseminação por ele autorizado (artigos 29.º e 33.º do Projecto).

5 — Não é pacífica a questão de quem deve autorizar a procriação assistida, o médico ou o magistrado?

O Projecto nomeadamente no número 2 do artigo 7.º, no artigo 8.º e, ainda no "Anexo a que se refere o artigo 7.º, número 2 da Lei/ /Decreto Lei n.º "atribui aquela competência ao clínico, devendo este, no entanto, respeitar diversas cautelas, aliás, referidas com muito rigor [336].

Todavia, nada dispõe, sobre o possível recurso da decisão tomada.

Penso de maneira diferente, parece-me indispensável a intervenção do poder judicial, e para tanto não será necessário argumentar com esta exigência para a adopção, que na sua essência se limita a escolher uma família para a criança já nascida.

A procriação assistida tem por fim principal dar origem a um novo ser humano, é sempre um processo de criação.

---

[336] Na convicção de que o Projecto e mais disposições teriam seguimento, a Comissão propôs ao Ministro da Justiça a adopção de um regime provisório e restritivo que veio a concretizar-se no Decreto Lei n.º 318/86 de 25 de Setembro. Este Diploma, muito limitado, nos seus três artigos autoriza a inseminação artificial homóloga, a fertilização in vitro e a fertilização intra tubária, com sémen fresco, mas sempre "sob a responsailidade e a directa vigilância de um médico".

A inseminação heteróloga e outras técnicas com sémen congelado dependeriam de autorização prévia do Ministro da Saúde, em condições que seriam definidas em decreto regulamentar (artigo 2.º). Como se sabe, o decreto regulamentar não foi publicado pelo que hoje vigora ainda o regime restrito daquele Decreto Lei.

Mas, outrossim, neste Diploma a competência e a fiscalização não competiam ao poder judicial.

Existe uma panóplia de variadíssimas situações diferentes parecidas ou que se conjugam, a decidir, muitas vezes, por um juízo de valor.

O magistrado, por vocação natural, é a entidade que oferece maior segurança e justiça. E depois as intervenções sucessivas dos juízes vão dar lugar a uma jurisprudência que é indispensável para uma rigorosa definição de critérios.

Vejamos com algum pormenor os significados possiveis de fertilidade, esterilidade e impotência.

Em sentido médico admite-se a existência de esterilidade quando há "pelo menos um ano de tentativas infrutíferas para se iniciar uma gravidez". A esterilidade configura as mais variadas causas e oferece situações muito diversificadas.

A esterilidade do ponto de vista psicológico é encarada como uma "ferida" no orgulho que não se circunscreve à função de reprodução mas, também, ao desmoronar do sonho do prolongamento da vida para além da vida por meio dos filhos. A esterilidade é, muitas vezes, vivida pelos "quase futuros pais" como a frustração de um projecto, como a penosa constatação da sua natureza humana, falível e mortal.

Pode ser remediável, esterilidade relativa, quando desaparece uma vez removido o impedimento que a provoca, ou absoluta se não há solução por falta ou lesão permanente de orgãos essenciais. Por exemplo, a esterilidade masculina pode resultar da intoxicação pelo álcool, por anemias várias, tuberculose, sífilis, etc, situações estas que se forem resolvidas fazem com que o homem volte a ser fértil. Aqui pode falar-se de esterilidade temporária.

Há que distinguir, ainda, uma esterilidade primária na qual não acontece nenhuma gravidez, e uma secundária em que o nascimento de um filho não foi seguido de nenhuma outra gravidez, o que acontece, normalmente, quando existe um fibromioma uterino.

Outros casos podiam ser referidos para significar que nem sempre será fácil determinar a esterilidade em um dado momento, ou se é viável o seu tratamento, e se é situação que juridicamente corresponde ao preceituado no artigo 3.º.

Por impotência, em sentido geral, entende-se a incapacidade para a realização de relações sexuais por debilidade de erecção que impede o coito.

É extremamente difícil sistematizar as perturbações da impotência por poderem consubstanciar causas muito diferentes, e apresentarem formas de transição variadas, designadamente quando são manifestações parciais de enfermidades orgânicas ou têm como origem situações tóxicas, nervosas ou psíquicas. Em recém-casados perfeitamente normais acontecem casos de impotência que resultam de situações e depressões psíquicas fortes, como a ansiedade, o medo, a tristeza e preocupação, a falta de confiança própria, etc. Nos quadros clínicos destas formas, há, ainda, várias graduações de impotência como a ejaculação prematura ou a sua ausência, a debilidade de erecção, etc. Merece referência especial a impotência relativa, quando só se verifica ante certas mulheres e não acontece perante outras. A etiologia de todos estes tipos de impotência é muito variada e complexa e podem resultar de excessos sexuais da castidade, masturbação, perturbações endócrinas, etc ([337]).

([337]) Em 1993 o Grupo de Trabalho para o Estudo da Medicina Familiar, Fertilidade e Reprodução, na pág. 93 do seu Relatório e Programa, informa que o Instituto Nacional de Estatística, através do Centro de Estudos Demográficos, actual Gabinete de Estudos Demográficos, realizou o Inquérito Português à Fecundidade, em 1980, com o apoio técnico do World Fertility Survey (WFS); o apoio financeiro coube ao fundo das Nações Unidas para as actividades da população (FNUAP) e ao Governo Português.

A realização do inquérito foi proposta inicialmente pela Comissão da Condição Feminina (actual Comissão para a Igualdade e para os Direitos das Mulheres) que solicitou a colaboração do Instituto Nacional de Estatística e do Ministério da Saúde para a sua execução; os três organismos foram responsáveis pelo planeamento do Inquérito.

"O Inquérito foi feito por amostragem, tendo sido selecionada uma sub-amostra da amostra-mãe do censo de 1970 (amostra de unidades de alojamento). A amostra inclui todas as mulheres que tivessem estado casadas, legalmente ou em união de facto, dos 15 aos 49 anos de idade. A amostra inclui 13.586 alojamentos a que corresponderam 5.561 mulheres elegíveis para serem entrevistadas; conseguiram-se 5.148 entrevistas completas, sendo a taxa de recusa do questionário individual de 2%.

O questionário nacional acentou no questionário-base do WFS, que se destinava a ser aplicado nos países de baixa fecundidade, com algumas adaptações, entre as quais a inquirição das razões para não querer mais filhos.

A análise dos resultados do inquérito e a sua comparação com os dados das estatísticas demográficas correntes permitiu atribuir grande precisão ao Inquérito Português à Fecundidade.

À questão sobre se queriam ter outro filho, 69% das mulheres responderam negativamente; dificuldades económicas (41%), a idade "demasiado velha" (21%) e motivos de saúde (12%), foram as causas mais apontadas. As dificuldades económicas explicaram 55% da opção de não ter mais filhos entre as mulheres com menos de 35 anos.

Segundo estes dados a natalidade estacionária ou mesmo negativa nos dois últimos anos (1993 e 1994) portuguesa não resulta de situações normais de infertilidade, mas das razões apontadas, "política do filho único" na linha generalizada dos países mais industrializados.

A Comissão Económica das Nações Unidas para a Europa, sob a responsabilidade

Todo este pormenor na descrição da infertilidade em termos gerais teve como propósito tentar defender a ideia da necessidade de intervenção judicial. Trata-se de teia variadíssima de situações, que só a consagração de jurisprudência própria julgo poder resolver a contento. Não é fácil determinar em cada caso concreto se aquela infertilidade se enquadra juridicamente no disposto na lei.

É evidente que o magistrado antes de tomar qualquer decisão deverá colher junto dos médicos e mais técnicos as informações que considere necessárias.

Para melhor concretização deste pensamento, penso que a disposição de autorização poderia ser redigida nos termos que se seguem:

Artigo

1. A inseminação artificial homóloga com esperma congelado poderá ser realizada mediante acordo escrito entre os cônjuges ou entre os companheiros de união de facto estável, depois de autorizada pelo poder judicial.

2. Antes de proferir decisão o juiz verificará se cumulativamente estão reunidos os seguintes requisitos:

a) Os beneficiários referidos no número anterior são pessoas maiores de dezoito anos e não interditas por anomalia psíquica, que sejam casadas e não estejam separadas judicialmente de pessoas e bens ou de facto ou que vivam em comunhão de leito, mesa e habitação em condições análogas às dos cônjuges;

b) Os beneficiários a que se refere o número anterior são de facto inférteis e outros processos de tratamento da infertilidade se revelem infrutíferos ou clinicamente inadequados, ou se, embora os beneficiários sejam férteis, existe risco sério, que não possa ser evitado sem recurso aquelas técnicas, de transmissão ao nascituro de doença hereditária ou infecciosa grave;

c) A técnica utilizada oferece razoável probabilidade de êxito;

d) A ausência de risco significativo para a saúde da mãe ou do filho;

---

da União para as Actividades da População, tem vindo a desenvolver um Inquérito à Fecundidade e à Família nos países da Região Económica Europeia.

Este projecto, que decorre entre 1991 e 1996, tem como objectivo uma análise comparativa dos factores determinantes e das consequências dos padrões e tendências da fecundidade e a formação e dissolução da família".

e) A existência de condições que assegurem ao nascituro adequado desenvolvimento humano.
3. A autorização judicial constante dos números anteriores é válida por um ano, prorrogável por mais outro.
4. Transcorridos os prazos mencionados no número anterior, sem que se obtenha gravidez, é necessário novo processo de autorização para que se realizem outras tentativas.
5. Obtida a gravidez, os pais e o médico assistente dão notícia ao juiz por escrito no tempo máximo de sete dias.
6. O juiz é igualmente informado por escrito, no limite máximo de sete dias, pelos pais e pelo médico, do nascimento da criança; esta informação é sempre acompanhada da competente certidão de nascimento.

Estou, assim, a defender o princípio de que a autorização não se esgota no momento em que é concedida mas deve ser acompanhada pelo magistrado ao longo de todo o processo até ao nascimento da criança ([338]).

6 — Breves considerações sobre o artigo 4.º (Finalidades proibidas) do Projecto.
O Projecto no seu artigo 4.º determina:
1. Sem prejuízo do disposto no artigo 26.º e de intervenções justificadas por objectivos terapêuticos, as técnicas de procriação assistida não podem ser utilizadas para obter determinadas características do nascituro.
2. É proibida a utilização de técnicas de procriação assistida para criar seres humanos idênticos, por clonagem ou outros meios.
No meu entender, esta disposição merece por sua vez duas observações:
a) Deve ser completada com um número 3 em que expressamente se proíba qualquer tentativa de fazer nascer um ser humano, em que toda a gestação decorra fora do ventre de uma mulher até ao seu nascimento.

([338]) Da decisão deverá caber recurso? Entendo que sim, mas só na hipótese de desacordo com o Parecer do Conselho de Bioética (artigo 12.º do Projecto), que seria obrigatoriamente ouvido, a título consultivo, pelo juiz. A consulta terá de ser meramente consultiva porque é o poder judicial que decide em definitivo.

b) A remissão para o artigo 26.º (selecção do esperma) que disciplina que na selecção do esperma deve procurar-se a maior semelhança fenotípica e imunológica do filho com o marido da mãe ou a pessoa que com ela vive em união de facto, envolve alguma contradição com o princípio geral fixado no artigo 4.º, esvaziando grande parte do seu conteúdo útil. Passa a ser obrigatório na selecção do esperma escolherem-se cientificamente certas características.

O legislador por possivelmente reconhecer tratar-se de situação "incómoda", sentiu necessidade de, no Capítulo IV que trata das sanções, escrever no artigo 46.º (Utilização de técnicas de procriação assistida para finalidades proibidas):

1. Quem utilizar técnicas de procriação assistida, não justificadas por objectivos terapêuticos, para obter determinadas características do nascituro, ou utilizar aquelas técnicas para criar seres humanos idênticos por clonagem ou outros meios, será punido com prisão de 2 a 6 anos.

2. Não há lugar à punição do número anterior quando o agente se limite a proceder à selecção de esperma para os fins previstos no artigo 26.º.

Parece evidente que este número 2 não seria necessário uma vez feita aquela ressalva.

Mas, também, se deve reconhecer e sublinhar que a aceitar-se a inseminação heteróloga dificilmente seria possível redigir-se com mais limitações, cautela e segurança.

7 — Parece útil, mesmo necessário, incluir disposições que disciplinem a recolha do esperma do marido ou do companheiro da união de facto estável pois, embora de natureza técnica, envolve problemas morais, éticos e religiosos.

Neste sentido, a colheita do esperma do marido ou do companheiro de união de facto poderá ser feita, após o coito normal, por masturbação, por massagem prostática e por aspiração mediante punção testicular [339].

---

[339] Contudo, muitos são os autores que defendem que os meios de obtenção do sémen atentam contra a dignidade humana. Concretamente, OMAR FRANÇA afirma encontrar-se na mesma linha de Pio XII sendo, portanto, contrário à recolha de esperma por masturbação mas acrescenta que depois do Concílio Vaticano II são cada vez mais

Se uma das finalidades mais importantes do casamento ou da união de facto é a procriação, não me repugna o uso da masturbação ou dos outros processos referidos para se conseguir o sémen indispensável, declarada que seja a sua imprescindibilidade. Aliás, a Igreja Anglicana também considera lícita a masturbação verificada aquela necessidade e com aquele fim exclusivo.

Deverá ser expressamente proibida a obtenção do esperma mediante relação sexual com outra mulher diferente da esposa ou da companheira de união de facto.

Na verdade, cada vez mais a pessoa se encontra desprotegida perante os novos e imprevisíveis avanços da tecnologia nos domínios da engenharia genética. Compete ao direito marcar balizas respeitando os valores culturais que dominam e caracterizam a sociedade. Seria notoriamente aberrante permitir aquele processo para conseguir o sémen.

8 — Consideração final. Sem dúvida que os grandes problemas da procriação humana assistida estão equacionados e articulados no Projecto com mestria, rigor e brilhantismo.

Parece que retirada do texto a permissão do anonimato do dador e da inseminação heteróloga, e disciplinada com maior restrição o direito à investigação sobre embriões e, ainda, feitos alguns ajustamentos, teriamos um documento legislativo apto a publicar.

No entanto, tenho de reconhecer que as ideias e conceitos que julgo predominantes na sociedade civil e no poder político com muita dificuldade permitiriam um consenso necessário, designadamente, na interdição da inseminação heteróloga por muitos hoje considerada, a nível interno e internacional, como um direito adquirido.

O presente vazio legislativo por demissão de todos nós não faz sentido, é incompreensível.

---

os moralistas católicos que entendem que quando a masturbação não tem como objectivo a satisfação libidinal individual mas dar vida a um filho não se pode considerar contrária à natureza, *Problemas éticos de las nuevas formas de reproducción humana. La Manipulación Genética*, «Vida Nueva», pág. 25.

CONCLUSÕES

I

A revolução da biologia ao tornar possível agir sobre as células da vida ameaça desnaturar a identidade humana e fabricar em laboratório novos seres autónomos planeados pela Ciência e a Técnica.

Nomeadamente a descoberta do genoma possibilitando o acesso à totalidade do nosso material genético abre a perspectiva de conhecer o homem na "própria raíz do seu enigma, prever o seu futuro e mudar a sua própria rota" (Luis Archer).

Capítulos decisivos da História podem ser escritos antes de terem acontecido. É a mãe de todas as revoluções.

Está instalado definitivamente o conflito entre o direito fundamental de conhecer e a necessidade absoluta de conservar e defender as raízes da nossa própria identidade.

Por consequência, exige-se cada vez mais uma ética da responsabilidade que, partindo do princípio de que o absoluto não é a ciência mas sim o homem fixe princípios normativos, crie uma nova geração de direitos para defesa do nosso património genético.

A expressão património genético não está rigorosamente consagrada na linguagem jurídica, aparecendo com significados, conteúdos e extensões diferentes.

Neste trabalho entendeu-se como o universo de componentes físicos, psíquicos e culturais que começam no antepassado remoto, permanecem constantes embora com naturais mutações ao longo das gerações, e que em conjugação com factores ambienciais e num permanente processo de inter-acção, passam a constituir a nossa própria identidade e, por isso, temos o direito de guardar e defender e depois de transmitir.

II

O conflito entre a Ciência e o Direito é uma constante da História, mas foi excessivamente agravado com a revolução da biologia ou a "terceira via" a partir do momento em que sendo possível manipular as células da vida passaram a estar em causa princípios, conceitos e valores que definem a nossa civilização.

Com efeito, a moderna biotecnologia ao deixar de se limitar à descrição dos seus processos biológicos e passar a tentar modificar o curso da evolução das espécies, ao passar do conhecimento da vida ao poder sobre a vida está a avançar a um ritmo alucinante, nem sempre permitindo a trégua, a pausa necessária à reflexão; e não pode ser consentido (como já tem acontecido noutros domínios) que os homens da ciência nos coloquem perante a realidade do irredutível facto consumado.

Não é de aceitar o cientista como criador supremo, senhor e juiz absoluto da vida e da morte.

Mas, a solução também não está em condenar todos os avanços da biotecnologia, caindo num dogmatismo fixista, pois seria esquecer que a Ciência conquistou o seu lugar na sociedade, e que ela tende sempre a ultrapassar todas as referências e condenações. Contudo, também, não será de permitir todas as suas tentações e muito menos julgar como irreversível que "a terceira via" tem a característica particular e trágica de surgir num mundo que não está preparado para assumir todas as suas consequências.

O problema da ciência é o de nunca chegar ao seu limite último, porque qualquer etapa em relação aos seus próprios princípios jamais é o fim ; assim, a ciência nunca se reconhece no excesso mas sempre no seu défice.

No meu entender é este elemento perverso que precisa de ser condicionado ; tem de ser encontrada uma solução de compromisso razoável entre a lealdade, a necessidade absoluta de conservar e defender as raízes da identidade humana e o direito fundamental da liberdade de conhecer e investigar (o artigo 42.º da Constituição da República Portuguesa consagra o direito à liberdade de criação científica, reconhecendo, portanto, o direito à liberdade de investigação uma vez que na generalidade dos casos esta é precedida de periodos de trabalhos de pesquisa).

III

Todavia não é fácil atingir este compromisso.

A análise da bioética implica, necessariamente, um estudo interdisciplinar: biologia, ética e direito. A genética constitui uma área científica que além de estar em permanente evolução não tem um conteúdo perfeitamente delimitado no sentido de ser extraordinariamente difícil traçar a fronteira entre os dados tecnológico já adquiridos e os que não passam de uma simples e pura conjectura. Por outras palavras, a dificuldade da distinção clara entre o que já é ciência e o que ainda é ficção; ou, mesmo, entre a realidade e a utopia.

Se não é viável fixar com segurança os limites entre o que já é e o que pode vir a ser, é possível, no entanto, equacionar uma série de questões que estão a acontecer no quotidiano dos diversos ordenamentos jurídicos (e tantas vezes totalmente contraditórias).

Tem de estar sempre presente que o Conhecimento é Poder e que os cientistas nem sempre são os mais qualificados e responsáveis. Por isto mesmo, são os próprios investigadores, médicos, biólogos, etc que temem os abusos e pedem a definição rigorosa de regras e princípios para a sua actuação.

Quando o entrechoque de interesses e contradições se instala naturalmente na vida das pessoas, a regra jurídica é o instrumento último para impôr condutas obrigatórias.

Sem dúvida que a vida social desenvolve mecanismos naturais para a sua defesa, independentemente da presença do jurídico, porém quando os outros meios se mostram impotentes é o Direito que tem de definir e impôr o padrão de comportamentos que melhor realiza naquele momento os fins e interesses sociais.

Nesta orientação, a necessidade de formulação de uma nova geração de normas jurídicas para defesa do estatuto do corpo humano que desdobrando e actualizando direitos já existentes (direito à vida e dignidade humana) tem agora de ser rigorosamente precisada, desenvolvida e garantida.

Desde já, e na primeira linha, o direito a um património genético não manipulado que na sua extensão compreenda de imediato o direito à identidade e o direito à integridade e indisponibilidade dos componentes físicos e espirituais da pessoa.

IV

Cada ser humano deve poder determinar de modo autónomo a sua conduta, dar expressão à sua vocação e capacidade criadora de acordo com os ditames da sua razão e sentimentos.

O Homem não pode deixar de ser dono da sua própria consciência, de poder decidir entre dois contrários viáveis.

Aceitar o "Homem Novo" de vontade pré-determinada pela Técnica seria reduzir o Direito a um absurdo, a um impossível.

Cada indivíduo tem o direito de ser diferente de todos os outros e é nesta diferenciação que se constrói o equilíbrio social.

Há que compreender não só a abstracção que é o ser humano, mas também a realidade concreta que é o indivíduo. E a argumentação de que só é científico, cognoscível, o que se repete — "non datur sciencia de individuo" — não é relevante, dado que entre os indivíduos, apesar de toda a multiplicidade e complexidade das diferenças e da sua natural mutabilidade, existem evidentes semelhanças de relações que entre si permanecem sempre iguais e constantes, obedecendo a idênticos condicionalismos.

O mesmo será dizer que a variabilidade não é desordenada nem caótica, é o resultado de certos processos gerais, existem laços entre as semelhanças e diferenças, leis que disciplinam o acaso e, desta maneira, a "lei dos erros", que tutela os fenómenos biológicos, tende a colocar as variações individuais dentro de uma curva de frequência pré-determinada, e as semelhanças entre as diferenças possibilitam classificar os singulares e encontrar uma orientação.

E se assim não fosse, princípios fundamentais que se baseiam na igualdade, quer políticos como a democracia (um homem um voto), quer jurídicos (a lei é igual para todos), etc, passariam a constituir aberrações, utopias sem qualquer sentido de força e lógica.

A máxima latina "Unita vero personae constituitur ex eis inquantum est unus aliquis subsistens in carne et anima" afirma expressivamente a singularidade do indivíduo único, que subsistindo na carne e na alma, é mais do que a natureza humana individuada. Tudo o que faz com que Kelsen seja homem também se encontra nos outros homens, mas aquilo que determina que esse homem seja Kelsen é pertença apenas de um só. Isto é, a pessoa humana não é, assim, a natureza humana em Kelsen ou Platão, é Kelsen ou Platão. Ela compreende além dos princípios específicos, características e qualidades individuais, ao ponto de não ser suficiente dizer que ela é composta de tal alma, de tal carne ou de tais ossos.

No dizer de Josseph Rassan: "A alma, a carne e os ossos determinam a natureza humana, mas é esta alma, esta carne e estes ossos que determinam tal ser humano".

Leite de Campos explica: "O direito à diferença parece ser o contraposto do direito à igualdade. É, na realidade, com este, um dos componentes de base do direito geral da personalidade, não se compreendendo um sem o outro". "Cada ser humano é diferente de todos os outros, e é esta diversidade que enriquece a Humanidade".

É pertença da Humanidade o respeito pela biodiversidade.

A riqueza de uma nação está na diversificação humana e não na sua homogeneidade, na identidade da espécie e na diversidade dos seres humanos.

Para o grupo e para a espécie o que confere valor genético a um indivíduo não é só a qualidade dos genes em si, mas, também, o facto de ele não ter o mesmo conjunto de genes que os outros, a circunstância de ser único e irrepetível.

E quando hoje se fala em direito à diferença pode, desde logo, definir-se ao lado do direito à saúde o direito à doença, para evitar qualquer tipo de discriminação por razões de inferioridade física ou psíquica.

Terá, também, de ser pautado o direito ao conhecimento de todos os dados de investigação clínica que nos digam respeito, e em paralelo o direito de guardar tais dados exclusivamente para nós numa concepção mais alargada de privacidade.

Se assim não for, está aberto o caminho para a criação de classes biológicas, da democracia pode passar-se à "genomacracia" com inevitáveis reflexos na obtenção de créditos, seguros, empregos e outras formas de relacionamento e participação na vida em grupo.

Poderia referir outros interesses a proteger, uns evidentes como o direito a tratamento genético positivo que parece indiscutível embora seja de definição difícil, e outros a merecerem profunda e demorada meditação como será o direito a não nascer (evidentemente sempre antes da concepção) desde que fosse constatado prognóstico grave, sombrio, uma situação de alto risco para o futuro ser.

V

O referido direito «à» vida, como ensina Leite de Campos, "é um direito «ao respeito» da vida perante as outras pessoas (grupos e Estado). É um direito «excludendi alios» e, só nesta medida, é um direito. É um direito a exigir um comportamento negativo dos outros".

Não há um direito à vida no significado de uma prestação da Sociedade ou do Estado. No essencial constitui um direito que impõe aos outros o respeito pela esfera do domínio de cada um, esfera esta que obriga o próprio titular. Neste sentido não se pode postular um direito do sujeito sobre a sua própria vida. O titular só disfruta do direito ao desenvolvimento e respeito natural da sua pessoa (ao contrário do direito de propriedade).

A vida do homem é um valor, uma referência, um bem que antecede o Direito, mas que este tem de assumir: só a partir do instante em que o respeito «à» vida é reconhecido e titulado pela norma jurídica se pode exprimir um direito «à» vida, que a Constituição da República Portuguesa integra no número 1 do artigo 24.º.

VI

Mas, um direito «à» vida não compreende um direito «sobre» a vida, como já foi dito. As novas tecnologias também podem pôr em risco esta regra quando passou a ser viável retirar genes de uma espécie e transferi-los para outra, mantendo-os activos ou de manipular (totalmente), in vitro, o ADN de um ser humano, que depois se injecta em células do seu organismo com a intenção de modificar de forma permanente (e para as gerações futuras) uma porção do seu genoma.

Ao consentir este tratamento que pode alterar de modo definitivo a sua identidade, o paciente desenvolve uma actividade que a norma jurídica proibe. O auxílio ao suicídio é sancionado pela lei penal (artigo 135.º) por não haver um direito «sobre» a vida, mas não será igualmente punível em termos jurídicos (e também morais, religiosos e filosóficos) a modificação consciente da própria identidade? A «morte» da própria identidade e a sua substituição por outra forma de identidade o que representa?

VII

No saber antigo, nomeadamente no pensamento de Aristóteles, o nascimento concretizava a prova de que a criança vinda do escuro do ventre materno não era um ser contra a ordem regular da natureza, um animal que no todo ou em algumas das suas partes se afastava da estrutura ou da conformação natural dos da sua espécie ou sexo e cujo o estudo pertencia à teratologia, numa palavra, um monstro. Eram os medos, os fantasmas do incognoscível.

Esta concepção influenciou decisivamente as legislações que fazem depender do nascimento a personalidade jurídica (artigo 66.º do Código Civil).

Todavia, a ciência moderna, a ecografia, os exames e diagnósticos pré-natais afastaram os perigos e trevas do ventre materno, e a dialéctica e o Direito impõem o fim do "instituto jurídico do nascimento".

Uma das novas tecnologias de ponta da procriação humana assistida ao tornar viável a criação e desenvolvimento da vida humana em laboratório, sem vida uterina (ectogénese), entendo que desvaloriza definitivamente o nascimento natural como um marco do início da personalidade jurídica.

O Direito tem de disciplinar o que acontece, mas não pode ficar indiferente ao que pode acontecer. O legislador e a doutrina sabem que não se trata de mera hipótese do domínio da ficção. Aquela nova forma de vida é um dado científico e como tal deve ser considerado.

Perfila-se um absurdo lógico-jurídico:

Dois marcos distintos para delimitar o começo da personalidade jurídica: o dos "seres que nascem" e o dos que provêm de "ventre artificial" não tendo, assim, nascimento propriamente dito? Ou estes últimos não teriam personalidade jurídica uma vez que "não nascem" e o nascimento é condição essencial de atribuição de personalidade jurídica?

Uma vez mais a dialéctica: sujeitos e não sujeitos de direito, ou de outro modo, humanos e não humanos?

VIII

Há um ser humano desde a concepção — "Fetus abortivi, si vivant, quatenus fieri potest, baptizentur", Cânone 871, Codex Juris Canonici — dado que o nascimento não pode converter em humano algo que não o era. Aliás, e numa dialéctica contrária, o que seria o nado morto? Um cadáver? No entanto, um cadáver não pressupõe vida anterior?

Porém, se há vida a partir da concepção com ou sem o acto biológico de nascer há, também, personalidade jurídica que é um facto natural, originário.

Neste raciocínio a personalidade jurídica não é construída pela ordem normativa; esta limita-se a reconhece-la como um direito inato que caracteriza desde logo toda a pessoa. É um atributo que faz parte da própria natureza da pessoa em sentido ontológico e o seu reconhecimento consubstancia um direito do homem. É uma categoria básica da ciência jurídica.

IX

As modernas técnicas podem abrir caminho a diversas formas de violação do direito à vida e à sua dignidade, como tem sido sublinhado.

Quando, por exemplo, se criam embriões com o intuito exclusivo de investigação e consequente destruição (uma vez que não se vai implantar no útero de uma mulher um embrião que tenha sido objecto de experimentação) há, pelo menos, um triplo atentado contra a vida e a sua dignidade intrínseca: primeiro a criação de vida com aquele único fim, depois o processo da sua utilização e por fim o seu aniquilamento.

A pessoa é um fim em si mesmo e nunca um meio.

Pretender aceitar a investigação pura e sem limites sobre embriões humanos com base em distinções temporais - — tudo é possível antes do 14º ou 17º dia após a concepção, pois antes não haveria vida humana individualizada — com o argumento de que a lógica e a ética da finalidade impõem determinadas pesquisas e intervenções para permitir os avanços da ciência e privilegiar a Humanidade no seu conjunto em detrimento de qualquer ser em concreto é aceitar a diferenciação irracional entre duas categorias do humano, os sujeitos e os não sujeitos, o que representaria a destruição da dimensão histórica da personalidade e do seu sentido de identidade; consubstanciaria o termo da unidade da pessoa humana que só depois de séculos foi atingida pelo Direito com todas as dificuldades conhecidas.

Agir sobre o embrião é lidar com o fundamental e pode representar a alteração da sua pré-história, do seu património hereditário e a definição do seu futuro.

Não se pode, volto a sublinhar, perturbar o direito que cada ser humano deve ter de preservar e ver respeitada a unidade e integralidade do ser individual no campo bio-psíquico, social, espiritual e cultural. O direito de cada homem de herdar as suas características, os seus componentes genéticos sem qualquer tipo de manipulação. O direito de herdar, manter e transmitir o seu património genético.

X

Deste jeito, não parece sustentável por mais tempo a demissão do legislador que se verifica por toda a parte, designadamente a nível da Comunidade Europeia, deixando criar um vazio normativo perigosíssimo onde estão a acontecer cada vez mais situações que não se encontram definidas e disciplinadas pela norma jurídica.

E quando se fala tanto na unidade moral e cultural do "homem europeu" e se pretende criar uma verdadeira comunidade de direito, julgo que já se deveria ter ido mais longe na definição de um quadro legislativo que consagrasse mais concretamente os novos direitos fundamentais de defesa do património genético não manipulado.

Desta maneira, não concordo com aqueles que afirmam ser suficiente respeitar os limites da chamada "ética colectiva da biotecnologia" por se tratar de fórmula vaga, sem conteúdo rigoroso.

Desde logo, a questão: o que entender por "ética colectiva"? A moral dominante num dado contexto histórico e cultural? A moral como estrutura? A moral como conteúdo numa intencionalidade variável no espaço e no tempo? No dizer de José Luis Aranguren a moral está omnipresente em toda a história da civilização, tem, assim, um valor estrutural apesar do seu conteúdo evoluir consoante cada contexto social em que está inserido.

Regras de conteúdo moral, é evidente, não garantem a defesa eficaz do nosso código genético pelo que são intoleráveis mais demissões da responsabilidade de legislar em termos concretos. Só o quotidiano, a execução das normas demonstrará se as leis estão certas, se são justas, se resolvem os problemas.

Mas, na criação deste novo estatuto do corpo humano há que caminhar com cuidado e a duas velocidades: uma proibindo desde já tudo o que possa abertamente violar a identidade, dignidade e liberdade humana — como a inseminação heteróloga, anonimato do dador, clonagem, criação de embriões para investigação, escolha do sexo, mães portadoras, etc, nos termos referidos neste meu trabalho — e outra mais lenta, mesmo com pausas legislativas, tendo em conta o rapidíssimo evoluir da técnica e os imponderáveis do próprio quotidiano.

E para que a expressão fundamental da integridade do património genético ascenda à compreensão da consciência colectiva julgo indispensável a sua consagração constitucional com o uso, nos casos mais relevantes, da sanção penal.

XI

Em Portugal existe um vácuo legislativo na medida em que as normas jurídicas que expressamente disciplinam a procriação assistida, artigo 1839.º, número 3 do Código Civil, artigo 168.º do Código Penal, artigo 9.º da Lei 3/84 de 24 de Março e o Decreto-Lei 319/86 de 25 de Setembro são claramente insuficientes, encontrando-se desinseridas do conjunto do sistema jurídico e, o que é mais grave, suscitam inúmeras dúvidas e contradições.

Com efeito, e por exemplo, aquele mencionado número 3 do artigo 1839.º parece permitir a inseminação artificial heteróloga, contudo se é assim, o "direito à identidade pessoal" consagrado no artigo 26.º, número 1 da Constituição da República Portuguesa não colide com o anonimato do dador? Aliás, a coincidência entre a filiação natural e a jurídica deixou de ser princípio absoluto. Não se poderá considerar a filiação que resulta da aplicação daquele preceito como um novo modo de filiação? O marido que permitiu a inseminação parece que estabelece uma outra forma, um outro vínculo paralelo à filiação, como acontece com a adopção. E uma vez concretizada não pode depois ser alterada. O novo ser passa à qualidade de seu filho, e o cônjuge que consentiu a inseminação não pode invocar abuso de direito, em paralelo com a autorização para adultério que, como se sabe, é totalmente irrelevante para efeitos de filiação.

Por seu turno, quais os perigos do anonimato? E se duas pessoas, ambas concebidas por reprodução artificial assistida com sémen do mesmo dador resolvem posteriormente casar ignorando o seu parentesco genético? Incesto?

Será de aceitar a inseminação post-mortem que foi expressamente autorizada pelo falecido marido?

A um eventual direito da mulher ter um filho sem pai, não se terá que contrapor o direito da criança a ter um pai e uma mãe?

Quem terá o direito de escolher?!... a mãe que quer ter um filho sem pai? Ou a criança que quer saber donde provém?

A criança fruto de procriação artificial heteróloga: será como a classifica Roger Nerson "um filho biologicamente adulterino"?

Nas situações de procriação artificial com esperma de um terceiro alheio ao casal quem é o pai? O genético ou o marido da mãe? Ter em conta o factor biológico ou "Pater is est quem justae nuptiae demonstrant" como determinam os artigos 1796.º e 1826.º do Código Civil? Em causa, assim, esta máxima?

Nos casos em que se recorre a mães de aluguer, quem é a verdadeira mãe? Nos termos do preceituado no artigo 1796.º do Código Civil a filiação "resulta do facto do nascimento" parecendo, assim, que a mãe seria sempre a portadora.

Contudo, o espírito que presidiu à elaboração desta disposição foi precisamente o de consagrar que o estabelecimento da maternidade não está dependente de um acto de "reconhecimento" por parte da mãe.

O ser que resulta da criação por clonagem, e que foi sujeito à manipulação dos ADNs e depois feito nascer "literalmente" num laboratório, o que é para a moral, para a ciência, para a religião, para o direito?

E muitas outras questões se podem equacionar.

XII

A argumentação de que legislar sobre as novas técnicas da inseminação violaria direitos constitucionais, como o "direito à reserva da intimidade da vida privada e familiar" (artigo 26.º, número 1 da Constituição da República Portuguesa) ou o "direito de constituir família" (artigo 36.º, número 1, 1ª parte), não procede, porque os próprios direitos considerados fundamentais não são absolutos, mesmo os que se referem ao regime dos direitos, liberdades e garantias pessoais (artigo 17.º), podendo ser restringidos se tanto for indispensável para "salvaguardar outros direitos ou interesses constitucionalmente protegidos", como determina o artigo 18.º do referido Diploma.

Portanto, os artigos 26.º, número 1 e 36º, número 1, 1ª parte da Constituição têm de ser entendidos na expressão já consagrada de que o direito ao filho tem de ser conjugado com os direitos do filho.

XIII

O Projecto Português sobre a Utilização de Técnicas de Procriação Assistida elaborado em 1987 pela Comissão Para o Enquadramento Legislativo das Novas Tecnologias equaciona os grandes e graves problemas da procriação artificial com muito mérito, rigor e brilhantismo, com realce especial para a forma como estão articuladas as cinco regras principais que devem dominar qualquer legislação sobre esta temática, a saber: regra da subsidiariedade, da responsabilidade, da liberdade, da protecção da vida e da integridade física da mãe e do nascituro e da protecção da criança em ordem ao seu desenvolvimento integral.

No meu entender, uma vez retirada do texto a permissão do anonimato do dador, da inseminação heteróloga e disciplinado com maior restrição o direito à investigação sobre embriões e, ainda feitos alguns ajustamentos, estaríamos perante um documento que mereceria ser publicado.

Reconheço, no entanto, que as ideias e conceitos que julgo dominantes nas áreas da sociedade civil e no próprio poder político com dificuldade permitiriam um consenso, designadamente na interdição da inseminação heteróloga actualmente por muitos considerada, a nível interno e internacional, como um direito adquirido.

XIV

É evidente que o reforço da armadura legal não vai evitar todos os perigos, fantasmas e medos que estão no caminho da nova biotecnologia. Os comandos da lei nem sempre são respeitados, todos o sabem. Kelsen adiantou que uma regra é tanto mais jurídica quanto mais possível é a sua violação. É esta a fronteira última e a mais rigorosa que marca a diferença entre a norma de direito e a lei da natureza, por definição inexoravelmente sempre respeitada. A lei do mundo físico foi "descoberta" pelo homem, fazendo parte integrante dos princípios inalteráveis que regem o cosmos, enquanto a jurídica é "escrita" pelo homem para disciplinar a vida em sociedade.

Contudo, o legislador não é livre na sua acção, porque o direito não é apenas um ser com sentido de dever ser ; é um ser que vale porque é fundado na ordem essencial que constitui o seu núcleo próprio e inamovível. De outra maneira: é um ser em aquilo que tem que ser.

Elaborada a norma, porém, o homem tem a "liberdade de querer" (Kant), de escolher entre dois contrários possíveis.

Esta liberdade de escolha consciente é, mesmo, a condição indispensável para a existência da responsabilidade jurídica.

XV

E, em síntese.

Ao reconhecer a pessoa o Direito inscreve a primeira norma de natureza social.

Na integração e disciplina dos direitos das pessoas devem ser respeitados princípios de um humanismo autêntico de molde a que a promoção e tutela dos direitos do Homem encontrem fundamento na sua própria essência.

O personalismo jurídico concebe o Homem como sendo o pilar, o motor, o núcleo de toda a ordem jurídica ; a pessoa humana constitui o valor programático por excelência do Direito.

Todo o Homem, enquanto pessoa em sentido ontológico, goza de uma dignidade intrínseca, é sujeito de direito, sendo-lhe inato todo um conjunto de direitos fundamentais ocupando o primeiro plano o direito à vida.

O efectivo reconhecimento da dignidade pessoal de cada homem exige o respeito e promoção dos direitos da pessoa humana: são direitos universais e invioláveis que nem o grupo, nem o Estado podem postergar. A inviolabilidade da pessoa tem a sua primeira expressão na inviolabilidade da vida humana.

A afirmação de que a dignidade pessoal é algo inerente a todo o ser humano fundamenta-se na unicidade e na irrepetibilidade de todo o indivíduo; em virtude da sua dignidade pessoal o ser humano é sempre um valor em si e por si e como tal deve ser tratado.

Nesta linha, assume particular relevo o personalismo cristão e tomista. No Cristianismo a dignidade da pessoa humana aparece em todo o seu fulgor quando se consideram a sua origem e o seu destino: criado por Deus à Sua imagem e semelhança e remido pelo Sangue preciosíssimo de Cristo, o Homem é chamado a tornar-se "filho no Filho" e templo vivo do Espírito, e tem por destino a vida eterna na comunhão beatífica com Deus. Daqui decorre que toda a violação da dignidade pessoal do ser humano clama por vingança junto de Deus e constitui ofensa ao Criador do Homem. A inviolabilidade da pessoa é reflexo da inviolabilidade absoluta do próprio Deus.

Para S. Tomás de Aquino a dignidade do ser humano é um valor a preservar a todo o custo. A unidade da pessoa humana é a singularidade desse mesmo indivíduo único que subsiste em corpo e alma: "Unitas vero personae constituitur ex eis inquantum est unus aliquis subsistens in carne et anima".

A nova geração de direitos terá de consagrar estes princípios essenciais para garantia do nosso património genético, para tentar impedir que o Homem perca a qualidade de Dom e "coisificado" pela Técnica se reduza a mero "produto".

XVI

A mais célebre esfíngie da Antiguidade Clássica a de Giseh, nas proximidades de Mênfis, no velho Egipto, simboliza "a grande pergunta": — O que é o Homem? — Há milénios que a ciência, a moral, a filosofia, a religião e o próprio direito propõem as mais variadas respostas.

Hoje a biotecnologia, com todos os seus imponderáveis, vem formular novas questões sobre o Destino do Homem a partir do momento em que já é possível "fabricar" um ser humano diferente programado em laboratório.

Neste contexto, não será mais relevante a interrogação:
— O que fazer do Homem? —.

Mas, quando a "crise" põe em risco a sociedade, é o direito materializado na regra jurídica a forma inexorável, o instrumento último para impôr comportamentos obrigatórios.

Convictos da força da Lei, vamos acreditar na criação de um "Mundo Diferente" (que necessariamente não será o que saiu do imaginário de Aldous Huxley), até porque o Direito é, também, um acto de esperança.

BIBLIOGRAFIA

ALARCÃO, Rui de; *Do Negócio Jurídico/Anteprojecto para um novo Código*, «BMJ» 105, 1961, págs. 249-279.
— —; *Breve motivação sobre o negócio jurídico na parte relativa ao erro, dolo, coacção, representação, condição e objecto negocial* «BMJ» 138, 1964, págs. 71-122.
— —; *A confirmação dos negócios anuláveis*, Coimbra, 1971.
— —; *Direito das Obrigações*, Coimbra, 1983.
— —; *Direito das Obrigações*, Texto elaborado pelos Drs. J. Sousa Ribeiro, J. Sinde Monteiro, Almeno de Sá e J. C. Proença, com base nas Lições do Prof. Doutor Rui de Alarcão ao 3º ano jurídico, Coimbra, 1983.
ANDRADE, José Vieira de; *Os direitos fundamentais na Constituição Portuguesa*, Almedina, Coimbra, 1983.
— —; *Procriação assistida com dador; o problema do ponto de vista dos direitos fundamentais,* Publicações do Centro de Direito Biomédico da Faculdade de Direito da Universidade de Coimbra, n.º 2, Coimbra, 1993, págs. 49-65.
ANDRADE, Manuel de; *Teoria Geral da Relação Jurídica*, Vol. I, Almedina, Coimbra, 1960.
ANDRADE, M. da Costa; *Direito Penal e modernas técnicas biomédicas*, «Revista de Direito e Economia», 12, Coimbra, 1986, págs. 99-125.
ARANGUREN, José Luis; *Ética*, Ed. Alianza Universidad, Madrid, 1981.
ARCHER, Luís; *A culpa não será dos genes? A Sociobiologia*, «Brotéria», vol. 112, n.º 2, Lisboa, págs. 160-175.
— —; *Reprodução humana artificial — um grito de alarme*, «Brotéria Genética», VII, Lisboa, 1986, págs. 109-114.
— —; *Gerar ou produzir vida humana*, «Brotéria», vol. 124, Lisboa, 1987, págs. 519-532.
— —; *Bioética de onde veio e até onde vai*, «O Biólogo», n.º 20, Lisboa, 1992, págs. 4-6.
— —; *Diário de Notícias*, 18 de Abril de 1994.
ASCENSÃO, José de Oliveira; *Direito Civil — Sucessões*, Coimbra Editora, Coimbra, 1981.
— —; *O Direito. Introdução e Teoria Geral*, Ed. Fundação Calouste Gulbenkian, Lisboa, 1984.
— —; *Direito e Bioética*, «Revista da Ordem dos Advogados», Ano 51, II, Julho, 1991, págs. 429-458.
— —; *Teoria Geral do Direito Civil,* Lisboa, Vol. I e II, 1991, Vol. III, 1992, Vol. IV, 1993.

ASIMOV, Isaac; *O Código Genético,* Tradução de Luís Edmundo de Magalhães, Editora Cultrix, S. Paulo, 1962.
ATIAS, Christian; *Les personnes. Les incapacités,* P. U. F., Paris, 1985.
— —; *Le contrat de substitution de mère,* «Recueil Dalloz Sirey», Chron. IX, Paris, 1986.
BARBAS, Stela Marcos de Almeida Neves; *Consequências da manipulação genética no direito das pessoas e na condição jurídica dos nascituros,* «Tribuna da Justiça», n.º 6, Out-Dez, 1990, págs. 83-102.
— —; *Boa fé,* «Colectânea de Jurisprudência», Ano II, Tomo II, 1994, págs. 13--19.
BAUDOUIN, Jean Louis et Catherine LABRUSSE-RIOU, *Produire l' homme. De quel droit?* P. U. F., Paris, 1987.
BELEZA, José; *A ortotanásia como problema jurídico-penal,* in «As técnicas modernas de reanimação; conceito de morte; aspectos médicos, teológicos, morais e jurídicos», Porto, 1973, pág. 61 e seguintes.
BELEZA, Maria Teresa Pizarro; *Mulheres, Direito, Crime,* Faculdade de Direito de Lisboa, Lisboa, 1990.
BERNARD, Jean; *La bioéthique,* Flammarion, Paris, 1994.
BONECASSE, *Elementos de Derecho Civil,* T. I, Ed. Cajica, Puebla, 1945.
BRAVO, F. de Castro Y; *Los llamados derechos de la personalidad,* Anuario de Derecho Civil, T. XII, 1959, págs. 1263-1289.
— —; *El negocio jurídico,* Madrid, 1971.
CALCERRADA, Luis Martinez; *Derecho Tecnologico la Nueva Inseminacion Artificial,* Madrid, 1989.
CALOGERO, M.; *Procreazione artificiale: Una recognizione dei problemi,* 1990.
CAMPOS, Diogo Paredes Leite de; *A indemnização do dano da morte,* separata do «Boletim da Faculdade de Direito de Coimbra», L, Coimbra, 1974.
— —; *Parentesco, Casamento e Sucessão,* «Revista da Ordem dos Advogados», Ano 45, Abril, 1985, págs. 13-54.
— —; *A vida, a morte e a sua indemnização,* Lisboa, 1987.
— —; *Lições de Direito da Família e das Sucessões,* Almedina, Coimbra, 1990.
— —; *O estatuto sucessório do cônjuge sobrevivo,* «Revista da Ordem dos Advogados», Ano 50, Julho, 1990, págs. 449-458.
— —; *Lições de Direitos da Personalidade,* Coimbra, 1992.
— —; *O Direito e os Direitos da Personalidade,* «Revista da Ordem dos Advogados», Ano 53, Abril-Junho, 1993, págs. 201-224.
CANOTILHO, Gomes; *Direito Constitucional,* Almedina, Coimbra, 1991.
CANOTILHO, Gomes e Vital MOREIRA, *Constituição da República Portuguesa Anotada,* 3ª Edição, Coimbra Editora, Coimbra, 1993.
CARBONNIER, J; *Derecho Flexible. Para una sociologia no rigurosa del Derecho,* Tecnos, Madrid, 1974.
— —; *Droit Civil, Les Personnes,* P. U. F., 19ª ed., 1994.

CARDOSO, Augusto Lopes; *Alguns aspectos jurídicos da eutanásia*, separata do «Boletim do Ministério da Justiça», 401°, Lisboa, 1990, pág. 14 e seguintes.

— —; *Procriação humana assistida (alguns aspectos jurídicos)*, «Revista da Ordem dos Advogados», Ano 51, Abril, 1991, págs. 5-27.

CARNELLUTTI, *Nuovo profilo dell' istituzione dei nascituro*, «Foro Italiano», 1954, IV, C. 57.

— —; *Logica e metafísica nello studio del diritto*, «Foro Italiano», 1955, IV, C. 59.

CARVALHO, Orlando de; *Os Direitos do Homem no Direito Civil Português*, Vértice, Coimbra, 1973.

— —; *Direitos das Coisas*, Centelha, Coimbra, 1977.

— —; *Para uma Teoria da Relação Jurídica Civil, I — A Teoria Geral da Relação Jurídica: seu sentido e limites*, Centelha, Coimbra, 1981.

CASCAIS, António Fernando; *A emergência da Bioética, ou: da maturidade de Prometeu*, in Ética e Comunicação, «Revista de Comunicação e Linguagens, n.° 15-16, Edições Cosmos, Lisboa, 1992, págs. 179-193.

CATALA, Pierre; *Le droit des sucessions et des liberalités au regard de la procréation artificiale*, «Revista da Ordem dos Advogados», Ano 46, Setembro, 1986, págs. 469-486.

CATECISMO DA IGREJA CATÓLICA, Gráfica de Coimbra, Coimbra, 1993.

CHORÃO, Mário Bigotte; *Direitos Humanos, Direito Natural e Justiça*, «O Direito», Ano 121, IV, Outubro-Dezembro, 1989, págs. 861-876.

— —; *O problema da natureza e tutela jurídica do embrião humano à luz de uma concepção realista e personalista do direito*, «O Direito», Ano 123°, IV, Outubro-Dezembro, 1991, págs. 571-598.

— —; *Temas fundamentais de direito*, Almedina, Coimbra, 1991.

CLARKE, Robert; *Os Filhos da Ciência*, Tradução de Maria Adozinda de Oliveira Soares, Editora Verbo, Lisboa, 1985,

CODEX JURIS CANONICI, Libreria Editrice Vaticana, Vatican City, 1983.

COELHO, Francisco Pereira; *Curso de Direito das Sucessões*, 1974.

— —; *Casamento e família no direito português*, in «Temas de Direito da Família», Almedina, Coimbra, 1986.

— —; *Curso de Direito da Família*, Coimbra, 1987.

— —; *Procriação assistida com gâmetas do casal,* Publicações do Centro de Direito Biomédico da Faculdade de Direito da Universidade de Coimbra, n.° 2, Coimbra, 1993, págs. 9-31.

CONCETTI, Gino; *L' eutanasia, aspetti giuridici, teologici, morale*, Ave, Roma, 1987.

CONGREGAÇÃO DA DOUTRINA DA FÉ, *Instrução sobre o respeito à vida humana nascente e a dignidade da procriação Donum Vitae*, 22 de Fevereiro de 1987, I, 3: AAS 80, 1988.

CORDEIRO, António Menezes; *Da Boa Fé no Direito Civil*, Almedina, Coimbra, 1985.

— —; *Teoria Geral do Direito Civil*, I, Lisboa, A. A. F. D. L., Lisboa, 1988.

; *Teoria Geral do Direito Civil, Relatório*, separata da «Revista da Faculdade de Direito de Lisboa», Lisboa, 1988.

CORNU, Gerard; *Droit Civil, La Famille*, Précis Domat, Ed. Montchrestien, Paris, 1984.

— —; *La procréation artificielle et les structures de la parenté*, «Revista da Ordem Advogados», Ano 46, Setembro, 1986, págs. 468-486.

CORREIA, Sérvulo; *Introdução ao Direito da Saúde*, in «Direito da Saúde e Bioética», Ed. Lex, Lisboa, 1991, págs. 40-53.

COSTA, J. M. M. Cardoso da; *Genética e pessoa humana — Notas para uma perspectiva jurídica*, «Revista da Ordem dos Advogados», Ano 51, II, Julho, 1991, págs. 459-475.

COSTA, Mário Júlio de Almeida; *Direito das Obrigações*, Almedina, Coimbra, 1991.

— —; *Contrato-promessa. Uma síntese do regime actual*, Almedina, Coimbra, 1993.

CUNHA, Paulo; *Teoria Geral da Relação Jurídica*, Vol I, Lições Policopiadas, Lisboa, 1960.

CUPIS, A. De; *I diritti della personalità*, Milan, 1961.

DAMÁSIO, António; *O Erro de Descartes — Emoção, Razão e Cérebro Humano*, Edição Publicações Europa — América, Lisboa, 1995.

DEMENET, Philippe; *Ils cultivent les graines de bébé*, «La vie», n.º 2485, 15 Avril, 1993, págs. 18-23.

DESCARTES; *Discurso do Método*, Tradução de Pinharanda gomes, Best Sellers, Lisboa, 1964.

DIAS, J. Figueiredo; *O problema da Ortotanásia: Introdução à sua Consideração Jurídica*, in «As técnicas modernas de reanimação; conceito de morte; aspectos médicos, teológicos, morais e jurídicos», Porto, 1973, pág. 46 e seguintes;

DINIS, Joaquim de Sousa; *Procriação Assistida: Questões Jurídicas*, «Colectânea de Jurisprudência», Ano XVIII, Tomo IV, 1993, págs. 8-13.

DOLTO, F.; *Génétique, procréation et droit*, in «Acte du Colloque», Actes Sud, Paris, 1985.

DULBECCO, Renato e Ricardo CHIABERGE, *Engenheiros da vida*, Editorial Presença, Lisboa, 1988.

EDWARDS, R. G *Maturation in vitro of human ovarian oocytes*, «The Lancet», 2, 1965.

ENGELHARDT, H. Tristan Jr.; *The foundations of bioethics*, Oxford University Press, 1986.

ESER, Albin; *Genética humana. Aspectos jurídicos e sócio-políticos*, «Revista Portuguesa de Ciência Criminal», Ano 2, Janeiro-Março, 1992, págs. 45-72.

FERNANDES, Carvalho; *Teoria Geral do Direito Civil*, Vol. II, A. A. F. D. L., Lisboa, 1983.
FERRARA, Francesco; *Trattato di Diritto Civil Italiano*, Vol. I, Roma, 1921.
FERREIRA, João Pratas; *Procriação Artificial Humana. Perspectiva Médica. Situação em Portugal*, Revista Jurídica da Faculdade de Direito das Universidade de Lisboa, n.º 11 e 12, Jan/Jun, 1989, págs. 39-51.
GAFO, J.; *El hombre ante la alternativa de la manipulación de su propria biología*, Sal Terrae, 67, 1979.
GARANCINI, Gianfranco; *Material i per la storia del procurato aborto nel diritto intermedio*, Jus, 1975.
GERMOND, Marc; *Promulgation of laws and regulations affecting medically assisted procreation in Switzerland is on the way* — Focus in Reproduction, 1993.
GILSON, Étienne; *Discours de la Méthode. Introduction et notes*, Vrin, Paris, 1976.
GLOVER, William Kevin; *Artificial insemination among human beings*, Washington, 1948.
GOBERT, Michelle; *Les incidences juridiques des progtrès des sciences biologiques et médicale sur le droit des personnes*, in «Actes du Colloque Génetique, Procréation et Droit», Actes Sud, Paris, 1985.
— —; *Réflexions sur les sources du droit et les principes d' indisponibilité du corps humain et de l' état des personnes*, «Revue Trimestriel de Droit Civil», 91, 3, Paris, 1992, págs. 483-528.
GOBRY, Ivan; *Un crime: l' avortement*, Nouvelles Éd. Latines, Paris, 1970.
GOMES, Orlando; *Direito da Família*, Ed. Forense, Rio de Janeiro, 1977.
GROPALLI, Alessandro; *Introdução ao Estudo do Direito*, Tradução de Manuel de Alarcão, Coimbra Editora, Coimbra, 1978.
HERMITTE, M.A.; *Le corps hors du commerce, hors du marché*, Archives de philosophie du droit, T. 33, *La philosophie du droit aujourd'hui*, 1988.
HOLMES, O. W.; *The path of Law*, «The Holmes Reader», Oceana, Nova Iorque, 1955.
HORSTER, Heinrich Ewald; *A parte geral do Código Civil Português. Teoria Geral do Direito Civil*, Almedina, Coimbra, 1992.
HUET, Sylvestre; *Bioéthique: Faut — il une loi?* «Sciences et Avenir», n.º 526, Paris, Décembre, 1990, págs. 74-77.
JORDAN, Bertrand; *Les Cartes du Genome Humain*, «La Recherche», n.º 216, Dezembre, 1989, págs. 1486 — 1494.
JOYCE, Gerald; *L' évolution moléculaire dirigée*, «Pour la Science», n.º 184, Février, 1993, págs. 72-79.
KANT, Immanuel; *Crítica da Razão Pura*, Tradução de Manuela Pinto dos Santos e Alexandre Fradique Morujão, Ed. Fundação Calouste Gulbenkian, Lisboa, 1985.

— —; *Crítica da Razão Prática*, Tradução de Artur Morão, Edições 70, Lisboa, 1986.

KELSEN, Hans; *Teoria Pura do Direito*, Tradução de Baptista Machado, A. Amado, Coimbra, 1976.

LARENZ, Karl; *Derecho Justo,. Fundamentos de Ética Jurídica*, Tradução de L. Díez — Picazo, Civitas, Madrid, 1985.

LATORRE, Angel; *Introdução ao Direito*, Tradução de Manuel de Alarcão, Coimbra, 1978.

LENOIR, Noelle; *Aux frontières de la vie, Rapport au Premier Ministre*, Tomo I, La Documentation Française, Paris, 1991.

LLEWLLYN, Karl; *The Bramble Bush: On Our Law and its Study*, New York, 1930.

LOPEZ, Angeles; *Presupuestos bioéticos y biojurídicos para uma crítica a la ley española sobre tecnicas de reproduccion assistida*, «O Direito», Ano 121º, IV, Outubro-Dezembro, 1989, págs. 701-709.

LUÑO, A. RODRIGUEZ e R. LÓPEZ MONDÉJAR, *La Fecundacion in vitro*, Ediciones Palabra, Madrid, 1986.

MACIA, BORRELI; *La Persona Humana*, Bosch, Barcelona, 1954.

MALDONADO, J.; *La condición jurídica del nasciturus en el Derecho Espanõl*, Madrid, 1946.

MALHERBE, J.; *Médecine et Droit Moderne*, Masson éd., Paris, 1969.

MANTOVANI, Fernando; *I trapianti e la sperimentazione umana nel diritto italiano e straniero*, Cedam, Pádua, 1974.

MARQUES, José Dias; *Teoria Geral do Direito Civil*, Coimbra, Vol I, 1958, II, 1959.

— —; *Noções elementares de Direito Civil*, Lisboa, 1973.

— —; *Introdução ao Estudo do Direito*, Lisboa, 1979.

MARTIN, Raymond; *Personne et Sujet de Droit*, «Revue Droit Civil», LXXIX, Paris, 1981, págs. 785-802.

MARTINEZ, Jaime Vidal; *Las nuevas formas de reproducción humana*, Madrid, 1988.

MARTINS, Alberto; *Novos Direitos do Cidadão*, Publicações Dom Quixote, Lisboa, 1994.

MATEO, Ramón Martin; *Bioética y Derecho*, Barcelona, 1987.

MAURON, Alex; *L'établissement de la carte du génome humain et les choix pour la societé: Les politiques de recherche, Bioethique et Pouvoirs*, Jal. Inter. Bioéth, vol. 4, n.º 2, 1993, págs. 111-119.

MENDES, João de Castro; *Teoria Geral do Direito Civil*, Vol I, A.A.F.D.L., Lisboa, 1978.

MENDES, João de Castro e Miguel Teixeira de SOUSA; *Direito da Família*, Ed. Revis., A. A. F. D. L., Lisboa, 1991.

MESSINEO, F.; *Manuale di diritto civile e commerciale*, I, Dott, A. Giuffrè, Milano, 1957.

MEULDERS-KLEIN, Marie Thérèse; *Le droit de l'enfant face au droit à l'enfant et les procréations médicalement assistées*, «Revue Trimestriel de Droit Civil», 87, 4, Paris, 1988, págs. 645-672.

MIRANDA, Jorge; *Manual de Direito Constitucional, IV, Direitos Fundamentais*, Coimbra Editora, Coimbra, 1993.

MONCADA, Cabral de; *Lições de Direito Civil*, Vol I, II, Atlântida, Coimbra, 1932.

— —; *Filosofia do Direito e do Estado*, I, Arménio Amado, Coimbra, 1955.

MONTEIRO, J. Sinde; *Aspectos particulares da responsabilidade médica*, in «Direito da Saúde e Bioética», Ed. Lex, Lisboa, 1991, págs. 133-152.

MORETTI, Jean Marie e OLIVIER DINECHIN; *O Desafio da Genética*, Tradução de Luis Almeida Campos, Editorial Notícias, Lisboa, 1988.

MUASSHER, S.; *Benefits and riscs of multiple transfer with in vitro fertilization*, «Lancet», 1984.

NERSON, Roger; *L' influence de la biologie et de la médecine moderne sur le droit civil*, «Revue Trimestriel de Droit Civil», Paris, 1970, págs. 660-683.

NEVES, Castanheira; *Justiça e Direito*, Separata do Vol. LI do Boletim da Faculdade de Direito da Universidade de Coimbra, Coimbra, 1976.

OLIVECRONA, Karl; *El derecho como hecho*, Tradução castelhana de Luis Lopez Guerra, Barcelona, 1980.

OLIVEIRA, Guilherme Freire Falcão de; *Estabelecimento da Filiação*, Almedina, Coimbra, 1979.

— —; *Estabelecimento da Filiação, mudança recente e perspectivas*, in «Temas de Direito da Família», Almedina, Coimbra, 1986.

— —; *Aspectos jurídicos da procriação assistida*, «Revista da Ordem dos Advogados», Ano 49, III, Dezembro, 1989, pág. 767-791.

— —; *Mãe há só (uma) duas! O contrato de gestação*, Coimbra Editora, Coimbra, 1992.

— —; *Legislar sobre Procriação Assistida*, Publicações do Centro de Direito Biomédico da Faculdade de Direito da Universidade de Coimbra, n.° 2, Coimbra, 1993, págs. 73-97.

OPPO, G; *L' inizio della vita umana, Il diritto e la vita materiale*, in «Atti dei Convegni Lincei», n.° 61, Roma, 1984, págs. 81-112.

— —; *Note sull' istituzione di non concepiti, I, La disposizione testamentaria*, «Riv. Trim di Diritto e Proc. Civile», 1948, págs. 51-88.

PASSARELLI, Santoro; *Su un nuovo profilo dell' istituzione dei nascituro*, «Foro Pad.», 1954, IV, C. 65.

PATALANO, Vicenzo; *I delitti contro la vita*, Cedam, Pádua, 1984.

PAULA, Ignazio Carrasco de; *Persona, Verità e Morale*, in «Atti del Congresso Internazionale di Teologia Morale, Roma, 1-12 Abril 1986», Città Nuova Editrice, Roma, 1988.

PAULO II, JOÃO; *Discurso à Assembleia Geral das Nações Unidas (2 de Outubro de 1979), 21*: AAS 71 (1979), 1159, in «Familiaris Consortio», Exortação Apostólica de João Paulo II sobre a Família, 1981.

— —; *Carta dos Direitos da Família*, 22 de Outubro de 1983, art. 4/b: L'Osservatore Romano.

— —; *Varcare la soglia della speranza*, Arnoldo Mondadori Editore, Milão, 1994.

— —; *Carta Encíclica «Evangelium Vitae» sobre o Valor e a Inviolabilidade da Vida Humana*, Secretariado Geral do Episcopado, Editora Rei dos Livros, Lisboa, 1995.

PENDE, Nicola; *Trattato di Biotipologia Umana*, Milão, 1939.

PIMENTA, José da Costa, *Filiação*, Coimbra, 1986.

PINTO, Fernando Ferreira; *Filiação Natural*, Coimbra, 1983.

PINTO, Mota; *Teoria Geral do Direito Civil*, Coimbra Editora, Coimbra, 1983.

PLOSCOWE, Morris; *Sex and the Law*, New York, 1951.

PUGLIESE, G.; *Il ciclo della vita individuale nell' esperienza giuridica romana, Il Diritto e la vita materiale*, in «Atti dei Convegni Lincei», n.º 61, Roma, 1984, págs. 55-79.

QUOIST, Michel, *Parle — Moi d' Amour*, Les Éditions Ouvrières, Paris, 1985.

RASSAN, Joseph, *Tomás de Aquino*, Biblioteca Básica de Filosofia, Edições 70, Lisboa, 1980.

RATZINGER, *Le Don de la Vie*, «Xahiers de l' Actualité Religieuse et Sociale», Abril, 1987, págs. 20-28.

RAYNAUD, Pierre; *L' enfant peut-il-être object de droit?* «Recueil Dalloz Sirey», 15 Cahier Chronique XVI, Paris, 1988, págs. 119-112.

RAPOSO, Mário; *Procriação Assistida — Aspectos Éticos e Jurídicos*, in «Direito da Saúde e Bioética», Lisboa, 1991, págs. 89-119.

— —; *Bioética e Biodireito* «Revista do Ministério Público», Ano 12º, n.º 45, 1991, págs. 21-44.

— —; *Consentimento informado na relação médico — doente*, «O Direito», Ano 124º, III, Julho-Setembro, 1992, págs. 407-413.

REAL, Carlos Pamplona Corte ; *Direito Sucessório: linhas gerais sobre os seus aspectos substantivos e fiscais*, Cadernos de Ciência e Técnica Fiscal, n.º 122, Ministério das Finanças, Lisboa, 1981.

— —; *Curso de Direito das Sucessões*, Cadernos de Ciência e Técnica Fiscal, n.º 136, Ministério das Finanças, Lisboa, 1985.

— —; *Direito da Família e das Sucessões*, Lex, Lisboa, 1993.

REALE, Miguel; *Nova fase do Direito Moderno*, Saraiva, São Paulo, 1990, pág. 59-63.

REGOURD, Serge; *Les droits de l' homme devant les manipulations de la vie et de la mort*, Revue du Droit Public, 1981, n.º 2, págs. 403-445.

ROBERT, Jacques; *La évolution biologique et genétique face aux exigences du droit*, «Revue de Droit Public et de la Science Politique», 1984, págs. 1225-1300.
— —; *Éthique et Droit. Légiferer?* in «Procréation Artificielle. Où en sont l' éthique et le droit?», Edit. Alessandre Lacassagne, Lyon, 1989.
ROCHA, Gelásio; *Os direitos da família e as modificações das estruturas sociais a que respeitam*, in «Temas de Direito da Família», Almedina, Coimbra, 1986.
ROCHA, Manuel A. Lopes; *Bioética e nascimento — O diagnóstico pré-natal — Perspectiva jurídico-penal*, Revista da Ordem dos Advogados, Ano 51, II, Julho, 1991, págs. 477-507.
ROUBIER, P; *Droits subjectifs et situations juridiques*, Paris, 1963.
ROUGER, Philippe; *L' empreinte humaine. De l' éthique à la génétique*, Mercure de France, Paris, 1992.
RUBELLIN-DEVICCHI, Jacqueline; *Insémination Artificielle "Post-Mortem"*, «Revue Trimestriel de Droit Civil», 4, Paris, 1984, págs. 704-721.
— —; *Les procréations assistées: état des questions*, «Revue Trimestriel de Droit Civil», 3, Paris, 1987, págs. 457-497.
— —; *Jurisprudence française en matière de droit civil — Personnes et droits de la famille*, «Revue Trimestriel de Droit Civil», 4, Paris, 1987, págs. 725-731.
SÁ, Eduardo; *Problemas psicológicos da fecundação com esperma de dador*, Publicações do Centro de Direito Biomédico da Faculdade de Direito da Universidade de Coimbra, n.º 2, Coimbra, 1993, págs. 41-48.
SALEILLES; *De la personalité juridique*, Paris, 1910.
SANTOS, Agostinho de Almeida; *Razões de Ser, Genética e Reprodução Humanas. Conflitos e Contradições*, Gráfica de Coimbra, Coimbra, 1994.
SANTOS, Luís A. Duarte; *Biotipologia Humana*, Coimbra, 1941.
FERNANDO SANTOSUOSSO, La fecundazione artificiale nella donna, Ed. Giuffré, Milão, 1961, pág. 28, nota 19
SAVATIER; *L' Évolution de la condition juridique des enfants naturels en droit français: Le statut juridique de l' enfant naturel*, Brussels, 1965.
SÉBAG, *La condition juridique des personnes physiques et des personnes morales avant leur naissance*, Thèse, Paris, 1938.
SÉRIAUX, Alain; *Procréation artificielle sans artifices: illiceité et responsabilités*, «Recueil Dalloz Sirey», Chronique XXXI, n.º 26, Paris, 1988, págs. 201--207.
SERRÃO, Daniel; *Bioética. Perspectiva Médica.* «Revista da Ordem dos Advogados», Ano 51, II, Julho, 1991, págs. 419-428.
SICHES, L. Recasens; *Tratado General de Filosofia del Derecho*, México, 1970.
— —; *Introduccion al Estudio del Derecho*, México, 1970.
— —; *Nueva Filosofia de la interpretacion del Derecho*, México, 1973.

SILVA, Paula Martinho da; *O anonimato do dador*, «Boletim da Ordem dos Advogados», Lisboa, 1987, II série, n.º 1, págs. 1-4.

— —; *A bioética, o direito e um breve resumo sobre o quadro legislativo português*, «Revista do Ministério Público», 11., n.º 43, Lisboa, 1990, págs. 163-167.

— —; *Procriação Assistida — Aspectos Jurídicos*, Moraes Editores, Colecção Livros de Direito, Lisboa, 1986.

SOARES, Rogério Erhardt e Diogo LEITE DE CAMPOS, *A Família em Direito Constitucional Comparado*, «Revista da Ordem dos Advogados», Ano 50, Abril, 1990, págs. 5-20.

SOUSA, Miguel Teixeira de; *O regime jurídico do divórcio*, Almedina, Coimbra, 1991.

SOUSA, Rabindranath V. A. Capelo de; *A adopção, constituição da relação adoptiva*, Coimbra, 1973.

— —; *A Constituição e os Direitos de Personalidade*, in «Estudos sobre a Constituição», coord. Jorge Miranda, II, Petrony, Lisboa, 1978.

— —; *Lições de Direito das Sucessões*, Coimbra Editora, Coimbra, 1990.

— —; *O Direito Geral da Personalidade*, Coimbra Editora, Coimbra, 1995.

STOYANOVITCH, K ; *La légitimité des enfants nés par suite de l' insémination artificielle, en France et aux États-Unis d' Amérique*, Revue Internationale de Droit Comparé, Ano VIII, Paris, 1956, págs. 264-272.

TEIXEIRA, António Braz; *Sentido e Valor do Direito. Introdução à Filosofia Jurídica.*, INCM, 1990.

TERRÉ, François; *L' enfant de l'esclave — Genétique et Droit*, Flammarion, Paris, 1987.

TESTART, Jacques; *L' oeuf transparent*, Flammarion, Paris, 1987.

THÉRY, René; *La condition juridique de l' embryon et du foetus*, «Recueil Dalloz Sirey», 33º Cahier — Chronique, Paris, 1982, págs. 231-238.

TRABUCCHI, A.; *La procreazione, Il diritto e la vita materiale*, in «Atti dei Convegni Lincei», n.º 61, Roma, págs. 113-150.

VALLAURI, Luigi Lombardi; *Manipolazione genetiche e diritto*, «Rivista di Diritto Civile», 31, n.º 1, Padova, 1985, págs. 1-23.

VARELA, João Antunes; *Das Obrigações em Geral*, Almedina, Coimbra, 1982.

— —; *Direito da Família*, Petrony, Lisboa, 1987.

VIANA, Marco Aurélio S.; *Da inseminação artificial*, «Revista da Faculdade de Direito da Universidade das Minas Gerais», Ano 27, n.º 21, 1979, págs. 238-260.

VIDE, Roger; *Bienes de la personalidad, derechos fundamentales y libertades públicas*, Publicaciones del Real Colegio de Espana, Bolonia, 1985.

VIGNEAU, Daniel; *L' enfant à naître*, Toulouse, 1989.

VILLEY, M; *Le droit et les droits de l' homme*, Paris, 1983.

WOJTYLA, Karol; *Amore e Responsabilità*, Marietti, Turim, 1966.

— —; *I fondamenti dell' ordine etico*, C. S. E. O., Bolonha, 1989.

ÍNDICE

PÁGS.

INTRODUÇÃO 9

CAPÍTULO I
CONCEITO DE PATRIMÓNIO GENÉTICO 13

CAPÍTULO II
EVOLUÇÃO DA GENÉTICA 23

CAPÍTULO III
ALGUNS DADOS DE DIREITO COMPARADO 43

CAPÍTULO IV
CONDIÇÃO JURÍDICA DOS NASCITUROS 63

CAPÍTULO V
EMBRIÕES EXCEDENTÁRIOS 79

CAPÍTULO VI
CRIOCONSERVAÇÃO 95

CAPÍTULO VII
INVESTIGAÇÃO EM EMBRIÕES HUMANOS 107

CAPÍTULO VIII
INSEMINAÇÃO ARTIFICIAL
"POST-MORTEM" 125

CAPÍTULO IX
    MÃES PORTADORAS 139

CAPÍTULO X
    ANONIMATO DO DADOR 161

CAPÍTULO XI
    ESCOLHA DO SEXO 177

CAPÍTULO XII
    CLONAGEM 187

CAPÍTULO XIII
    DESCOBERTA DO GENOMA 199

CAPÍTULO XIV
    PROJECTO PORTUGUÊS ELABORADO PELA COMISSÃO
    PARA O ENQUADRAMENTO LEGISLATIVO DAS NOVAS
    TECNOLOGIAS 217

CONCLUSÕES 237

BIBLIOGRAFIA 253